Carlo M. Martini

Ich bin bei euch

Carlo M. Martini

Ich bin bei euch

Leben im Glauben
nach dem Matthäusevangelium

Herder

Freiburg · Basel · Wien

Titel der Originalausgabe:
Gli esercizi ignaziani alla luce del vangelo
di San Matteo
© Edizioni Comunità di Vita Cristiana, Roma 1982

Aus dem Italienischen übersetzt von
DR. AUGUST BERZ

Inhalt

Inhalt

Hinweis

Ebenso wie die bekannten Werke des Mailänder Erzbischofs, Kardinal Carlo M. Martini, „Dein Stab hat mich geführt“, „Damit ihr Frieden habt“, „Und sie gingen mit ihm“, „Was allein notwendig ist“ und „Von seinem Geist getrieben“ geht auch dieser Band mit geistlichen Betrachtungen zum Matthäusevangelium auf einen Exerzitienkurs zurück. Daraus erklären sich der Aufbau und die Verknüpfung mit den „Geistlichen Übungen“ des heiligen Ignatius von Loyola. Die Meditationen wurden nach dem Text der Tonbandaufzeichnung unter dem Titel „Gli esercizi ignaziani alla luce del vangelo di San Matteo“ bei den Edizioni Comunità di vita cristiana“ (Roma 1982) veröffentlicht. Nach dieser Vorlage erfolgte die deutsche Übersetzung. Dabei wurden gelegentlich Straffungen vorgenommen, wo dies – auch aus Gründen des Umfangs – im Hinblick auf einen breiteren Leserkreis geboten erschien, jedoch ohne die Unmittelbarkeit des gesprochenen Wortes dabei verändern zu wollen.

Bei der Zitierung aus dem ignatianischen Exerzitienbuch wurde zugrunde gelegt: Ignatius von Loyola, Geistliche Übungen. Übertragung und Erklärung von Adolf Haas. Mit einem Vorwort von Karl Rahner (Freiburg i. Br. ⁵1981).

Einleitung

Für diese Exerzitienvorträge wurden mir zwei Themen vorgeschlagen: das Ostermysterium und der kirchliche Charakter der Exerzitien.

Das Ostermysterium ließe sich auf mindestens drei Weisen behandeln. Man könnte über die „heiligen drei Tage", das „Triduum Sacrum", meditieren, wie es beispielsweise Hans Urs von Balthasar in dem Werk „Mysterium Salutis" tut. Man könnte auch einfach die Betrachtungen wiederaufnehmen, die der heilige Ignatius von Loyola uns in der dritten und vierten Exerzitienwoche vorlegt.

Eine Betrachtung im Anschluß an das „Triduum Sacrum" könnte uns zu tieferen theologischen Einsichten führen. Ein solches Vorgehen scheint sich jedoch eher für einen Weiterbildungskurs als für eine Exerzitienwoche zu eignen. Um die Überlegungen der dritten und vierten Exerzitienwoche gründlich auf sich wirken zu lassen, bräuchte es eine so lange Zeit, wie Ignatius sie vorsieht. Deshalb habe ich für diese Exerzitienvorträge eine dritte Methode gewählt, nämlich die, das Ostermysterium in der Sicht eines bestimmten Exangeliums vorzulegen.

Hierzu gesellt sich die Blickrichtung auf die Kirche. Bei der Wahl eines Evangeliums, das dieser Sicht entspricht, denken wir natürlich an das Matthäusevangelium, das sich auch als „Evangelium des Katecheten" und als „kirchliches Evangelium" kennzeichnen läßt.

Die Bezeichnung „Evangelium des Katecheten" scheint

mir angebracht. Vergleicht man nämlich das Matthäus-
evangelium mit den anderen Evangelien, so sieht man, wie
es der zweiten Stufe der christlichen Initiation entspricht.
Zuerst kommt das Markusevangelium als Evangelium des
Katechumenen [1]. Das Matthäusevangelium könnte darauf
dazu dienen, den Neugetauften zu lehren, wie man in der
Kirche lebt. Wir haben in ihm eine Stoffvorlage, aus der der
Katechet Lehren jeder Art, Altes und Neues, beziehen
kann, um den Neugetauften in alle Sparten des christlichen
Lebens einzuführen. Darauf folgt Lukas als Evangelium der
theologischen Reflexion über die Beziehung zwischen der
Kirche und der Welt und als Geschichte der profanen Heils-
geschichte [2]. Das Johannesevangelium schließlich stellt die
kontemplative „Einfaltung" dar, wie sie der „Presbyter" und
der erhellte Christ vornimmt, der schon zum Abschluß der
Initiation gelangt und in die „Gnosis" (tiefere Erkenntnis)
eingetreten ist [3].

Wie gesagt, läßt sich das Matthäusevangelium durchaus
auch als „kirchliches Evangelium" bezeichnen. In ihm gibt
Jesus als der neue Mose die Regeln für das innere Leben des
Reiches. Wenn man an das Matthäusevangelium als kirchliches Evangelium denkt, hat man vor allem Kapitel 18 und
weitere Episoden mit Petrus (vgl. 14, 28; 16, 18) im Auge.
Man muß sich aber das Matthäusevangelium noch in einem weiteren Sinn als kirchlich denken: in dem eines Evangeliums des „Gott-mit-uns", der, wie wir sehen werden, am
Schluß des Evangeliums dann zum „Jesus-mit-uns" bis zur
Fülle der Zeiten wird. Das Matthäusevangelium zeigt, wie
die Vollmacht Jesu auf die Kirche übergeht. Es läßt uns er-

---

[1] Vgl. C. M. Martini, Und sie gingen mit ihm. Der Weg des Christen
nach dem Markusevangelium (Freiburg i. Br. 1983).
[2] Vgl. C. M. Martini, Was allein notwendig ist. Jesusnachfolge nach dem
Lukasevangelium (Freiburg i. Br. 1984).
[3] Vgl. C. M. Martini, Damit ihr Frieden habt. Geistliches Leben nach
dem Johannesevangelium (Freiburg i. Br. ²1984).

fassen, wie sich aus der universalen Gewalt Christi die Sendung der Kirche an die Welt herleitet.

Da es sich um ein kirchliches Evangelium handelt, das von der Kirche und zu der Kirche spricht, müssen wir von Anfang an darüber nachdenken, was für eine Leserschaft es voraussetzt und auf welche Weise es erwogen sein will. Ich möchte ganz einfach dazu ermuntern, persönlich darüber nachzusinnen, was für ein Publikum wir selbst darstellen, die wir heute daran gehen, auf dieses Evangelium zu lauschen.

Wer bin ich jetzt, ich, der nun diese kirchlichen Exerzitien beginnt, um im Licht des Matthäusevangeliums über das Ostermysterium zu meditieren? In welcher Absicht tue ich dies? Bin ich bereit, aufmerksam zu lauschen und mich in das Mysterium der Kirche hineinziehen zu lassen? Bin ich gewillt, auf das Wort vom Kreuz, von der Auferstehung zu hören?

Erste Meditation

Der kirchliche Charakter des Matthäusevangeliums

Der Schluß des Evangeliums (28, 16–20)

Wenden wir uns einigen Abschnitten des Matthäusevangeliums zu.

Mt 14, 22–23: „Gleich darauf forderte er die Jünger auf, ins Boot zu steigen und an das andere Ufer vorauszufahren. Inzwischen wollte er die Leute nach Hause schicken. Nachdem er sie weggeschickt hatte, stieg er auf einen Berg, um in der Einsamkeit zu beten. Spät am Abend war er immer noch allein auf dem Berg."

Mt 17, 1: „Sechs Tage danach nahm Jesus Petrus, Jakobus und dessen Bruder Johannes beiseite und führte sie auf einen hohen Berg."

Mt 18, 19–20: „Weiter sage ich euch: Alles, was zwei von euch auf Erden gemeinsam erbitten, werden sie von meinem himmlischen Vater erhalten. Denn wo zwei oder drei in meinem Namen versammelt sind, da bin ich mitten unter ihnen."

Diese Texte legen uns ein kurzes Gebet nahe:

„Herr Jesus, du hast die Apostel mit dir auf den Berg geführt. Du hast dich auf einen Berg zurückgezogen, um zu beten. Du hast versprochen, dabeizusein, wenn zwei oder drei in deinem Namen beten. Wir danken dir, Herr, daß du uns hierher geführt hast. Wir danken dir, daß du in unserer Mitte weilst, da wir in deinem Namen beieinander sind.

Wir bitten dich, Herr: Gib dich uns zu erkennen. Öffne unsere Augen, unsere Ohren, Herr, damit wir dich in deinem Leben, in unserer Erfahrung der Kirche, in unserem

Gebetsleben, in unserer Sünde, unserer Armut und in der Auferstehung, die du uns schenkst, zu sehen vermögen.

Du, Herr Jesus Christus, der du mit dem Vater und dem Heiligen Geist lebst und herrschest von Ewigkeit zu Ewigkeit. Amen."

Zuerst möchte ich einen kurzen Hinweis auf das Gebet geben und dann auf die Frage antworten, die wir uns bereits gestellt haben: Weshalb wird das Matthäusevangelium als „kirchliches Evangelium" bezeichnet? In der eigentlichen Meditation betrachten wir dann die Schlußverse dieses Evangeliums (28, 16–20).

Eine Anregung für das Beten

Es scheint mir richtig, die Gebetsanregung wiederzugeben, die der heilige Ignatius am Schluß der ersten Woche (im vierten Zusatz in Nr. 76 der „Geistlichen Übungen") gibt. Er sagt hier: „Die Betrachtung beginnen, sei es kniend oder ausgestreckt auf die Erde, sei es liegend, mit dem Blick nach oben, oder sitzend oder stehend, immer mit der Absicht, das zu suchen, was ich begehre. Dabei sollen wir auf zwei Dinge achten: Erstens: finde ich kniend, was ich begehre, soll ich nicht zu etwas weiterem übergehen; und wenn auf die Erde ausgestreckt ebenso, usw. Zweitens: bei jenem Punkt, bei dem ich das finde, was ich begehre, soll ich ruhig verweilen, ohne ängstlich besorgt zu sein, weitergehen zu müssen, bis ich Genugtuung für mich gefunden habe."

Ich möchte daran erinnern, wie wichtig für das Gebet die Körperhaltung ist. Wir beten mit unserem Leib im Leib der Kirche. Wir müssen, vor allem zu Beginn der Exerzitien, die geeignete Körperhaltung herausfinden und zu diesem Zweck verschiedene Haltungen ausprobieren. Wenn also Ignatius sagt, man solle, wenn man einmal die einem zusagende Haltung gefunden habe, sie nicht ändern, so heißt das auch, man solle, solange man sie noch nicht gefunden habe, die Haltung ändern und ausprobieren. Darin könnte eine erste Übung dieser Exerzitien bestehen.

Matthäus: Evangelium des Katecheten und kirchliches Evangelium

Beim Eintreten in diese Exerzitien nehmen wir zuerst einfach das Matthäusevangelium zur Hand und sehen es uns an. Als Arbeitshypothese bezeichne ich es im Vergleich zu den anderen Evangelien als das „Evangelium des Katecheten". Wenn wir jedem Evangelium einen besonderen kirchlichen Charakter zuschreiben, d. h. uns fragen, welche Rolle jedes Evangelium bei der Heranbildung zum Christen spielt, können wir sagen, das Evangelium nach Markus sei das des Katechumenen, das nach Matthäus das Evangelium des Katecheten, das nach Lukas das Evangelium des Theologen und das nach Johannes das Evangelium des Presbyters, des erhellten Christen. Jedes Evangelium entspricht somit je einer Etappe des Christenlebens.

In dieser Klassifizierung erscheint uns das Matthäusevangelium als das des Katechten deshalb, weil es ein reiches, geordnetes Material zur regelmäßigen Unterweisung desjenigen liefert, der schon die Katechumenenetappe durchlaufen hat und nun in der Kirche seiner Taufe nachleben will. Für einen solchen Christen bietet Matthäus eine Reihe von Worten und Taten Jesu, die den Weg des Christen in der Christengemeinde konkret erhellen.

Deswegen ist das Matthäusevangelium das stoffreichste; es ist in der alten Kirche am meisten verwendet worden, weil es eben für gewöhnlich zur Unterweisung des Getauften diente. Es ist somit gleichsam ein Katechismus des Gottesreiches, und zwar vor allem deshalb, weil es sich aus fünf großen Reden zusammensetzt: aus der Bergpredigt (Kap. 5–7), der Aussendungsrede (Kap. 10), den Gleichnisreden (Kap. 13), der eigentlichen Rede von der Kirche (Kap. 18) und der eschatologischen Rede (Kap. 24–25).

Das Evangelium baut sich aus diesen fünf großen Reden auf und gibt uns die notwendigen Unterweisungen, um in das Reich einzutreten, um auf Sendung zu gehen, um uns in der Kirche richtig zu verhalten und um uns auf das Ende der Zeiten richtig einzustellen. In diesem Sinn ist es ein systematisches, in eine bestimmte Ordnung gebrachtes Evangelium, das zur katechetischen Unterweisung dient. Nicht nur die Reden, sondern auch die Geschehnisse sind in Gruppen zusammengestellt: beispielsweise werden von Kapitel 8 bis 10 zehn Wundertaten Jesu aneinandergereiht, die wieder in drei Gruppen unterteilt sind, wie z. B. die Erbarmenswunder und die Machtwunder.

Das Matthäusevangelium wird auch als „kirchliches Evangelium" bezeichnet, weil es durch die fünf großen Reden die fünf großen Momente der Bildung des Gottesreiches beschreibt und so vor allem um das innere Leben der Kirche kreist. Während Lukas vor allem bestrebt ist, das Geschehen des Evangeliums mit der Weltgeschichte zu verknüpfen, geht es Matthäus besonders darum, den Christen im Schoß der Kirche zu formen. In diesem Sinn hat dieses Evangelium eine kirchliche Ausrichtung, die vor allem in einigen Episoden zutage tritt, von denen einzig bei Matthäus – vor allem von Kapitel 14 an – die Rede ist.

Die Szene, wie Petrus auf dem Wasser wandelt, findet sich z. B. nur bei Matthäus, und ebenso die Verheißung des Primats an Petrus (Mt 16, 18). Das Evangelium nach Matthäus ist auch das einzige, das vom „Aufbau der Kirche" spricht und auch (in 18, 18) davon berichtet, daß den Aposteln die Binde- und Lösegewalt übertragen wurde. Matthäus geht es also um das, was die Kirche tut und was in der Gemeinde geschehen soll.

Wir wollen im folgenden noch tiefer in die Geisteshaltung des Verfassers dieses „kirchlichen Evangeliums" eindringen. Deswegen lege ich eine Betrachtung über eine besondere Stelle aus diesem Evangelium vor, nämlich den Schlußabschnitt, der Eigengut des Matthäus ist und den Schlüssel zum ganzen Evangelium bildet. Er vergegenwärtigt das Ostermysterium, die Macht des verstorbenen und auferstandenen Christus in seiner Kirche.

Lesen wir einfach diese Stelle, lassen wir das, was sie uns sagt, auf uns wirken, uns von diesen Worten packen. Sehen wir uns die Personen an, die Art der Beziehung, die zwischen ihnen zustande kommt, die Worte, die Jesus sagt, und den Hintergrund der Taten des verstorbenen und auferstandenen Christus und des Lebens der verkündenden Kirche, das sich von dieser Szene her erahnen läßt. Sie ist in der Tat ein Höhepunkt des Lebens Jesu; sie liegt zwischen der Geschichte Jesu bis zu diesem Zeitpunkt (Jesus, der gepredigt hat, ist gestorben und auferstanden) und dem Leben der Kirche, die bis zum Ende der Zeit predigen wird.

Die Verheißung Jesu

Um zu dieser Betrachtung behilflich zu sein, werde ich das eine oder andere Wort des Textes aufgreifen und dabei mit dem Schluß beginnen, um dann zu den zentralen Texten vorzudringen. Das letzte Wort dieses Evangeliums lautet: „... bis zum Ende der Welt": bis dieses Geschehen, in das wir hineingenommen sind, endet, bis es zu seiner Vollendung gelangt.

Dieser Ausdruck des Matthäus findet sich auch in 24, 3, wo die Apostel angesichts des Tempels Jesus fragen: „Was

ist das Zeichen für deine Ankunft und das Ende der Welt?"
Also werden hier das Ende des jetzigen zeitlichen, geschichtlichen Geschehens und die Parusie des Herrn miteinander in Verbindung gebracht.

Die gleichen Worte finden sich auch in zwei Gleichnissen wieder. In Mt 13,36–43 haben wir das Gleichnis
vom Unkraut und dem guten Samen, von der Ernte und
dem „Ende der Welt" (14,39). Unsere Zeit ist die Zeit
des Säens und des Wachstums; dann kommt das Ende
der Zeit, an dem dieses verwirrende und widersprüchli-
che Geschehen aufhören wird. Wir stehen in diesem Stadium des Wirrwarrs und Wachstums zugleich. Die gleichen Worte finden sich auch am Schluß des Gleichnisses vom Fischernetz (Mt 13,49), mit dem Fische aller
Art gefangen werden; am „Ende der Welt" werden die
Engel alles einsammeln. Wir sind noch auf dem Weg
dazu, in dem Moment also, da es im Netz noch von Fi-
schen, von guten und bösen – in uns und außerhalb von
uns –, wimmelt.

In diesem verworrenen, zweideutigen zeitlichen, geschichtlichen Geschehen, in dem wir uns befinden und bei
dem es so schwierig ist, das Gute vom Bösen, das Bessere
vom Schlimmeren zu unterscheiden, in diesem Geschehen
ist der Herr mit uns: „Ich bin bei euch." Diese Worte Jesu
gewährleisten uns seine Gegenwart – nicht in einer schon
fertigen Welt, sondern während der Zeit, in der das Geschehen noch im Gang ist. Das Geschehen wächst und durchläuft sämtliche Wachstumsphasen, sämtliche Wachstums-
wirren und -zwiespältigkeiten, die wir in unserem religiösen, christlichen Leben als Priester oder Laien, im Leben der
Kirche und ganz allgemein im Leben der Welt Tag für Tag
durchmachen.

Jesus betont: „alle Tage". Es gibt also in diesem Geschehen keinen Tag, an dem der Herr nicht mit uns wäre. Somit
können wir auch den jetzigen Moment in der Gewißheit er-

leben, daß der Herr an jedem Tag mit uns ist. Jesus betont, daß er uns seine Gegenwart in keinem Moment entzieht.

Diese Worte beziehen sich also auf die „Zeit", für die die Verheißung gilt; weiter zurück finden wir die Verheißung selbst: „Ich bin bei euch". Jahwe stellte sich vor als der „Ich-bin-da" (Ex 3, 14). Matthäus faßt hier, im gestorbenen und auferstandenen Christus, das ganze Heilsgeschehen Israels zusammen.

Der erste Eindruck, der sich für einen Israeliten daraus ergibt, ist der, daß wir uns auf Gott verlassen können, daß er mit uns ist. Matthäus stellt den auferstandenen, verherrlichten Jesus als den vor uns hin, der die endgültige Verheißung dieser Gegenwart ist.

Wir können diesen Worten noch im Verlauf der biblischen Geschichte nachgehen. Wahrscheinlich läßt sich die Bundesformel selbst auf sie beziehen: „Ich bin euer Gott, und ihr seid mein Volk" (Lev 26, 12). Diese Gemeinschaft Gottes mit dem Volk stellt den Bund dar.

Wir finden diese Formel beispielsweise in Ex 19, 5–6: „Ihr werdet unter allen Völkern mein besonderes Eigentum sein, denn mir gehört die Erde, ihr aber sollt mir als ein Reich von Priestern und als ein heiliges Volk gehören." Die Gegenwart Gottes beim Volk macht den Bund aus; hier ist Jesus die endgültige Gegenwart Gottes für die Seinen. Die Gegenwart Gottes dauert weiter, z. B. in Jos 1, 5–9: „Wie ich mit Mose war, will ich auch mit dir sein ..."

Diese Worte fassen die ganze Geschichte Israels und auch das ganze Matthäusevangelium zusammen, denn nicht ohne Grund erinnert hier Matthäus an die Worte, die er schon in die erste der in ihm enthaltenen Weissagungen gestellt hat: „Dies alles ist geschehen, damit sich erfüllte, was der Herr durch den Propheten gesagt hat: Seht, die Jungfrau wird empfangen, einen Sohn wird sie gebären, und man wird ihm den Namen Immanuel geben, das heißt übersetzt: Gott ist mit uns" (1, 22–23).

Das Matthäusevangelium hebt mit dieser Weissagung an und endet mit dem Wort, das sie in Erfüllung gehen läßt: „Ich bin bei euch". Wenn ich die Weissagung noch einmal lese, scheint mir, Matthäus wolle auf ihr bestehen, denn ihr zweiter Teil: „Man wird ihm den Namen Immanuel geben" würde sonst auf den ersten Blick seltsam anmuten, denn es hieß vorher in 1,21: „Du sollst ihm den Namen Jesus geben."

Matthäus hätte diese Schwierigkeit leicht vermeiden können, indem er diesen Satz einfach weggelassen hätte. Wenn er ihn jedoch hinzufügt mit der Erklärung „Gott ist mit uns", dann meines Erachtens deswegen, weil er unsere Aufmerksamkeit nicht sosehr auf den Namen lenken will – „Jesus", was von Matthäus selbst als „Erlöser" gedeutet wird –, sondern mehr auf das, was Jesus darstellen wird: Er wird die endgültige Bewahrheitung der fortlaufenden Verheißung der Gegenwart Gottes bei Israel sein; er wird der Gott mit uns sein.

Das ganze Matthäusevangelium erzählt, wie Jesus der Gott-mit-uns gewesen ist: durch welche Selbstoffenbarung, auf welchem weiteren Weg über den Tod und die Auferstehung Jesus zum Gott-mit-uns geworden ist. Somit lehrt Matthäus uns auch erfassen, auf welchem Weg wir Gott in Jesus bei uns wissen, denn dieses Wissen wird uns nicht ohne weiteres geschenkt, sondern ist eine Erfahrung, die zu machen auch wir berufen sind, indem wir Jesus nacherleben, die Augen öffnen und in unserem Kirchesein ihn als Gott-mit-uns erfassen.

Ich wollte das Gewicht dieser Worte nachempfinden lassen, damit wir die ganze Spannung verspüren, die das gesamte Matthäusevangelium durchzieht von der ersten geheimnisvollen Verheißung „Man wird ihm den Namen Immanuel geben" an bis zum offenbarenden Wort Jesu: „Ich bin bei euch."

Die Adressaten der Verheißung

Dieses „Euch" betrifft nicht die Menschheit im allgemeinen, sondern ist sehr spezifisch gemeint, was in Vers 19 zum Ausdruck gebracht wird: „Darum geht zu allen Völkern, und macht alle Menschen zu meinen Jüngern; tauft sie auf den Namen des Vaters, und des Sohnes und des Heiligen Geistes." Jesus ist mit der missionarischen Kirche, mit der bekennenden Kirche, mit der evangelisierenden Kirche; er ist nicht einfach mit jedem beliebigen Menschen. Jesus ist mit der Kirche, die sein Werk weiterführt, die sich bewegt, die voranschreitet, die das, was sie in der Jüngerschaft Jesu erfährt, mitteilt.

Jesus ist mit uns jedesmal dann, wenn wir uns vom Evangelium bewegen lassen, wenn unser Leben das Evangelium ausstrahlt. Jesus ist mit uns, mit seiner Kirche, wenn wir in die Macht des Vaters, des Sohnes und des Geistes eintauchen. Also ist Jesus mit der Kirche, wenn sie den Menschen der Macht Gottes unterstellt, ihn in die sich entfesselnde Macht des Vaters taucht, der zu unserem Vater wird, des Sohnes, der uns sein Leben gibt und uns den Weg zu seiner Nachfolge zeigt, und des Geistes, der uns zu wahren Jüngern macht.

Jesus ist mit uns, mit der Kirche, wenn wir ihn in unserem Leben fortsetzen und als Salz der Erde unsere Umgebung erfahren lassen, was es heißt, Jesu Jünger zu sein. Jesus ist mit uns, wenn wir nach dem Evangelium leben; er ist mit uns in unserem Bemühen, es ins Leben umzusetzen. Also ist es eine tätige, anspornende Gegenwart.

Beachten wir, wie bedachtsam diese Worte gesprochen sind: „Lehrt sie, zu befolgen", d. h. lehrt sie die Praxis des christlichen Lebens. Wichtig ist, daß wir uns an die Weisungen halten und mit unserer Lebensweise lehren, was es besagt, die Weisungen zu befolgen. Hier wird der Ton nicht auf die rechte Lehre an und für sich gelegt, sondern auf die

Fähigkeit, die Menschen zum Leben nach dem Evangelium anzuhalten, also vor allem uns selbst dazu anzuhalten, ein Leben nach dem Evangelium zu führen.

Wenn ich mir das vor Augen stelle, sage ich: Herr, ich bringe es nicht zustande. Beten wir den Herrn an, der dermaßen große Forderungen an uns stellt, daß sie uns so richtig verspüren lassen: all dies kommt nicht von uns, sondern der Herr ist mit uns, gerade auch dann, wenn wir einzusehen beginnen, daß diese Forderungen unsere Kräfte übersteigen. Schon hier beginnen wir den Sinn der Macht Gottes wahrzunehmen, wie sie sich Matthäus zufolge offenbart: Er ist ein Gott, der uns aus allem herausreißt, was unser eigenes Programm ist, denn dieses entspricht unserem Maßstab und nicht dem Maßstab Gottes, dem gegenüber wir uns umgeworfen, mangelhaft, schuldig, arm fühlen. Hier beginnt bereits das Evangelium in uns Einzug zu halten.

Die „Macht" Jesu

Aus dem Kontext erhellt, daß das „Ich" von „Ich bin bei euch" der Gestorbene und Auferstandene ist; es ist der Christus des Ostermysteriums, der verherrlichte Christus, der noch näher bestimmt wird durch die Worte: „Mir ist alle Macht gegeben im Himmel und auf der Erde." Es ist somit der Jesus, der die ganze Geschichte in Händen hält.

Werden wir inne, was für ein Glaubensakt hier von den Jüngern verlangt wird, welche die Macht Jesu in der Geschichte noch weniger sehen als wir. Sie hatten lediglich die Schwäche des Gekreuzigten erlebt, und nun fordert Jesus sie auf, ihn als den anzunehmen, der die reale Macht hat, die gesamte Menschheit zu retten, und sie folglich aussenden kann. Jesus sagt „Ich habe die Macht ... Darum geht zu allen Völkern, und bei dieser Sendung, die auch meine Sendung gewesen ist, bin ich bei euch."

Um diese Worte besser verstehen zu können, möchte ich anregen, sie im Zusammenhang mit weiteren Stellen zu sehen, in denen das Wort „Macht" vorkommt. Zwei bezeichnende Fälle, in denen es bei Matthäus, nicht aber bei den anderen Synoptikern vorkommt, sind:

1. Mt 9,8, wo Jesus den Gelähmten heilt und ihm die Sünden vergibt. Darnach heißt es: „Die Leute ... priesen Gott, der den Menschen solche Macht gegeben hat." Hier scheint hinter der Macht Jesu bereits die Vergebungsvollmacht der Kirche auf. Jesus ist also in der Sendung, zu versöhnen und zu läutern, mit uns.

2. Mt 10,1, wo Jesus den Aposteln die Macht gibt, unreine Geister zu vertreiben, jede Krankheit zu heilen und jedem Leiden abzuhelfen. Also ist diese Macht Jesu, zu vergeben, zu heilen, seine Heilsmacht.

Zur weiteren Verdeutlichung kann auch Mt 11,25–27 dienen: „Ich preise dich, Vater, Herr des Himmels und der Erde, weil du all das den Weisen und Klugen verborgen, den Unmündigen aber offenbart hast. Ja, Vater, so hat es dir gefallen. Mir ist von meinem Vater alles übergeben worden; niemand kennt den Sohn, nur der Vater, und niemand kennt den Vater, nur der Sohn und der, dem es der Sohn offenbaren will."

In diesem Licht ist der Satz zu sehen: „Mir ist alle Macht gegeben." Er besagt, daß Jesus im Vater ist, den Vater durch und durch kennt, von ihm alles erhält und vom Vater her unsere Geschichte von hier und heute auf uns zukommen läßt.

Indem wir diese absteigende Kette umgekehrt anpacken, können wir folgern, daß wir in Jesus und im Vater sind, daß wir in Gott sind, daß also der, der die Schlüssel der Geschichte in Händen hält, der, der die Menschheit und das Universum im Griff hat, mit uns ist, in uns ist und daß wir in ihm sind. Dies also ist die Schlußverheißung Jesu, eine Verheißung, die nur im Glauben zu erfassen ist, weil sie dem zu widersprechen scheint, was diese verfolgten, wenig zahlreichen, armen, miteinander noch nicht allzusehr verwachsenen Jünger erleben.

Die Selbstbekundung Jesu geschieht in einem äußerst einfachen, bescheidenen, von der Welt verkannten Rahmen, in absoluter Zurückhaltung und Bescheidenheit, die der ganzen Art entspricht, wie Gott sich in Jesus offenbart, wie Gott sich im Evangelium offenbart. Sie entspricht Gott, der sich den Kleinen zu erkennen gibt, sich dem Blick der Klugen aber entzieht.

Die Reaktion des Menschen auf die Selbstbekundung Gottes

Um diesen Kontrast zwischen dem Grandiosen der Verheißung und der Bescheidenheit des äußeren Rahmens zu unterstreichen, richten wir am Ende dieser Betrachtung den Blick auf die Bemerkung, die vorausgeht: „Als sie Jesus sahen, fielen sie vor ihm nieder. Einige aber hatten Zweifel" (Mt 18, 17). Matthäus zeigt uns, daß es sogar bei der feierlichsten Selbstbekundung Jesu neben solchen, die ihn anbeteten, andere gab, die noch hin und her schwankten. Die Bekundung der Macht Gottes ist bis zum Ende der Zeiten bescheiden, verborgen; sie wird den Kleinen, Armen zuteil; man muß die Augen für sie zu öffnen wissen. Sie ruft also Anbetung, unbedingte Unterwerfung unter die Macht des Vaters, des Sohnes und des Geistes hervor, oder dann Angst, Zurückweichen und so weiter.

Die Selbstbekundung Jesu, der unsere Gebrechen auf sich nimmt, sich um wenig interessante Leute kümmert und den Gegner nicht einfach zusammenschlagen will, wird uns auch hier in ihrer Doppelwirkung dargestellt: Sie öffnet die Augen, um die Macht Gottes zu erkennen, der sich im Armen offenbart, oder man vermag nicht zu erfassen, weshalb sich Gott auf diese Weise offenbart.

Diese Spaltung gewahren wir auch in uns selbst. Auch in uns gibt es einen Teil, der sagt: Es ist der Herr; ich muß ihn anbeten, und einen anderen Teil, der sagt: Wieso auch? Im Grunde genommen gibt es tausend Dinge, die uns unschlüssig machen.

Sehen wir also, mit welcher seelsorgerlichen Weisheit Matthäus selbst in der abschließenden großartigen Szene diesen Kontrapunkt anbringt, der in uns selbst ist. Gegenüber der Bekundung Gottes verspüren wir unsere Schwerfälligkeit, unseren Zweifel, unsere Verlegenheiten, aus denen wir nicht von selbst, bloß mit einer Überlegung herauskommen, sondern nur dadurch, daß wir uns dieser Macht unterwerfen. Auch hier kommt unsere Ohnmacht an den Tag: Herr, wir können dich nicht anbeten, wenn nicht du selbst uns in Besitz nimmst, wenn nicht du selbst uns arm, uns klein machst, uns die Augen öffnest.

Hier kann auch unser Gebet ansetzen, der Herr möge ans Licht bringen, was in uns an Mißtrauen, Angst, Zurückhaltung, Unschlüssigkeit vorhanden ist. Er möge es ans Licht heben, damit wir es im Glauben vor ihn hintragen und ihn bitten können, es in seiner Macht zum Verschwinden zu bringen, damit wir seine Apostel, seine Anbeter werden.

Beten wir also:

„Herr Jesus, wir danken dir, daß du in unserer Mitte zugegen bist. Zusammen mit den Aposteln beten wir dich an: dich, den Geheimnisvollen, Armen, Schlichten, der in uns zugegen ist nicht im Prunk, sondern in der Armut unseres Lebens als Kirche. Wir danken dir, weil du, der mächtige Gott, dich auf diese Weise bekundest.

Öffne unsere Augen, Herr, damit wir dich erkennen können. Herr, laß uns einsehen, was wir sind, all das, was an

Unschlüssigkeit, Zweifel, Müdigkeit, Hin- und Herdenken in diesem Moment in uns steckt. Wir legen es, Herr, deiner Macht vor. Wir möchten es eintauchen in die Kraft deines Namens, Vater, Sohn und Heiliger Geist.

Wir möchten es eintauchen in die Kraft der Taufe, mit der wir von dir umschlungen, gerufen, in deine Gnade getaucht worden sind. Nur kraft dieser Taufe können wir zu dir als dem Vater, dem Sohn und dem Heiligen Geist beten.

Erneuere in uns, Herr, mit der Gabe deines Geistes die Kraft dieser Taufe. Gib uns den Geist der Firmung, den Geist der Priesterweihe, der Ordensprofeß, der Verpflichtung auf ein dir geweihtes christliches Leben. Erneuere in uns, Herr, mit der Kraft deines Geistes das Wissen darum, daß wir bei dir sind und du bei uns bist, und laß es uns ins Leben umsetzen.

Vater, laß uns jetzt in allen Banalitäten und Belanglosigkeiten des Alltags die Kraft der Gegenwart deines Sohnes, Jesus Christus, unseres Herrn, erfahren, der mit dir und dem Heiligen Geist lebt und herscht von Ewigkeit zu Ewigkeit. Amen."

Zweite Meditation

Das Endgericht (Mt 25, 31–46)

Wenden wir uns als nächstes dem Abschnitt bei Mt 25, 31–46 über das Endgericht zu und richten wir zuerst ein Gebet an den Herrn:

„Wir bitten dich, Herr, laß uns diese Worte verstehen, uns nicht gegen sie wehren; laß uns bereit sein zu der ganzen Veränderung, die sie in unserem Leben verlangen. Wir bitten dich, diese deine Worte uns nacherfahren zu lassen, nicht bloß über sie nachzudenken, sondern daraus zu leben.

Du, Herr, der du den Geist sendest und lebst von Ewigkeit zu Ewigkeit. Amen."

*Entsprechung zwischen dem Endgericht und dem Prinzip
und Fundament der Exerzitien*

Diese Meditation, zusammen mit der vorhergehenden, entspricht im Aufbau der Exerzitien dem Prinzip und Fundament der geistlichen Übungen des heiligen Ignatius. Wenn ich das Matthäusevangelium ein wenig durchdenke und die Pfeiler herauszufinden suche, auf die der Evangelist seine Botschaft für die Kirche stützt, scheint mir, dieser Abschnitt bilde gleichsam die Grundlage.

Im Exerzitienbüchlein haben wir ebenfalls etwas Grundlegendes, Erstrangiges: Wir sind für Gott erschaffen; alles ist für ihn da; wir sind für ihn da und müssen zu ihm gelangen. Darauf folgt ein Vorsatz für das Leben, eine Entscheidung: Wir müssen uns vom Eigenwillen freimachen, so daß wir nur das wünschen und suchen, was uns zu diesem Ziel bringt.

In Entsprechung dazu haben wir auch in diesen beiden Meditationen eine umfassende Sicht: Christus, dem alle Macht gegeben ist, sendet seine Kirche, um allen Menschen auf der Erde seine Botschaft zu verkünden. Daraus folgt ein Prinzip einer täglich zu treffenden Entscheidung, in der man Christus als Herrn anerkennt. Dieses Prinzip veranschauliche ich mit der Bildrede, dem Schilderungsrahmen des allgemeinen Gerichts. Während die vorhergehende Meditation sich auf die Prinzipien des Gottesreiches bezog, betrifft diese die Tätigkeit, das, was zu tun ist. Diese beiden Meditationen sind, wie gesagt (obwohl der Vergleich mit dem Prinzip und Fundament bei Ignatius bloß analog ist), grundlegend, um das Matthäusevangelium und seine Botschaft zu erfassen.

Dieser Text findet sich nur im Matthäusevangelium. Er weist keine Parallelen zu den anderen Evangelien auf und deshalb bin ich, auch aus diesem Grund, der Meinung, daß er zu der eigenartigen theologischen Sicht des kirchlichen Evangeliums gehört. Es ist eine Stelle, in der Matthäus die christologischen Prädikate häuft: Menschensohn, König, Hirte, Herr, Richter.

Deshalb läßt sich dieser Abschnitt als Weiterführung der großen Endschau meditieren, die wir bereits betrachtet haben: Jesus, der alle Macht hat, ist der Menschensohn, der Sohn des Vaters, der König, der Hirte, der Herr, der Richter. Hier kommt zwar der Titel Messias, Christus, nicht ausdrücklich vor, doch leuchtet er um so machtvoller auf, insofern dieser geheimnisvolle König, Richter usw. die Achse der Geschichte ist. Um ihn vollziehen sich alle menschlichen Entscheidungen, und alles, was geschieht, bezieht sich auf ihn.

Interpretationsprobleme

Diese Matthäusstelle ist also sehr wichtig, wenngleich auch sehr schwierig und sehr umstritten. Ein Buch von P. Christian, das 1975 auf deutsch herauskam und den Titel trägt „Jesus und seine geringsten Brüder" (Leipzig 1975), sucht einige der Hauptprobleme dieses Abschnitts zu umreißen. Ein anderes Buch zu diesem Thema, das danach erschien, trägt den Titel „Gott im Bruder". Es ist aufschlußreich, weil es eine Übersicht bietet über sämtliche Meinungen, welche die Exegeten im Lauf der Jahrhunderte zu einzelnen Aspekten dieser Szene geäußert haben, vor allem zu der Frage, welches diese „geringsten Brüder" sind. Bald sind es die Armen, bald die Ordensoberen, bald die Armen im Geiste, was den Sinn der Schlüsselworte dieses Abschnitts jedesmal verändert.

Es ist auch recht schwierig, richtig zu bestimmen, was unter „alle Völker" zu verstehen ist. Sind es die Heiden, diejenigen, die Christus nie gekannt haben? Dann läßt sich von dieser Gleichnisrede her eine Theologie des anonymen Christentums entwickeln. Oder sind es alle Menschen, denen Christus zu verkünden ist? Dann geht es nicht um Erkennen oder Nichterkennen, sondern um Tun oder Nichttun, und wäre die Überraschung bloß ein rhetorisches Ausdrucksmittel, um die Lehre am Schluß zu betonen.

Diese Beispiele zeigen, wie verwickelt diese Gleichnisrede ist: Handelt es sich um ein Gericht über alle Menschen oder bloß über die Heiden oder bloß über die Christengemeinde?

Wie gesagt, ein sehr schwieriger Abschnitt, der jedoch in der Kirche von heute sehr aktuell ist. Beispielsweise gründen Mutter Teresa von Kalkutta und ihre Missionarinnen der Nächstenliebe ihre ganze Spiritualität auf diese Stelle; auch wenn Mutter Teresa spricht, wiederholt sie diese Theologie und beruft sich auf sie. Dies ist die einzige Stelle im Evangelium, in der Jesus klar mit dem Armen „identifiziert" wird. Somit ist es eine für das Christentum von heute besonders wichtige Stelle, die aber meines Erachtens auch irritieren kann, denn es ist ein Text, den man irgendwie mißbraucht, indem man ihn verabsolutiert; so zum Beispiel wenn man von diesem Abschnitt eine Art Theologie des Atheismus ableitet. Man sagt: Diese Menschen haben Gott nicht gekannt, aber Gutes getan; also braucht man Gott nicht zu kennen, sondern gute Taten genügen. Auf diese Weise entnimmt man der Stelle eine Theologie des Atheismus, die meines Erachtens dem ganzen Sinn des Matthäusevangeliums völlig widerspricht.

Dieser schwierige Text bietet noch eine ganze Reihe weiterer Schwierigkeiten. Er ließe sich z. B. auch im Sinn einer totalen Mißachtung des Menschen mißverstehen, als ob er sagen würde: Wichtig ist, etwas für Christus zu tun; der Mensch ist nur ein Mittel, etwas für Christus zu tun. So ließe sich aus dieser Stelle gewissermaßen ein umgekehrter Doketismus herauslesen: Worauf es ankommt, ist einzig die Beziehung zu Christus; der Nächste ist nur ein Mittel, eine Transparenz.

Wollte man so argumentieren, würde der unverkürzbare Wert der menschlichen Person, die nie zu einem bloßen Mittel werden darf, dahinfallen. Damit gerieten wir ebenfalls gänzlich vom richtigen Weg ab, denn das Evangelium hat von Grund auf Respekt vor der menschlichen Person, die nicht bloß eine „Plattform" ist, um zu Gott zu gehen, sondern in sich selbst ein Wesen, das würdig ist, daß man ihm dient und es liebt. Aus diesem Abschnitt lassen sich also absolut abwegige Konsequenzen ableiten im Sinn einer Mißachtung des Menschen, dem man Gutes nur dazu tun würde, um uns mit der Person Gottes in Kontakt zu bringen.

Wenn wir auf diesen Text ein modernes analytisches Interpretationsprinzip anwenden würden, ergäben sich viele weitere Schwierigkeiten. Beispielsweise eine Schwierigkeit, die verwirrend ist, besonders für eine an das Paulinische Denken gewöhnte Geisteshaltung: Hier sei bloß von Werken die Rede. Es scheint, man brauche bloß gute Werke zu verrichten, während doch Paulus uns sagt, es komme auf den Glauben an, die Werke gälten nichts, denn der Mensch sei gar nicht fähig, gute Werke zu vollbringen.

Sogar ein ganz neuer Kommentar betont, wie mir scheint auf wenig glückliche Art: „Hier wird von dem, der einem Notleidenden hilft, keinerlei geistliche Haltung verlangt. Beim Urteil ist es nicht von Gewicht, ob man weiß oder nicht weiß, daß Jesus in den Armen, denen man hilft oder die man im Stich läßt, zugegen ist und daß folglich der Vollzug oder die Unterlassung einer Tat der Liebe ihn betrifft. Die Absicht, das subjektive Bewußtsein spielt keine Rolle; es kommt einzig darauf an, ob man etwas getan hat oder nicht getan hat."

Das steht offensichtlich im Gegensatz zu Paulus, der gesagt hat: Es gilt der Glaube; es gelten nicht die Werke an und für sich. Das steht aber auch im Gegensatz zu anderen Stellen bei Matthäus, wo es heißt (6, 1–18): Wenn ihr all dies tut, um von den Menschen gesehen zu werden, habt ihr euren Lohn schon erhalten.

Wir haben hier also ein Beispiel für eine gewaltsame Auslegung, in der man daraus, daß bei der Szene selbst das Gewissen nicht ins Spiel gebracht wird, den Schluß zieht, daß es gar nicht auf das Bewußtsein ankomme; einfachhin die konkrete Liebestat für den Nächsten beweise die Liebe zu Jesus. Der Entscheid für die Armen wäre, kraft deren Identität mit Jesus, schon an und für sich ein christlicher Entscheid, eine lebendige Bindung des Lebens an Jesus. In einer solchen Deutung werden Grundwahrheiten meines Erachtens mit einem Ton verquickt, der die Tiefe dieses Abschnitts verkennt.

Ich muß sagen, daß mich diese Stelle schon seit geraumer Zeit verfolgt. Ich suche immer, mich gegen sie zu wehren, weil ich sehe, daß sie Entscheide verlangt, zu denen ich vielleicht nicht imstande bin. Vielleicht habe ich aus diesem Grund bisher nie versucht, sie als Betrachtungsstoff vorzulegen.

Suchen wir zu sehen, was dieser Abschnitt bedeutet und seien wir uns dabei bewußt, daß man sich nicht ohne weiteres an den einen oder anderen Aspekt halten darf. Wir müssen vor Gott ehrlich zu sehen suchen, worauf er uns hinlenkt, was er uns nicht sagt und wie er uns für das Verständnis des Evangeliums als ganzen behilflich ist.

Wir haben von etwas, das uns dieser Text nicht sagt, bereits gesprochen: Aus diesem Abschnitt läßt sich nichts direkt folgern über denWert oder Unwert der Gotteserkenntnis. Er antwortet nicht auf die Frage, ob man gerettet werden kann oder nicht, ohne Gott zu kennen; dieses Problem liegt außerhalb der Aussageabsicht des Textes.

Der Abschnitt will auch nicht ein vollständiges Verzeichnis sämtlicher Werke sein, die dem Gericht unterstellt werden, die zu tun sind, um das Heil zu erlangen, als ginge es dabei bloß um die Werke der leiblichen Barmherzigkeit. Dies würde all den anderen Stellen bei Matthäus widersprechen, welche die Barmherzigkeit, die Vergebung, das Beten im Stillen und Verborgenen empfehlen. Der Abschnitt ist sehr kühn, doch ist er, wie das bei vielen Bibelstellen der Fall ist, seinem symbolischen Sinn nach zu nehmen, wobei auf die Tiefe der Botschaft zu achten und nicht der eine oder andere Aspekt zu überbetonen ist.

Ich möchte den Text deshalb ohne allzu viele Erklärungen zur Betrachtung vorlegen. Gerade weil er schwierig ist, werden wir ihn Schritt um Schritt zu verstehen suchen müssen, ein wenig nach der Art des Prinzips und Fundaments bei Ignatius: Man stellt sich davor hin und denkt dann darüber nach. So werden wir ihn als Hintergrund unseres Nachsinnens gegenwärtig halten.

Ich lege bloß vor:

– eine kurze Bemerkung über die literarische Struktur des Abschnitts, soviel, um den Sinn besser zu verstehen;

– einige globale Lehren, die der Abschnitt uns gibt und die nicht bloße Meinungen von Exegeten sind, sondern Grundlehren;

– schließlich werde ich eine Anregung zum Gebet geben, einen „Ort", an dem unser Gebet ansetzen kann.

Dies soll lediglich das eigene Nachsinnen in Gang bringen und dem Heiligen Geist in uns Raum geben.

Bevor wir mit einer kurzen Darlegung des Textes beginnen, möchte ich eine wichtige Regel des heiligen Ignatius in Erinnerung rufen, die zweite Anweisung im Exerzitienbüchlein, die besagt: „Die Person, die einer anderen Weise und Ordnung für die Besinnung oder Betrachtung vorlegt, muß die geschichtliche Tatsache für eine solche Betrachtung oder Besinnung wahrheitsgetreu erzählen, wobei sie die Punkte nur mit kurzer oder zusammenfassender Erklärung durchläuft. Wenn nämlich die betrachtende Person die unverfälschte Grundlage der Geschichte ... selbständig überdenkt und Schlußfolgerungen zieht und hierbei irgendeine Sache neu entdeckt, welche die Geschichte ein wenig mehr aufhellt oder verkosten läßt ... so bietet dies mehr Geschmack und geistliche Frucht ..., denn nicht das Vielwissen sättigt und befriedigt die Seele, sondern das Verspüren und Verkosten der Dinge von innen her."

Bei dieser Anweisung hielt ich mich zuerst immer an deren Schluß, an dieses „Verspüren und Verkosten der Dinge von innen her." Jetzt hingegen beeindruckt mich vor allem der Satzteil in der Mitte: „ein wenig mehr aufhellt oder verkosten läßt." Wie mir scheint, sagt uns der heilige Ignatius in diesen wenigen Worten viel. Angesichts einer Stelle des Evangeliums wie dieser z. B. sollen wir nicht nach der großen globalen Intuition suchen, welche die Welt und uns selbst revolutionieren wird, sondern bloß „ein wenig mehr zu verkosten" trachten.

Dieses „ein wenig mehr" ist immens, wenn es uns angesichts einer Stelle wie dieser gelingt, auch nur ein bißchen zu verspüren, daß sie uns im Grunde doch mehr betrifft, als wir gedacht hatten. Dies ist schon ein gewaltiger Fortschritt, ein viel größerer, als wenn wir den Text in allen seinen Teilen analysiert, erklärt, ausgefaltet hätten. Es ist dieses ganz bescheidene „ein wenig mehr", das wir dankbar entgegennehmen sollten, weil es dann alles Übrige hervorbringt.

Machen wir uns nicht in einer analytischen, mechanischen Haltung an solche Texte, als ob wir das lösen wollten, was in den wissenschaftlichen Monographien der Fachleute noch nicht geklärt werden konnte, sondern sagen wir: Herr, laß mich ein wenig mehr erfassen, wie diese Stelle mein Leben ändern kann und es ändert. Laß mich innewerden, wie sie einen kleinen Aspekt meines Lebens zu ändern vermag, der dann, wenn er wahr, wenn er echt ist, sich wie ein Tropfen Öl ausbreiten wird. Wenn wir eine Spur mehr Echtheit in unsere Meditation, in unser Gebet hineinbringen, befinden wir uns schon auf hoher See, stoßen wir schon hinaus in die Weite. Bitten wir darum im Gebet zum Herrn!

Struktur des Abschnitts: 25, 31–46

Die Struktur dieses Textabschnitts scheint mir klar zu sein:

Zu Beginn steht eine einleitende Aktion, die sich im stillen vollzieht: Der Menschensohn kommt, setzt sich auf den Thron der Herrlichkeit, und alle Völker versammeln sich vor ihm. Hier erscheint mir die Interpretation am wahrscheinlichsten, wonach sich das auf alle Menschen, nicht nur auf die Heiden oder auf die Christen allein bezieht, sondern auf die ganze Menschheit, nachdem das Evangelium allen verkündigt worden ist. Es ist ein Urteil über den Menschen.

Alle Menschen werden vor dem Menschensohn versammelt und dann geschieht still etwas Rätselhaftes: Der Menschensohn nimmt und trennt wie ein Hirt: die Böcke zu seiner Linken, und die Schafe zu seiner Rechten. Diese stille Scheidung der Menschheit ist ein Rätsel.

Warum handelt der König wie ein Hirt, warum trennt er die Menschheit in zwei Scharen? Wir sind von jeher daran gewöhnt, die Menschheit als eine Gesamtheit anzusehen; warum wird sie dann vor Gott getrennt? Sodann besteht die Menschheit hier aus den einzelnen Menschen, den einzelnen Personen, nicht aus den Rassen und Völkern.

Die Exegeten erinnern daran, daß diese rätselhafte Handlung zu Beginn im praktischen Leben der Hirten ihre Entsprechung hat, wie man das aus den Kommentaren ersehen kann: Der Hirt trennt am Abend die Schafe von den Böcken. Etwas, das im Leben üblich ist, wird hier zum Sinnbild.

Der zweite Teil der Szene ist dialogisch und symmetrisch. Zuerst ergeht zur Rechten hin ein Befehlswort: „Kommt!"; darauf folgt eine Erklärung, weshalb sie kommen sollen: „Ich war hungrig, und ihr habt mir zu essen gegeben ..." Und schließlich wird die Frage gestellt: „Wann denn haben wir dir das getan?", auf die die Antwort erfolgt: „Jedesmal, wenn ihr es für einen meiner geringsten Brüder getan habt." Die Szene zur Linken ist absolut symmetrisch: der Befehl, die Erklärung, die Frage, die Antwort. Das Gewicht liegt auf den beiden Schlußsätzen: „Was ihr für einen meiner geringsten Brüder getan habt, das habt ihr mir getan ... Was ihr für einen dieser Geringsten nicht getan habt, das habt ihr auch mir nicht getan".

Analyse der zentralen Botschaft

Auch die Lehre ist hier in den Schlußsätzen enthalten und nicht in den vorausgehenden Fragen, die bloß dazu dienen, Spannung zu schaffen und somit das Verlangen zu wecken, daß das Rätsel gelöst werde. Für diese Gleichnisrede ist also weniger das Nichtwissen wichtig als der am Schluß angegebene Grund. Die ganze Szene soll uns die Grundwahrheit erfassen lassen: Die Beziehung des Menschen zum Menschensohn spielt sich in der Beziehung von Mensch zu Mensch ab. Dies erscheint mir als das entscheidende Element der Szene, als die Grundlehre aus der erzählten Geschichte, auch wenn diese aus sichtbaren Elementen szenischer und metaphysischer Art aufgebaut ist.

Die Menschen, zumal einige von ihnen, stehen in einer besonderen Beziehung zum Menschensohn. Es besteht eine besondere Beziehung zwischen dem Menschensohn und den Geringen. Als was immer wir diese im Gleichnis ansehen wollen, besteht ein enges Verhältnis zwischen dem Zur-Kenntnis-Nehmen des Menschensohnes und dem praktischen Zur-Kenntnis-Nehmen, der Unterstützung der Geringen, der Letzten. Umfassender gesagt: Es besteht ein enges Verhältnis zwischen der Beziehung zu Christus und der Beziehung zum Nächsten. Beides spielt sich miteinander ab.

Natürlich könnten hier manche Fragen auftauchen, und die Exegeten stellen sich diese auch: Weshalb diese besondere Beziehung zwischen dem Menschensohn und den Geringen? Um wen handelt es sich bei diesen? Sind es die Schwachen, die Armen ganz allgemein, die in der Christengemeinde Geringen, oder die Christen im allgemeinen, die in der Welt klein, arm und verfolgt dastehen gegenüber der Macht und Pracht der Welt?

Oder handelt es sich um die im Dienst der Gemeinde Stehenden, also um die Kleinen, die den, der sie zur Kenntnis nimmt, in eine gute Beziehung zu Christus versetzen? Diese Interpretation stützt sich darauf, daß Jesus an einer anderen Stelle gesagt hat: „Der Größte unter euch soll werden wie der Kleinste, und der Führende soll werden wie der Dienende" (Lk 22, 26). Wer also mich in der Gestalt desjenigen erkennt, der dient, wer die Oberen der Gemeinde ehrt, ehrt Christus. Das ist somit eine weitere Möglichkeit.

Ich glaube nicht, daß wir uns für eine dieser Möglichkeiten entscheiden müssen, wenn auch heute die mehr allgemeine Interpretation als die wahrscheinlichste gilt: Bei den Geringen handelt es sich um die Armen in jedem Sinn. Im Grunde jedoch handelt es sich, wenn wir den Begriff ausweiten, um alle, denn Jesus sagt: „Was ihr für einen meiner geringsten Brüder getan habt." Hier scheint er von einem spezifischen Fall sprechen zu wollen: Ihr seid nie um diese Beziehung herumgekommen; selbst da, wo es sich um eine lächerliche, unbedeutende, belanglose Situation zu handeln schien, nahmt ihr Stellung zu mir.

Folglich liegt meines Erachtens hinter dieser Bildrede eine besondere Beziehung des Kleinen und Armen zu Gott. Beides ist eng und untrennbar miteinander verbunden. Jesus will hier nicht sagen: Es kommt nicht auf die Beziehung zu Gott an, sondern bloß auf die Beziehung zu den Menschen; vielmehr gehören diese beiden Aspekte zusammen. Es will uns keineswegs ein Horizontalismus beigebracht werden, sondern es wird uns gesagt, daß das für den Menschen Grundlegende das Gottesreich, die Bezie-

35

hung zu Gott ist und daß diese sich in diesem wahrgenommenen Verhältnis zum Menschen abspielt.

Die Exegeten fragen sich (unter der Voraussetzung, daß es sich bei den Geringen um die Armen und Verachteten der Welt handelt), weshalb sich Jesus mit ihnen identifiziere. Vielleicht deswegen, weil er selbst arm und verachtet gewesen ist, und dann liegt eine Identifikation im geschichtlichen Sinn vor. Oder deshalb, weil Gott in seinem Großmut den Armen erwählt, gerade weil Gott groß ist. Es werden also verschiedene Motive gesehen, doch im Grunde ist das Wichtige dies: Hier tritt der Wille Gottes zutage; es handelt sich um eine Offenbarung, die wir weniger motivieren als entgegennehmen und in uns aufnehmen sollen. Gott offenbart sich uns auf diese Weise, und wir bitten im Gebet und im Glauben darum, daß der Herr es uns erfassen und annehmen lasse, so daß es unser Leben wenn auch nur ein wenig zu ändern vermag.

Unser Platz in dieser Szene

Fragen wir uns und bitten wir den Herrn um die Einsicht, welches unser Platz in dieser Szene ist. Nehmen wir zum Beispiel an: Wir könnten uns aus der Szene heraushalten; die Szene spielt sich ab, und wir sehen sie uns von außen her an. Wir sagen: Hier sind die Armen, hier die Völker, was will Jesus sagen, was will die Frage besagen: „Haben wir dich nicht gekannt?" Setzt sie eine wirkliche Unwissenheit voraus oder geht sie bloß aus einer Überraschung hervor? Mit solchen Fragestellungen könnten wir über die Bildrede an und für sich endlos diskutieren.

Oder wir können uns hineinversetzen, und das ist schon ein erster Entscheid, der zu treffen ist: sich herauszuhalten oder sich hineinzuversetzen. Wenn der Herr uns eingibt, uns in die Szene hineinzuversetzen, werden wir fragen:

Herr, wo soll ich stehen? Geselle ich mich zu den Armen, die erwarten, daß jemand etwas für sie tut? Ich könnte sagen: Ich bin wie einer dieser Armen und warte; ich danke dir, Herr, weil du mich in diese Lage des Armen versetzt hast, so daß der Bruder, der mich liebt und mich annimmt, dich annimmt.

Wir könnten den Herrn loben, der jeden von uns zu seinem Armen gemacht hat, weshalb wir wirklich den Brüdern, der Kirche überlassen sind. Wir können uns sicher fühlen, denn der Herr, der uns scheinbar im Stich läßt, vertraut uns den Händen der anderen an und steht für uns ein.

Ich versetze mich also in die Lage des Armen, Geringen, und danke dem Herrn: Ich danke dir, weil ich es nicht nötig habe, mich von den anderen annehmen zu lassen, mich aufzuzwingen. Du selbst trittst für meine Sache ein; du selbst stützest mich. Ich kann mich meiner Armut rühmen, wie Paulus es tut; ich kann mich meiner Situation rühmen, ein nicht allzu einflußreicher, nicht allzu begabter Mensch zu sein, der oft gegenüber den anderen im Nachteil ist, denn du bist bei mir; du hast meine Sache zu deiner Sache gemacht.

Oder ich kann mich unter die Gerechten versetzen und sagen: Herr, ich danke dir, weil du mir gewährst, mein Leben im Dienst der Brüder zu leben in einer realen Beziehung zu dir. Ich danke dir für alles, was mein Leben an Mühsal, Geduld, scheinbarer Nutzlosigkeit mit sich bringt; dies ist ein beständiger Dialog mit dir.

Oder ich könnte mich (und dies ist die Lage, die der Herr mich spontan einzunehmen antreibt) unter diejenigen versetzen, die nicht verstehen: Herr, erkläre du mir, wann ich dich nicht gesehen habe. Jedesmal, wenn ich über dieses Gleichnis nachsinne, sage ich mir: Gut, jetzt habe ich begriffen. Doch dann, wenn ich in meinen Alltag zurückkehre, sehe, fühle, verstehe ich nicht; meine spontanen Reaktionen entsprechen dem nicht. Alle meine Beziehungen zu den Nächsten sind konfliktgeladen, abwehrend, suchen die Distanzen, meine Vorrechte aufrechtzuerhalten.

Zu solchen gehören wir wohl alle, jedesmal, wenn wir uns den konkreten, realen Gegebenheiten der Situation, in der wir leben, unverständlicherweise verschließen. Oft sind wir sogar blind für Personen, die uns am nächsten stehen. Wir sind wie der Priester im Gleichnis, der am Verwundeten vorübergeht. Er ist dies sosehr gewohnt, daß er ihn gar nicht sieht.

Doch sind wir auch ein wenig freiwillig, d. h. wirklich in dieser Blindheit befangen: Herr, wann habe ich dich je arm, müde, krank, eingekerkert ganz nahe bei mir gesehen und habe mich davon rühren lassen? Wie viel öfter hingegen habe ich die Sorge für Notleidende als erschöpfend oder als allzu große Gefahr empfunden; ich hatte das Bedürfnis, mich abzuschirmen, klare Distanzen zu setzen, meine Rechte geltend zu machen. Sieh, hier ist unser ganzes Leben, denn unser ganzes Leben spielt sich da ab, in der Beziehung zu den anderen.

Entweder ist es eine Beziehung, in der man den Herrn erkennt, oder eine mehr oder weniger offensichtlich konflikthafte Beziehung des Gebens und Nehmens, um vorwärtszukommen, vielleicht ohne die anderen zu erdrücken, aber doch so, daß man sich ihnen voransetzt. Wenn wir ehrlich sind, kommt hier unser ganzes Dasein zum Vorschein, und wenn wir uns ganz vor Gott hinstellen, auch unsere Unfähigkeit, uns zu ändern: Herr, ich werde wegen einer weiteren Meditation, die ich jetzt über diesen Punkt anstelle, sicherlich nicht die Augen öffnen. In einer Situation, in der ich mich angegriffen fühle, werde ich mich sicher immer noch instinktiv zurückziehen.

Das ganze Leben besteht aus einer Reihe kleiner Angriffe, zu denen wir Stellung nehmen; wir distanzieren uns, wir wappnen uns weise. Von da aus können wir aufrichtig sagen: Herr, es stimmt, ich bin nicht fähig, dich zu erkennen. Du gibst mir die Gnade, da oder dort eine Tat der Liebe, des Großmuts zu verrichten, doch mein Dasein als solches ist noch weit davon entfernt, frei, fröhlich, bereit zu sein, in allen, auch in übertriebenen Forderungen, die an mich gestellt werden, dir treu zu sein.

Wenn wir unser Alltagsleben ehrlich durchgehen, wird der Herr uns eingeben, uns in diese demütige Haltung zu versetzen, und sie wird sich einstellen, wenn wir sehen, wie es sich mit uns in diesem Punkt verhält. Dann kann auch das Fragen weitergeführt werden, so daß man sagt: Herr, es tut mir wirklich leid, aber ich habe dich nicht gesehen, dich nicht verspürt; warum eigentlich?

Warum habe ich dich nicht verspürt? War es nur ein dummer Augenblick, ein kleines Mißverständnis, weswegen man bloß zu sagen braucht: Nun bin ich nachgekommen, danke, nun habe ich begriffen? Oder ist es unser Herz, etwas in unserem Innern, das uns dumpf, schwerfällig und unfähig macht, dich zu erkennen? Und warum haben wir uns noch nicht entschieden zum Evangelium bekehrt, warum suchen wir beständig unsere eigene Gerechtigkeit und ist uns der Nächste bloß ein Vorwand zu unseren guten Werken, um uns als gerecht ansehen zu können? Mit eleganten, ausgewogenen Beziehungen wollen wir uns selbst vorwärtsbringen.

Hier kommt die ganze innere Welt unserer Blindheit zum Vorschein. Herr, ich habe Augen und sehe nicht, habe Ohren und höre nicht. Ich gehe durch die Welt, als ob du nicht da wärest. Oder ich sage: Du bist hier, hier und dort, und das genügt mir, ich habe schon allzu viel getan.

Ich sehe dich nicht da, wo du wirklich bist, sondern wo ich dich gerne sehen möchte, da, wo die Gewohnheit, die Tradition, der Brauch mich dich sehen lehren, das genügt; doch für das Übrige habe ich kein Gespür, und kann es nicht haben.

Diese Frage kann sich in unserem persönlichen Gebet

fortsetzen: Herr, lehre mich einsehen, warum ich dieses Gespür nicht habe, warum ich dich nicht erkenne. Oder warum ich dich, sogar gern, zwar in einigen Situationen erkenne, doch in vielen anderen nicht?

Wie oft kommt dies vor: Jeder von uns bildet sich die eigene Sphäre von Ehrlichkeit und Gerechtigkeit, doch die anderen sagen: Ja, aber er sieht das nicht, er sieht jenes nicht, er versteht diese Situation nicht, er schenkt den anderen keine Beachtung – und wir gewahren es nicht einmal.

Darum beten wir: Herr, ich möchte dich nicht nur da sehen, wo ich dich sehen möchte, sondern da, wo die anderen um Hilfe schreien. Warum bemerke ich das nicht, begreife ich es nicht, öffne ich nicht die Augen? Wie oft passiert dies selbst heiligen Menschen! Viele Menschen erfassen Wesentliches nicht. Es gibt Menschen, die absurd gefühllos sind: sie leben jahrzehntelang oder lebenslang in mystischen Situationen, in erhabenstem Eifer, doch sie sind stumpf, ganz hart, ohne Selbsterkenntnis. Man kann mit ihnen über gewisse Punkte nicht sprechen; alles ist ein Nicht-Erkennen des Herrn.

Wenn wir uns in die Bildrede hineinversetzen und uns an eben diesen Platz stellen, muß in uns unwillkürlich die Frage aufsteigen: Herr, was muß ich tun? Willst du von mir eine Anstrengung mehr? Oder willst du, daß ich auf deine Worte aufmerksamer höre? Setzen wir dieses Gebet fort, von dem ich eben möchte, daß es das Hauptthema dieser Tage sei. Nehmen wir das Matthäusevangelium selbst zur Hand und erfragen wir die Antwort vom Evangelium selbst: Herr, was ist in uns? Welche Schwerfälligkeiten, Verschlossenheiten, Dumpfheiten, welche Blockierungen hindern mich, dich zu erkennen?

Bitten wir also den Herrn von diesem grundlegenden Gleichnis aus um diese Selbsterkenntnis. Es handelt sich ja um den Sinn unseres ganzen Lebens, um den Sinn der Welt. Es geht nicht einfach darum, unserem alten Wein ein wenig mehr Aroma hinzuzufügen, sondern darum, nachzusehen, ob der Schlauch noch in Ordnung ist, ob es einen neuen Schlauch braucht oder ob es gar einen ganz neuen Wein braucht.

Versetzen wir uns so ins Gebet vor dem Herrn, der uns diese so umfassende Sicht vorlegt, die unser Leben auf den Kopf stellt, und beten wir:

„Herr, mach, daß wir uns selbst gegenüber, der Kirche und der Welt gegenüber wahrhaftig sind. Mach, daß wir in dieser Wahrheit über uns selbst unsere Verschlossenheit, Härte, Blindheit oder innere Abgestumpftheit einsehen, alles Unvermögen, dich in uns, um uns herum, in der Welt, in den Bedürfnissen der anderen zu erkennen.

Herr, mach, daß alle zurückgewiesenen Dialoge, alle Situationen der Verschlossenheit, alle ausgeklammerten Perspektiven uns vor Augen treten.

Herr, laß uns dich in den Forderungen erkennen, die du als König, Hirte, Menschensohn, als Richter unseres ganzen Lebens an uns stellst. Laß uns dich erkennen in deiner Präsenz in unseren Beziehungen, in der konkreten Geschichte, in der Welt, in der Kirche.

Dein Geist, Herr, ist ein Geist des Friedens. Laß uns im Frieden einsehen, was wir sind und was wir nicht sind und wozu du in deiner Liebe uns berufst, damit wir die Freude erleben können, zu dem zu werden, was wir nach deinem Willen sein sollen.

Wir danken dir, Herr, weil du uns nicht in Gemeinplätzen, im banalen Stagnieren unserer Mittelmäßigkeit läßt, sondern uns einlädst, die Freude über das „ein wenig mehr" zu gewinnen, das uns einen neuen Horizont eröffnet.

Wir danken dir, Herr, der du uns deinen Geist schenkst und lebst und herrschest von Ewigkeit zu Ewigkeit. Amen."

Dritte Meditation

Unsere Sünden

Beten wir zuerst:

Wir danken dir, Herr; laß uns deine Macht als Auferstandener verspüren, du, der du nicht nur in Worten, sondern auch in Taten mächtig bist. Verändere unser Herz, mach, daß es nicht nur versteht, sondern vor allem auch liebt.

Herr, gib uns ein wenig mehr Liebe, noch mehr als Verständnis für dein Wort. Lenke uns bei dieser Besinnung. Laß uns nicht ungeduldig sein und meinen, wir müßten alles sogleich verstehen, sondern mach, daß wir uns damit begnügen, das, was du uns vorlegst, sogleich zu lieben.

Du, Herr, der Sohn des Vaters, Gott von Gott, Licht vom Licht, der du uns den Geist schenkst und lebst und herrschest von Ewigkeit zu Ewigkeit. Amen.

Kenntnis der „Unordnung" und der „Welt"

Diese Meditation und die folgenden lassen sich von den Zwiegesprächen inspirieren, die der heilige Ignatius in der ersten Exerzitienwoche nach den Betrachtungen über die Sünde vorsieht. Nach der zweiten Betrachtung über die Sünde läßt er eine Wiederholung anstellen und dann am Schluß drei Zwiegespräche halten („Geistliche Übungen, Nr. 63), auf die er viel Gewicht legt, denn er fordert, sie als vierte Übung der Bußwoche ein weiteres Mal zu wiederholen.

„Das erste Zwiegespräch mit Unserer Herrin, auf daß sie mir von ihrem Sohn und Herrn Gnade zu drei Dingen erlange: Erstens, daß ich ein inneres Bewußtwerden meiner Sünden und einen Abscheu vor ihnen verspüre; zweitens, daß ich die Unordnung meines Tuns spüre ...; drittens, bitten um Erkenntnis der Welt ..." Das zweite Zwiegespräch mit dem Sohn und das dritte mit dem Vater sollen uns die genannte Gnade erwirken.

Hier wird also durch die Vermittler hartnäckig um eine Gnade gebeten, die als sehr wichtig angesehen wird und die, wie P. De Gennaro in seinem Kommentar treffend bemerkt, „nicht nur in der Gnade, zu erkennen, besteht, sondern in der, die Kenntnis zu verspüren", d. h. sie als eine unmittelbare, gewissermaßen direkte Erfahrung wahrzunehmen. Es heißt nicht: „damit ich die Unordnung erkenne", was auch eine Bilanz am Schreibtisch bewirken könnte, bei der man abstrakt sähe, was in uns geordnet und was weniger geordnet ist. Es geht darum, Unbehagen darüber zu verspüren sowie die Kenntnis der Welt zu fühlen, will sagen all der Wahrheiten und Banalitäten, die unser Leben zum großen Teil belasten, verfinstern, unfruchtbar machen.

Diese Dinge erscheinen mir wichtig, vor allem die beiden letzten: Gewiß die Kenntnis der Sünde ganz allgemein, doch hier die Kenntnis der „Unordnung", will sagen des ungeordneten Denkens und Handelns, die es verwehren, die Beziehung zum Nächsten an die richtige Stelle zu setzen, den Hungrigen, Nackten, Eingekerkerten, Kranken in seinen Bedürfnissen zu sehen.

Und auch die Kenntnis der „Welt", d. h. all unser Verhaftetsein an die Routine, an die Gewohnheiten, an die Umwelt, das uns Auge und Ohr für das verschließt, was dringlich ist, was nach Hilfe schreit. Dies ist die Gnade, die zu erbitten ist, und die folgenden Betrachtungen gehen in dieser Richtung.

Durchlaufen wir also mit Hilfe des Evangeliums den

Bußweg, den Ignatius zu Beginn der Exerzitien vorschlägt, und halten wir uns dabei vor Augen, daß all das uns nicht nur als Einzelne angeht, sondern als Verantwortliche in der Kirche, somit als Personen, die für jeden der Brüder verantwortlich sind oder auch für eine Gruppe, eine Gemeinschaft, für die Situation, in der wir leben. Und richten wir dabei das Auge unverwandt auf das Ostermysterium. Einzig der gestorbene und auferstandene Christus wird uns über das, was wir meditieren, endgültig erhellen.

Deswegen wollen wir in der Folge direkt in die Meditationen über die Passion und die Auferstehung eintreten. Die jetzigen Betrachtungen werden gleichsam einen Ansatz, einen Ausgangspunkt für die Meditation über den Gekreuzigten und Auferstandenen bilden. Es geht also nicht darum, Entschlüsse für unser Leben zu fassen, Vorsätze, uns in diesem oder jenem Punkt zu bessern, sondern darum, das, was nicht in Ordnung ist, zu sehen, den Herrn zu bitten, uns das Unstimmige der kirchlichen, geschichtlichen, persönlichen Situationen erfassen zu lassen und einzusehen, was an dieser Unstimmigkeit auf uns zurückgeht, weil wir dafür irgendwie mitverantwortlich sind.

Im Grunde wollen wir uns dabei in die Frage vertiefen, die wir uns bereits gestellt haben, indem wir uns in die Lage dessen versetzten, der im Notleidenden nicht Christus erkannt hat. Stellen wir uns vor, daß der Herr das Urteil über uns wohlwollend schon vorwegnimmt, und fragen wir uns: Warum habe ich mich nicht bewegen lassen, warum ist es mir nicht gelungen, den notleidenden Bruder zu sehen? Gehen wir von dieser Frage aus und suchen wir, mit Hilfe des Matthäusevangeliums uns ein wenig in sie zu vertiefen.

Als Behelf für diese Betrachtung lege ich vorerst drei Worte Jesu vor, die uns auf sie einstimmen: das Wort über den unfruchtbaren Feigenbaum (Mt 21,18–19); das Wort vom Haus, das auf Sand erbaut ist (Mt 7,24–27); das Wort „Nicht jeder, der sagt: Herr, Herr ..." (Mt 7,21–23). Es geht hier nicht darum, uns Haltungen, die uns nicht zu eigen sind, künstlich überzustülpen, sondern den Herrn zu fragen, wie ich diese drei Worte als an mich selbst gerichtet vernehmen kann, so daß sie wirklich in mich eingehen.

Nach diesen drei kurzen Erwägungen werde ich drei Gleichnisse bei Matthäus vorlegen, die ein erster Versuch zu einer Antwort auf die Frage sein wollen. Sie sind den Kapiteln 25, 20 und 13 entnommen. Es handelt sich um die Gleichnisse von den zur königlichen Hochzeit Geladenen, von den Talenten und vom Sämann. Wir verwenden das katechetische Material des Matthäusevangeliums, um damit eine Prüfung unseres Lebens vorzunehmen.

Drei harte Worte

Wenden wir uns zuerst kurz den drei genannten harten Worten Jesu zu, die als Vorspiel dienen können, um uns in die Situation des Betens und Hörens zu versetzen.

1. Der unfruchtbare Feigenbaum: Mt 21,18–19

„Als er am Morgen in die Stadt zurückkehrte, hatte er Hunger. Da sah er am Weg einen Feigenbaum und ging auf ihn zu, fand aber nur Blätter daran. Da sagte er zu ihm: In Ewigkeit soll keine Frucht mehr an dir wachsen. Und der Feigenbaum verdorrte auf der Stelle."

Was stellt in der kirchlichen Sicht des Matthäus dieser unfruchtbare Feigenbaum dar, der zwar große Blätter hat, stattlich aussieht und schön dasteht? Denken wir darüber nach.

Ich glaube, daß sich niemand dem schmerzlichen Eindruck entziehen kann, daß wir heute als Kirche in einem gewissen Zeitpunkt der Unfruchtbarkeit leben: große Blät-

45

ter, will sagen Worte, Zusammenkünfte, Kongresse, Entschließungen, Konferenzen, endlose Sitzungen, große Programme – und die Früchte? Leere Seminarien, leere Noviziate, leere Kirchen ... Wenn man die Blätter mit den Früchten vergleicht, sind wir zu denken versucht, daß es um die Kirche besser stand, als weniger Blätter, dafür mehr Früchte da waren.

Dieses Eindrucks der Unfruchtbarkeit kann man sich schwerlich erwehren, obwohl es viele Anzeichen eines Wiedererwachens gibt, und wir kein Gesamturteil fällen wollen. Doch liegt etwas Wahres in diesem Wort: viel Schein, viel schöne Worte, viel goldene Decken, unter denen wenig steckt; viele Erneuerungsprogramme basieren auf den paar wenigen, die dageblieben sind, um das Rad in Gang zu halten.

Diese Situation trifft uns sicherlich schmerzlich, wenn wir umherschauen. Doch wenn wir sie dann auf uns anwenden, muß sich jeder von uns fragen, wie viel an bloßen Blättern der Herr an uns selbst erblickt, d. h. Worte, Vorsätze, Engagements, Programme, und wie wenig an Frucht, will sagen an Befähigung, in anderen den Glauben zu erzeugen (der im Grunde die Frucht wäre), an Fähigkeit, andere zu bekehren, die Liebe zu Gott zu übermitteln, andere zum Leben zu bringen. Die Hingabe an Gott bekundet sich in der Fähigkeit, auch anderen diesen Funken der Liebe zum Herrn zu geben, den er in uns hineingelegt hat. Hier müssen wir uns sicherlich nicht nur nach den Früchten fragen, die der Herr in seiner Güte uns pflücken läßt, sondern auch nach dem Verhältnis zwischen den Blättern und den Früchten, zwischen dem, was wir tun könnten, und dem, was wir in Wirklichkeit im ganzen Leben sind.

2. Das auf Sand erbaute Haus: Mt 7,24–27

„Wer diese meine Worte hört und danach handelt, ist wie ein kluger Mann, der sein Haus auf Fels baute … Wer aber meine Worte hört und nicht danach handelt, ist wie ein unvernünftiger Mann, der sein Haus auf Sand baute."

Wie man sieht, unterscheidet Jesus nicht zwischen dem einen, der ein Haus baut, und dem anderen, der aus Gedankenlosigkeit, aus Sorglosigkeit keines baut. Es handelt sich nicht um das Gleichnis von der Grille und der Ameise: die eine arbeitet, die andere arbeitet nicht. Hier bauen beide Männer, aber der eine auf Felsengestein, der andere auf Sand. Wie findet man heraus, welches Haus ein solides Fundament hat? Der Sturm zeigt es, und dies läßt uns in einer heilsamen Ungewißheit.

Mich hat sehr beeindruckt, was Pater Ledrus einmal sagte, daß nämlich allein die Verfolgung wirklich an den Tag bringe, wer den Herrn liebe und wer ihn nicht liebe, nicht die großen Worte, die wir machen, und die großen Taten, die wir verrichten. Das Endgericht wird es an den Tag bringen. Bemühen wir uns unablässig darum, aufzubauen, nicht oberflächlich, sondern in der Tiefe.

Folgende Begebenheit gab mir zu denken: In den Hügeln um Rom warf sich ein Wirbelsturm auf die Villa Cavalletti und entwurzelte innerhalb weniger Minuten ein Dutzend mächtiger, herrlicher Bäume. Ich fragte mich, warum einige umgerissen wurden, während andere, benachbarte, noch standen. Wahrscheinlich deshalb, weil sie keine guten Wurzeln hatten, doch wußte dies vorher niemand. Und wenn die Leute diese prächtigen Bäume betrachteten, schienen alle gleich kräftig, gleich herrlich. Erst der Sturm hat gezeigt, daß einige standfest waren, andere nicht. Hier also liegt für uns der Sinn der Worte Jesu vom Haus, das auf Sand erbaut ist.

Beten wir deshalb: Herr, lehre mich, nicht auf den äuße-

47

ren Schein zu achten, sondern mich in der nackten Wahrheit, ganz echt vor dich hinzustellen, gerne zuzugeben, daß ich keine Wurzeln habe, wenn das der Fall ist. Lehre mich, die Erniedrigung, die Zeiten der Bewährung oder der Niederlage anzunehmen.

3. „Nicht wer sagt: Herr, Herr ..." (Mt 7, 21–23)

„Herr, Herr, sind wir nicht in deinem Namen als Propheten aufgetreten, und haben wir nicht mit deinem Namen Dämonen ausgetrieben und mit deinem Namen viele Wunder vollbracht? Dann werde ich ihnen antworten: Ich kenne euch nicht. Weg von mir, ihr Übertreter des Gesetzes!"

Dieser Satz ist sehr mysteriös. Eine historische Erklärung dafür liegt vielleicht in einer Auseinandersetzung der Matthäusgemeinde mit falschen Propheten. Doch jetzt lesen wir ihn in einer weiteren, kirchlichen Sicht. Uns verwundert dabei gewiß der Vorwurf Jesu, der nicht bloß von „nichtsnutzigen Arbeitern" spricht, sondern geradewegs von „Übertretern des Gesetzes", und zwar im Blick auf Leute, die wir im Grunde für ehrenwert halten müssen: Sie haben prophezeit, sie haben Wunder vollbracht, also Werke der Barmherzigkeit getan.

Jesus gibt die Macht dazu, wie es in Mt 10, 1, einem grundlegenden Text über die „Kirche" und ihre Vollmacht heißt: „Dann rief er seine zwölf Jünger zu sich und gab ihnen die Vollmacht, die unreinen Geister auszutreiben und alle Krankheiten und Leiden zu heilen." Dies sind Werke der Nächstenliebe. Nun aber sagt uns das scharfe Wort Jesu, daß das im Grunde nicht genügt, daß es mit dem Reden allein nicht getan ist: „Nicht jeder, der zu mir sagt: Herr! Herr!, sondern nur, wer den Willen meines Vaters im Himmel erfüllt, wird in das Himmelreich kommen" (Mt 7, 21).

Wenn wir die Gerichtsszene materiell auf uns anwenden,

sagen wir: Wir geben den Hungrigen zu essen, bekleiden die Nackten, besuchen die Kranken, also sind wir gerettet. Doch warum wirft Jesus diesen Leuten, die doch Werke der Liebe getan haben, vor, sie seien „Übertreter des Gesetzes"? Weil wir die Werke der Barmherzigkeit nicht zu sehr vom Materiellen her sehen sollen, als ob sie uns automatisch zum Heil führen würden: Wer den Kranken dient, ist gerettet; wer ihnen nicht dient, wird verdammt – als ob wir darin das letzte, endgültige Kriterium hätten. Gewiß hat dieses Kriterium etwas Wahres an sich, denn wer den Herrn wirklich liebt, dient den Brüdern, aber das Umgekehrte gilt nicht ohne weiteres.

Dies wird auch deutlich, wenn wir z. B. in Krankenhäuser hineinsehen. Im Kontakt mit verschiedenen Krankenschwestern, die ihr ganzes Leben im Dienst der Kranken verbracht haben, mußte ich schon bemerken, daß einzelne dabei innerlich nicht gewachsen sind. Man kann das ganze Leben im Dienst der Kranken verbringen und doch voller Groll und Bitterkeit, voll von Ansprüchen und vom Verlangen getrieben sein, die Abteilung zu beherrschen, mit den Ärzten auf gutem Fuß zu stehen, über alles zu entscheiden. Ja, man dient den Kranken, wird aber dabei nicht heilig.

Als ich einmal mit einer sehr umsichtigen Krankenschwester sprach, fragte ich sie: Wie kann das sein? Es ist für mich ein kleines Ärgernis, daß der Dienst an Kranken, der nach dem Evangelium etwas so Heiligendes sein sollte, an und für sich nicht heiligt. Sie gab dies zu, wußte aber auch keine befriedigende Erklärung dafür. Es ist also möglich, das ganze Leben hindruch ein Werk der Liebe zu vollbringen und dadurch dennoch nicht anders zu werden.

In diese Situation ist das Wort Jesu gesprochen: Das ist noch nicht alles; der Wille Gottes verlangt etwas mehr. Gewiß, er erstreckt sich auf all das, denn wer sich weigert, dem Bruder zu dienen, dient sicherlich nicht dem Herrn; aber der Dienst als solcher genügt nicht. Und darum kehrt die

49

Frage wieder: Herr, wie willst du uns retten? Was hindert uns daran, das Richtige zu tun? Was hindert uns daran, im Bruder dich dergestalt zu sehen, daß wir ihn wirklich lieben und ihn nicht bloß zu einem Objekt unseres Leistungsdrangs, zu einem Gegenstand unserer Eitelkeit machen? Auf meiner Station herrscht die beste Ordnung ... Alles dreht sich um das; es geht nicht um die Menschen, sondern um das Gut-Dastehen.

Herr, was schließt mir beständig die Augen, so daß ich nicht einsehe, welches die richtige Beziehung zum Bruder ist? Was veranlaßt mich, auch bei Werken der Liebe, des apostolischen Dienstes, bei der Predigt, bei der Sakramentenspendung, bei der Leitung der Kirche die Beziehungen stets um Macht, Ansehen, persönlichen Erfolg kreisen zu lassen? Die Frage spitzt sich in uns zu, wenn wir solche Stellen des Evangeliums lesen. Beginnen wir nach einer Antwort zu suchen.

Die Antwort finden wir in drei Gleichnissen, von denen ich selbstverständlich nur ein paar Aspekte behandeln kann, denn sie haben einen sehr weiten Sinngehalt, wenn wir sie auf das christliche Leben anwenden. Darum müssen wir uns auf drei Aspekten beschränken. Auf die Frage: Warum habe ich es nicht verstanden, in den Brüdern dich zu sehen?, antwortet mir Jesus: Du unterliegst dem Druck der Routine, der guten Gewohnheiten; du hast Angst davor, etwas zu wagen; du bist allzu geschäftig.

Die zur königlichen Hochzeit Geladenen: die Last der Gewohnheiten

Das *erste* Gleichnis: Mt 22, 1–14. Wir haben hier eine paradoxe Situation: Ein König spendiert ein Hochzeitsmahl; das Festmahl ist köstlich: Ochsen und Mastkälber wurden dazu geschlachtet. Das ist etwas, was im Orient nicht jeden Tag vorkommt. Zudem gab es damals keine Kühlschränke, und wenn man Tiere schlachtete, mußte alles Fleisch alsbald verzehrt werden; danach gab es monatelang keines mehr. Für Menschen, die für gewöhnlich während der Woche nur spärlich zu essen hatten, war das eine verlockende Gelegenheit. Dazu kommt die hohe Würde des Einladenden; es findet nicht jeden Tag eine Prinzenhochzeit statt. Die Einladung ist eine Auszeichnung, darum ist das Verhalten derer, die nicht kommen wollten, umso unverständlicher.

Es heißt von ihnen: „Sie aber wollten nicht kommen." Und etwas später: „Sie aber kümmerten sich nicht darum." Es ist etwas ganz Widersinniges, bei einer solchen Einladung zu sagen: Nein, danke, das interessiert mich nicht. Wenigstens sucht man nach Ausreden: Ich kann nicht dabeisein, ich habe schwerwiegende Gründe. Doch zu sagen: „Das interessiert mich nicht", ist unverständlich. Jesus insistiert auf diesem Paradox: „Der eine ging auf seinen Acker, der andere in seinen Laden." Ein unbegreifliches Verhalten! Warum erzählt Jesus solch ein seltsames Gleichnis? So etwas kommt ja in Wirklichkeit gar nicht vor. Und doch kommt es auch bei uns zu dieser merkwürdigen, unverständlichen Haltung, daß wir unsere Gewohnheiten mehr lieben.

Welche Überlegung stellen diese Leute eigentlich an? Versetzen wir uns in ihre Haut: Damit man an das Fest gehen kann, muß man seine Gewohnheiten ändern, als neuer Mensch dabeisein. Ich habe keine Lust dazu, ich bleibe so, wie ich bin, behalte das alte Kleid an und gehe an meine Arbeit. Ich bin daran gewöhnt, mein Tag verläuft so … Also ist es die Macht einer Routine: Warum etwas ändern, warum etwas anderes tun, Unannehmlichkeiten auf sich nehmen? Ich bin ja auch gar nicht gewandt genug, mit so hohen Herrn, mit Fürsten beisammenzusein, ich fühle mich nicht wohl dabei.

Man will sich nicht umstellen, seine gewohnte Umgebung nicht ändern. Es ist ein wenig das, was im Gleichnis vom Wein gesagt wurde: Der alte Wein ist besser; warum wechseln, warum ein Experiment machen? Vielleicht gefällt ein anderer Wein uns gar nicht und macht uns nur den Mund sauer.

Es wird nicht gesagt, die Eingeladenen hätten etwas Schlimmes getan: sie gehen an ihre Arbeit, aufs Feld. Und gewiß ist die Arbeit viel beschwerlicher als die Teilnahme am Gastmahl. Doch der Tag ist immer so verlaufen, und es kommt einem nicht einmal in den Sinn, daß man etwas anderes tun könnte, beispielsweise in fröhlicher Gesellschaft heiter und vergnügt sein.

An diesem unverständlichen Verhalten läßt Jesus uns einsehen, wie viel solcher Routine auch in uns stecken kann. Sie verschließt uns die Augen und läßt uns meinen, nichts anderes sei möglich. Warum etwas ändern? Es geht ja auch so. Warum stößt uns Jesus diesen Dolch ins Herz und fragt er uns: Kommt es nicht auch bei dir vor, daß du nichts anderes versuchen willst?

Dies läßt sich auf viele Situationen von uns anwenden; um nur ein Beispiel zu nennen, das bezeichnend sein kann: Wer in Rom lebt, hat beim Verlassen des Zuges im Bahnhof Termini sicherlich schon Clochards bemerkt, Leute, die auf den Bänken, unter den Säulengängen schliefen. Und er wird sich gewiß auch gesagt haben: „Was kann man da tun? Es gibt nun einmal Leute, die so leben, da kann man nichts machen ..." Und dann ging man nach Hause, dachte vielleicht, es wäre schön, wenn man etwas unternehmen könnte, aber ... Niemand von den Millionen von Römern, die in den vergangenen Jahren des Nachts in der Stazione Termini ausstiegen, hat je versucht, hierin etwas zu unternehmen.

Was noch mehr zu denken gibt, ist dies: daß in Rom zahlreiche karitative Institute und Organisationen bestehen, die gerade für den Dienst an den Armen da sind, doch sie haben sich dieses Problems nicht angenommen. Es war eben schon immer so. Wir fahren fort, das gleiche zu tun, immer die gleichen Werke zu verrichten. Es mußte erst Mutter Teresa von Kalkutta von sehr weit her kommen, bis man sich bewußt wurde, daß man etwas tun müsse. Nun setzen sich viele Leute in Bewegung, man stellt sich zur Verfügung, bringt Kleider und Nahrungsmittel, bietet Unterkünfte an. Doch vorher hatte niemand erfaßt, daß man etwas unternehmen müsse; es schien zwecklos; es kam einem als allzugroßes, unlösbares Problem vor.

Dies mag ein Beispiel für das sein, was ich die Macht der Gewohnheit, der Routine nenne. Sie wirkt auch bei gottgeweihten Menschen, deren Ziel die Nächstenliebe, der Dienst an den Armen ist. Sie haben schon ihr fixfertiges Rezeptheft, so daß es ihnen nicht in den Sinn kommt, daß man für solche Leute etwas anderes tun könnte und sollte. Kommt dann einem endlich dieser Gedanke, setzen sich viele in Bewegung, man spricht davon im Rundfunk, im Fernsehen, als sei es eine große Entdeckung.

Solch ein Reagieren trifft die typische Situation desjenigen, der in der Gerichtsszene sagt: „Herr, ich habe nicht gesehen, nicht bemerkt, nicht gedacht, daß man etwas tun könnte." Dies erscheint mir als eine erste Antwort, die Jesus gibt: Paß auf, daß die Gewöhnung an das, was du tust, das Geleise, auf dem du fährst, dich nicht zu sehen hindert, ob nicht etwas mehr oder etwas anderes zu tun ist.

Das Gleichnis von den Talenten: die Angst vor dem Risiko

Jesus sagt uns ein Zweites: Wenn du dich nicht in Bewegung setzst, wenn du nicht verstanden hast, derart klare Situationen um dich herum zu Kenntnis zu nehmen, dann vielleicht deshalb, weil du im Grunde ein wenig Angst vor dem Risiko hast. Dieser Gedanke ist bereits im Gleichnis von den Eingeladenen angeklungen: Der Bauer, der an die Prinzenhochzeit ginge, müßte riskieren, einen unbeholfenen, ungeschliffenen Eindruck zu machen. Darum wagt er keinen neuen menschlichen Kontakt, kein Eintreten in ein neues Milieu, denn er ist ja in seinem eigenen Bereich ein kleiner König, kommandiert in der Familie, hat Knechte, während er draußen sähe, daß er anderen Situationen nicht gewachsen ist. Niemand will sich bloßstellen, und darum will niemand die Gewohnheiten und das Milieu ändern, Neues versuchen, vor allem dann, wenn er es schon zu etwas gebracht hat und sich in einer bestimmten Umwelt wohl fühlt.

Jesus geißelt solche Angst im Gleichnis von Mt 25, 14-30. Betrachten wir hier lediglich die Bedeutung des dritten Knechtes (der im Mittelpunkt des Gleichnisses steht), der bloß ein einziges Talent erhalten hat. Dieser Knecht ist im Grund ein ehrlicher Mensch, der nicht einmal einen Groschen für sich abzweigen will, sondern um nicht in Versuchung zu kommen, das Geld verstecken geht, ohne damit zu spielen oder zu handeln. Doch der Herr nennt ihn „schlecht und faul", was uns an das Wort „Übertreter des Gesetzes" erinnert, das zu Menschen gesprochen wird, die doch im Namen Jesu andere geheilt haben!

Sodann nennt der Herr in Vers 30 den Knecht noch einen „nichtsnutzigen Diener". Und doch wird dieser Knecht, der auch während der Abwesenheit des Herrn seinen Dienst weiter geleistet hat, seine Arbeiten auf dem Feld oder im Stall verrichtet haben. Was also wird ihm in diesem ein wenig unverständlichen Vorwurf zur Last gelegt? Dies, daß er in eben dem Punkt, in dem der Herr sich auf ihn verlassen hatte, das Vertrauen nicht belohnt, sich nicht eingesetzt hat.

Folglich sollen wir das Gleichnis nicht vom moralischen Standpunkt aus interpretieren, wozu wir stets versucht sind. Eigentlich hat der Knecht nichts Böses getan. Moralisch gesehen, trifft ihn keine Schuld, denn er gibt ja das, was ihm anvertraut worden ist, wieder zurück. Doch vom Blick auf das Himmelreich her geißelt Jesus eine innere Haltung von uns, nämlich die Angst, etwas aufs Spiel zu setzen. Diese Angst weist viele Seiten auf; und jeder muß den Herrn bitten, ihn erkennen zu lassen, worin sie besteht.

Was ist die Angst vor dem Risiko?

Es ist z. B. die Angst, einen neuen Weg einzuschlagen, weil man nicht weiß, wohin er führen wird; also die Angst vor den letzten Konsequenzen, die ein bestimmter Einsatz für das Evangelium mit sich bringt.

Manchmal nimmt die Angst einen eschatologischen Charakter an. Ich sehe: Wenn ich eine gewisse Einstellung vertrete, werden andere meinem Beispiel folgen; also wage ich nicht, diesen ersten Schritt zu tun. Oft ist es auch die Angst davor, den ersten Schritt zu Beziehungen mit Menschen zu tun, weil man zu riskieren hat, zurückgewiesen zu werden, wenn man an eine Situation, an ein Milieu, an einen Menschen herantritt.

Aus Angst, etwas zu riskieren, schreckt man oft davor zurück, die neue, verwunderliche Tat zu vollbringen, die manchmal das Einzige ist, um aus einer festgefahrenen Situation herauszukommen. Sehr oft leben wir in solchen Situationen: in Familien oder Gemeinschaften, wo mehr oder weniger immer die gleiche Routine herrscht, einander nicht oder nur bis zu einem gewissen Punkt zu verstehen.

Wenn wir die Welt unserer zwischenmenschlichen Beziehungen ehrlich prüfen, werden wir manche von den Situationen entdecken, die der amerikanische Psychologe Watzlawich „Homöostasen" nennt. Er versteht darunter eine konflikthafte Beziehung, in der man festgefahren ist.

Solche kommen z. B. bei Ehegatten vor. Die Frau macht dem Mann den Vorwurf, er tue etwas Bestimmtes nicht; der Mann wirft der Frau vor, sie verstehe ihn nicht – und das geht beständig weiter. Tag für Tag wiederholt sich, als ob sie neu wäre, diese festgefahrene, blockierte Situation. Hier muß man etwas Neues riskieren. Manchmal kann dies etwas ganz Einfaches sein, doch muß man ein Risiko auf sich nehmen, denn so lange sich jemand in der gleichen Situation empfindet, kommt er sich gesichert vor.

Vielleicht beruft uns der Herr, aus uns heraus zu gehen, uns zu exponieren, und das ist schwierig, denn man hat Angst und zieht es vor, dieses kleine Talent, meine Sicherheit, meinen Frieden, nicht aufs Spiel zu setzen. Festgefahrene Konfliktsituationen bieten nämlich eine relative Sicherheit, den kalten Krieg, der jedoch den Vorteil aufweist, daß man weiß, daß niemand etwas tun wird, das in diesen festen Beziehungen nicht vorgesehen ist.

Bitten wir den Herrn, uns hier Klarheit zu schenken, denn mehr oder weniger wird jeder in solchen festgeschriebenen Beziehungen gefangen sein. Oft fehlt mir der Mut und die Initiative, eine neue Tat zu tun, die solch eine Situation lösen könnte. Und weil der Mut fehlt, weil das Herz verkrampft und unfrei ist, kommt es zu keiner erfinderischen Initiative.

Und dazu bräuchte es oft bloß ganz wenig!

Doch man weiß ja nicht, wie es ausgehen wird, und hat Angst. Man zieht es vor, das Verteidigungsspiel weiter zu treiben, weiterhin die Möglichkeit zu erkunden, daß der andere bei einem eine Blöße erspäht, und nach den Gelegenheiten zu forschen, die man selbst hat, ihm einen Dämpfer zu versetzen. Damit bleibt die Situation bestehen. – Das also ist der Grund, weshalb wir im Bruder nicht den Herrn zu erkennen vermögen: Aus Angst vor dem Risiko haben wir ein verkrampftes Herz.

Das Gleichnis vom Sämann:
allzu emsige Beflissenheit

Jesus setzt seine Katechese sehr liebenswürdig fort und sagt:
„Kind, weißt du, weshalb du mich nicht erkannt hast? Weil
du es allzu eilig hast." Das Gleichnis vom Sämann in Mt
13,3-10. Ich halte mich an die Erklärung, die Jesus selbst
gibt, vor allem an die in Vers 18-23, und entnehme diesem
Gleichnis nur einen einzigen Aspekt, von dem ich meine,
er betreffe uns ganz besonders: „Einiges fiel unter die Dornen... In die Dornen ist der Samen bei dem gefallen, der das
Wort hört und sofort freudig aufnimmt, aber dann erstik-
ken es die Sorgen dieser Welt und der trügerische Reichtum, und es bringt keine Frucht.

Jesus spricht hier von zwei Dingen: von der Welt (in bezug auf die Ignatius uns beten heißt: Bewahre uns davor,
uns von der Welt täuschen zu lassen) und vom Reichtum.

Wie sich dieser Text auf unser Leben anwenden läßt

Die Situation gleicht ein wenig der des Bauern, der nicht
auf die königliche Hochzeit gehen will, weil er seinen Ak-
ker pflügen muß. Denn wer würde dies an seiner Stelle tun?

Wir haben viel zu tun, und es erfaßt uns die Angst, ob
wir auch alles zu erledigen vermögen. Diese Beflissenheit
und diese Besorgnis packen uns, aber mit einem gewissen
geheimen Einverständnis unsererseits, denn so lange wir
viel zu tun haben, sind wir davon dispensiert, nachzudenken und nachzusehen, ob es nicht etwas Dringlicheres oder
Wichtigeres gibt. Ich mache einen Besuch, erhalte einen
Anruf, habe einen Entscheid zu fällen, und so tue ich immer etwas und bilde mir dabei ein, daß ich für das Reich
Gottes arbeite.

Doch oft wissen wir (und wir sehen dies mit Hilfe unserer Freunde, denn von allein kommen wir nie darauf), daß eine gewisse Vergiftung besteht. An einem bestimmten Punkt schafft sich der Mensch Dinge, die zu tun sind, weil er nicht denken will, weil er sich nicht ein wenig Zeit nehmen will, um sich zu fragen, ob das, was er tut, wirklich notwendig ist. Habe ich meine Zeit für das Wichtigste benutzt? Ich habe diesem und jenem Menschen einen Gefallen erwiesen, eine Bitte erfüllt oder ein kleines Geschenk gemacht, aber habe ich die Brüder auch wirklich geliebt? Habe ich wirklich etwas von mir selbst gegeben oder bloß „professionellen" Bitten entsprochen, und mich so sehr auf sie eingelassen, daß ich mich der Frage enthoben glaubte, ob das die richtige Antwort war, ob die betreffenden Menschen das wirklich nötig hatten? Ein fast unmerkliches Gift verseucht unser ganzes Dasein, und davor warnt uns Jesus.

Die Leute, die am Abend an der Stazione Termini ankamen und nach Hause gingen, dachten natürlich: „Ich habe so viel zu tun, ich muß nach Hause zurück, meine Frau und meine Kinder erwarten mich. Es wäre ja schön, wenn man etwas unternehmen könnte, vielleicht spreche ich in der nächsten Vinzenzkonferenz darüber. Ich werde sehen..." So gehen die guten Vorsätze vorbei; sie werden nicht ausgeführt, weil so vieles, so manches Gute dringlich ist.

Der Bauer, der aufs Feld fährt, der Kaufmann, der ins Geschäft geht, tut nichts Böses. Die Sache an und für sich ist durchaus recht, nicht aber die Beflissenheit, die eingebildeten Pflichten. So wie die Hausfrau, die nie Zeit hat, weil sie meint, das Haus müsse immer ganz in Ordnung, ganz sauber, ganz tadellos sein. Man schafft sich beständig neue Aufgaben, neue Dinge, die zu erledigen sind. Man ist immer geschäftig und genießt diese seine Emsigkeit. Denn täte man das alles nicht, stände man sich selbst gegenüber, und das wäre viel schlimmer. Somit zieht die Frau diese verbissene Geschäftigkeit der Wahrheit über sich selbst vor, ist lieber beständig im Trab, hat nie Zeit, denn so ist sie nicht zur Einsicht verpflichtet, daß die Art wie sie ihren Mann und die Kinder behandelt, nicht recht ist. Sie tut zwar vieles für sie, alles ist in Ordnung, doch wer ist dieser Mann, wer sind diese Kinder, was tut sie für sie persönlich, wie sucht sie, sie zu lieben? An das zu denken, hat sie keine Zeit.

Jesus sagt: Du willst nicht aus dieser Betriebsamkeit, aus den Dingen, die dich umdrängen, herauskommen. Du bist eigentlich damit zufrieden, auch wenn du dich bei den Freundinnen beklagst, du hättest keine Zeit, die Angestellten seien nicht zuverlässig, du müssest alles allein tun. Doch dies gelingt dir nie, und du spielst die Heldin des Hauses, weil du mit Arbeit überhäuft scheinst.

Ebenso läßt man sich vom Reichtum gefangennehmen. Am offensichtlichsten ist dies dann der Fall, wenn man nie zufrieden ist, immer mehr haben will, ständig danach sucht, mehr zu verdienen. Und dieser Gedanke zerfrißt: ein größeres Auto, dann ein Zweitwagen. Immer sind die Gedanken darauf gerichtet und nie hat man Zeit, an die anderen zu denken. Trotz allem guten Willen und der Absicht, eine rechte, gute, anständige Familie aufzubauen, kommt es schließlich dazu, daß man nicht begreift, warum uns die Kinder nicht verstehen, warum man mit ihnen nicht reden kann. Man hat doch alles für sie getan, hat ihnen einen Kleinwagen geschenkt, eine gute Stelle verschafft; was täte man nicht für sie! Doch man hält keinen Augenblick inne, um sich zu fragen: Wer sind diese Kinder, was wollen sie, wonach streben sie, was für Ideen haben sie?

So läßt man sich vom Reichtum täuschen, vom Reichtum in verschiedenem Sinn. Auch vom geistigen Reichtum. Jemand kann so sehr darauf versessen sein, sich Verdienste zu erwerben, sich an alle Regeln zu halten, daß man die Mitmenschen nicht mehr sieht.

Es gibt den kulturellen Reichtum. Man sucht seine Bildung immer mehr zu erweitern, um damit zu prunken. Man kennt sich im Evangelium, in der Heiligen Schrift, in der alten und der modernen Theologie, in sämtlichen Theorien der Exegeten gründlich aus. Man hält sich stets auf dem laufenden über die Fortschritte, fragt sich aber nie: Was bedeutet das Evangelium für mich? Was von all den Dingen, die ich lese, findet wirklich den Weg in mein Herz; was behalte ich davon? Mache ich aus meiner Belesenheit, aus meinem Wissen, ein schönes Gewand, nur um als gebildet dazustehen?

Der Trug des Reichtums nimmt mir das einzig Notwendige: den freundschaftlichen Kontakt mit dem Herrn und folglich auch die Freundschaft mit dem Bruder in meiner Nähe, das einzige, was zählt.

Im Grunde wiederholen wir den Fehler der Martha, die Jesus und den Aposteln das üppigste Mahl bereiten will, das sie je erlebt haben, doch macht sie alles falsch, weil sie sich in den Kopf gesetzt hat, ein Wunderessen zu offerieren. Deshalb vermag sie nicht zu verstehen, daß Jesus nicht zu ihr kam, um das köstlichste Mahl zu genießen, das in Israel je spendiert worden ist, sondern damit man ihm zuhört.

Jesus bearbeitet uns und bringt uns bei: Du biegst im richtigen Augenblick um die Ecke, wendest aber den Kopf weg und bemerkst niemanden. Daß du in diesem Augenblick den Bruder nicht wahrnahmst, war zwar vielleicht gar nicht eine Schuld von dir, aber wenn du mich nach dem Grund fragst, sage ich dir: Der Grund liegt in deinem Innern, darin, daß dein Herz nicht wirklich befreit ist.

So können wir uns vor dem Herrn ins Gebet versetzen und sagen: „Herr, habe Erbarmen mit uns! Du allein bist das Heil, mach, daß wir vor der Wahrheit keine Angst haben. Laß uns die wenn auch bittere Wahrheit über uns selbst, über die Dinge, die wir nicht wollen, sondern zurückweisen, aufgehen.

Herr laß uns nicht Angst haben vor dir und auch nicht vor den Brüdern. Laß uns einsehen, daß wir bitterarm sind, daß wir zwar überaus geschäftige Knechte sind, aber nicht immer umsichtig und achtsam auf das, was wirklich wichtig ist.

Beten wir zu Gott dem Vater, er möge uns diese schlichte, demütige, ruhige Selbsterkenntnis schenken, ohne daß wir uns darüber aufregen, daß wir nun einmal so sind. Jesus sagt uns als Erstes: „Erschrick nicht! Ich kenne dich; ich weiß, daß du so bist; hab keine Angst, mit mir über diese Dinge zu reden, dich so zu zeigen, wie du bist. Ja, besprich dich gern mit mir!"

Was fehlt mir?

Wir gehen meditierend weiter auf dem Läuterungsweg, der gewiß mühsam, aber auch notwendig ist, wenn wir tiefer in uns eindringen und in uns die Gabe des Evangeliums entdecken wollen.

Bitten wir den Herrn, uns diese Übung einsichtsvoll, in Frieden und Gelassenheit vollziehen zu lassen:

„Gewähre uns, Vater, dich zu kennen, so wie du uns kennst. Mach, daß wir durch diese Erkenntnis das Geschenk deines Evangeliums zu erkennen vermögen: deinen Sohn Jesus Christus, der für uns Mensch geworden, gestorben und auferstanden ist, der uns den Heiligen Geist gibt und lebt und herrscht von Ewigkeit zu Ewigkeit. Amen.“

Ich möchte unsere Betrachtungen in zwei abwechselnden Richtungen ausführen. Anhand der Gleichnisse Jesu haben wir bereits über die Frage nachgedacht: Herr, was steckt in mir, warum habe ich mich nie in Bewegung gesetzt, um dir zu helfen; was ist in meinem Herz nicht in Ordnung; warum habe ich mich nicht auf dich hinbewegt?

Jetzt möchte ich unsere Reflexion darauf richten: Herr, was braucht es noch in mir, damit ich mich in Bewegung setze, um dich zu erkennen, mich von dir in dein Reich aufnehmen zu lassen, das echte Dasein zu leben, das du für mich bereithältst?

Nachdem wir in der vorhergehenden Meditation nach einigen Hindernissen gefragt haben, die in uns liegen (und wir führen dies noch weiter, indem wir über die Antithesen

der Bergpredigt nachdenken und uns nach dem fragen werden, was uns fehlt), wollen wir drei weitere Stellen bei Matthäus bedenken: Jesus und der reiche junge Mann (Mt
19,16-22) und in engem Zusammenhang damit die beiden
kleinen Gleichnisse (Mt 13,44-46) vom Schatz im Acker
und der kostbaren Perle. Natürlich werden wir diese Texte
im Licht eines Wortes Jesu in der Bergpredigt lesen: „Sam-
melt euch Schätze im Himmel..., denn wo dein Schatz ist,
da ist auch dein Herz" (Mt 6,20-21), d.h. das, was du als
handelnde und sich bewegende Person im Grunde bist.

Der reiche junge Mann:
das Angebot einer „neuen" Freundschaft

Der Bericht über die Begegnung Jesu mit dem reichen jungen Mann strotzt von exegetischen Problemen, von denen
ich hier nur eines andeute.

Bis vor gut zwanzig Jahren galt diese Erzählung als Para-
digma für die Berufung zum Ordensstand. Man unterschied
aufgrund dieses Berichtes eine doppelte Berufung: die zum
Halten der Gebote und die zur Beobachtung der „evangeli-
schen Räte", zumal der Armut. Wenn man jedoch die
Schriften der Exegeten aus den letzten zwanzig Jahren liest,
sieht man, daß fast niemand mehr diesen Abschnitt als
Grundlage für die Unterscheidung zwischen der allgemeinen Berufung und der zur Vollkommenheit ansieht. Wir
haben uns also hierin meines Erachtens der seit Jahrhunderten unter den Protestanten allgemein vertretenen Meinung
angeschlossen, welche die Unterscheidung zwischen zwei
Ständen zurückweist.

Ohne zu leugnen, daß es in der Kirche die Berufung zur
Vollkommenheit gibt, räumen wir heute nun ein, daß in
diesem Abschnitt vom Menschen an und für sich die Rede
ist. Man sucht die Leute nicht in zwei Kategorien einzutei-

len: bis zu einem bestimmten Punkt müssen alle kommen; darüber hinauszugehen, ist in die freie Wahl gestellt. Dieser Text spricht vom menschlichen Dasein, von der existenziellen Situation des Alltagslebens überhaupt, also von jedem von uns. Darum widerspiegelt sich in ihm irgendwie jeder von uns, doch ist es ein Abschnitt, der sich nur mit Mühe in allen seinen Einzelheiten erklären läßt.

Ich lege eine Erklärung vor, die mir dem Ganzen zu entsprechen scheint und die ich in den exegetischen Kommentaren oft gut dargelegt finde.

Jesus nähert sich Jerusalem. Auf dem Weg werden zwei große Probleme des menschlichen Daseins verhandelt, die in diesem Kapitel enthalten sind: das Problem der Ehe, der Ehescheidung und der Ehelosigkeit im ersten Teil und dann das Problem des Reichtums. Als Intermezzo und Bezugspunkt findet sich zwischen den beiden Teilen der Ausspruch Jesu über die Kleinen: „Wer nicht wird wie diese Kinder, wird nicht in das Himmelreich Eingang finden."

Wir lesen einfach den Text, ohne uns allzusehr in den Kontext zu vertiefen, doch in der Absicht, Wort für Wort zu erfassen, was der Text uns sagt. Bitten wir den Herrn, uns in die Situation hineinzuversetzen, damit wir den Abschnitt von innen her lesen.

Das Sich-Verlassen auf den „Besitz" und das „Tun"

„Es kam ein Mann zu Jesus und fragte: „Meister, was muß ich Gutes tun, um das ewige Leben zu besitzen?" Wenn wir etwas nachdenken, ist schon diese Frage recht bezeichnend, denn, wie die moderne Psychologie uns lehrt, öffnet niemand den Mund, ohne sich selbst und seine innere Welt zu enthüllen.

Dieser Mann fragt: „Was muß ich tun?" und er zeigt sich uns als ein Mensch, dem sehr am Tun gelegen ist: „Was muß ich tun, was Gutes muß ich unternehmen?" Nachher wird uns gesagt, daß er reich sei: Er ist ein Mensch, der zu kaufen gewohnt ist und der weiß, daß alles seinen Preis hat, daß ein reicher Mann vieles fertigbringt. Er denkt, er müsse etwas Großes leisten. Er vertraut auf seine Kräfte: „Herr, setze mir ein hohes Ziel, so daß ich mich bewähren kann." Er ist ein Mann, der gleich sagt: „Wieviel kostet es? Ich bin bereit zu zahlen." Er ist also ein praktischer Mensch.

„Um das Leben zu besitzen." Auch dieses Wort ist bezeichnend: damit ich es in der Hand habe und sicher bin, es zu haben. Er ist ein Mann, der gewohnt ist, zu erwerben und zu besitzen, somit will er auch des ewigen Lebens sicher sein.

Jesus verhält sich ganz einfach und scheint den Fragesteller nicht zurückzuweisen. Dieser kommt zwar ein wenig hochmütig daher, denn es braucht eine gewisse Selbstsicherheit, um vor allen Zuhörern eine solche Frage zu stellen.

Jesus macht das Spiel mit; er sieht, daß dieser Mann im Grunde guten Willen hat (bei Markus heißt es: „Er gewann ihn lieb"), auch wenn er vielleicht etwas anmaßend ist und vor den Leuten gut dastehen will.

Jesus geht auf ihn ein, indem er ihn wohlwollend zu korrigieren beginnt. Er sagt einen geheimnisvollen Satz, der auch die Exegeten vor Probleme stellt: „Was fragst du mich nach dem Guten? Nur einer ist der Gute." Was will er damit sagen? Dies wird bei Markus deutlich, wo der junge Mann ihn „guter Meister" nennt und Jesus antwortet: „Niemand ist gut, außer Gott." Doch wie hat hier Matthäus dies verstanden?

Entsprechend meiner vorausgehenden psychologischen Überlegung verstehe ich es so: Es handelt sich um einen Menschen, der etwas allzusehr auf Besitz und Leistung ausgeht und Jesus sagt zu ihm: „Aufgepaßt! Das Gute ist nicht etwas, sondern jemand. Du möchtest ein gewisses Quantum leisten; doch hier sind wir in der Welt der Beziehungen, der Qualität. Es geht nicht um eine gute Sache, sondern um eine gute Person." Jesus fährt nicht weiter, sondern tadelt bloß leise die allzu krämerische Haltung des Fragestellers. Er nimmt dessen Frage wieder auf und berichtigt auch deren Wortlaut. Er spricht nicht vom „Besitzen des Lebens", sondern vom „Eintreten ins Leben." „Das Leben wird dir von Gott angeboten; somit kannst du es nicht besitzen, doch wenn du daran teilhaben willst, halte die Gebote."

Jesus ist nicht aus dem Gleichgewicht geraten, er hat absolut nichts Neues gesagt, sondern ist auf dem Boden der Frage geblieben. Er hat diese nur freundlich berichtigt, damit der Fragesteller merkt, daß er nicht die richtige Einstellung hat, daß er aus einer gewissen, vielleicht unbewußten, Anmaßung heraus spricht, die ihm Jesus aber deutlich machen will. Jesus gibt ihm eine Antwort, die im Buch Leviticus, in der ganzen alttestamentlichen Tradition enthalten ist. Um eine derart auf der Hand liegende Antwort zu haben, brauchte man nicht mitten in der Menge eine so feierliche Frage zu stellen.

Wie alt mag der Mann gewesen sein? Sicher war er kein kleiner Junge mehr. Der Ausdruck „reich" weist auf einen jungen Mann von 25 bis 30 Jahren hin, auf einen Mann, der schon etwas zu eigen besitzt und eine Zukunft vor sich hat. Er ist noch nicht verheiratet, denkt über sich nach, hat Ambitionen auch in philantropischer und moralischer Richtung. Er ist ein Mensch, der weiß, daß es im Leben nicht um Weniges geht, sondern daß man es für Großes verwenden muß.

Der Mann drängt: „Welche Gebote?" Auch hier stellt sich Jesus auf seinen Boden und gibt ihm eine ganz selbstverständliche Antwort: „Du sollst nicht töten, du sollst nicht die Ehe brechen, du sollst nicht stehlen, du sollst nicht falsch aussagen; ehre Vater und Mutter!" Und: „Du sollst deinen Nächsten lieben wie dich selbst!" Wie die Exegeten treffend bemerken und wie wir auch selbst sehen können, spricht Jesus hier von der zweiten Gesetzestafel, von den Beziehungen zum Nächsten. „Stehe mit dem Nächsten in guter Beziehung," sagt Jesus, betrüge ihn nicht und laß jedem das Seine: Kleidung, Frau, gib dem Vater und der Mutter die Ehre, allen die Wahrheit."

Nur Matthäus fügt noch etwas hinzu, das die Exegeten ein wenig aus dem Konzept bringt, nämlich das allgemeine Gebot: „Du sollst deinen Nächsten lieben wie dich selbst!" Das ist recht bezeichnend, denn mit diesem Wort Jesu trifft Matthäus genau das beim Endgericht Entscheidende. Jesus antwortet also: „Habe mit allen gerechte Beziehungen, ja übe die Liebe!"

Die Forderung von „etwas mehr"

Das Zwiegespräch wäre zu Ende, doch es kommt zu einer Überraschung.

Die Unterredung geht weiter, als wollte Matthäus auf eine miteinbegriffene Frage antworten: Wie ist es möglich, Taten der Liebe zu tun, ohne sein Herz zu ändern? Oder auch: Wieso kann es der Fall sein, daß man Werke der Liebe ausüben will, und sie doch nicht ausübt, ja daß man sie nicht einmal in den Blick zu kommen vermag, wenn sich die Gelegenheit dazu bietet? Es geht also um etwas mehr als um die Ausübung von Liebeswerken an und für sich, es braucht etwas Tieferes.

Der junge Mann sagt denn auch: „All dies habe ich befolgt." Also hat er nicht nur sein Vermögen ehrlich verwaltet, nicht gestohlen, nicht gelogen, die Eltern geehrt, sondern auch geliebt: Er hat Almosen gespendet, hat den Armen großmütig geholfen, sich um Kranke gekümmert..., und er insistiert: „Was fehlt mir jetzt noch?"

Hier möchte ich einen Augenblick innehalten und diesen jungen Menschen fragen: „Was treibt dich an, die Frage noch einmal zu stellen? Warum sagst du nicht: Danke, Herr, an all das habe ich mich bereits gehalten und jetzt gehe ich im Frieden nach Hause? Warum setzest du dich in die Nesseln, indem du eine Frage wiederholst, die für dich schlimme Folgen haben wird?" Der junge Mann könnte antworten: „Ich spürte, daß ich trotz allem nicht zufriedengestellt war. Meine Frage war ehrlich gemeint. Ich gab mir Mühe, gut zu handeln, hatte Freunde, verwaltete mein Vermögen gut, wurde als ein ehrlicher Mensch angesehen. Doch ich bin noch jung, ich fühle mich berufen, im Leben Großes zu leisten; ich will wissen..."

Tief in uns liegt dieses Verlangen nach etwas mehr. Wir spüren, daß es nicht genügt, alles „vernünftig" recht zu tun. Oder besser gesagt, wie wir gesehen haben und noch sehen werden, ist es unmöglich, vernünftig zu handeln, wenn wir nicht Sinn haben für etwas mehr.

Dieser junge Mann hat treffend erfaßt, daß der Mensch nach Unendlichkeit, Tiefe, grenzenlosen Beziehungen verlangt und sich nicht mit Gewöhnlichem begnügt, außer er akzeptiere ein oberflächliches, plattes Dasein. Etwas in uns verlangt nach mehr, nach tiefen, persönlichen Beziehungen, die bis in den Wesensgrund reichen, was besonders bei der Beziehung zu Gott der Fall ist. Darum fragt dieser junge Mensch noch einmal: „Was fehlt mir noch?" Auch darin steckt noch diese gewisse Überheblichkeit: Ich will das Vollmaß erreichen.

Eine verblüffende Forderung

Nun nimmt die Antwort einen feierlichen Ton an: „Jesus sagte zu ihm." Zuerst war Jesus ein wenig an der Oberfläche geblieben, doch als er gesehen hatte, daß es diesem Menschen um etwas Besseres ging, daß er sich so gezeigt hatte, wie er war, indem er das Verlangen nach diesem „mehr" zum Ausdruck brachte und damit zu erkennen gab, daß die Frage nicht bloß eine Floskel war, sondern aus eigentlichem Wissensdurst stammte, ging auch Jesus mehr in die Tiefe und deckte die Karten auf: „Wenn du vollkommen sein willst, geh, verkauf deinen Besitz und gib das Geld den Armen...; dann komm und folge mir nach."

Beachten wir, wie diese Antwort geformt ist: „Wenn du vollkommen sein willst." Jesus spricht hier nicht von etwas, das über die Gebühr hinaus zu leisten wäre, sondern sagt: „Wenn du wirklich das sein willst, das du als Mensch zu sein berufen bist, so vollziehe diese verblüffende Tat, die dir bis jetzt nicht einmal in den Sinn gekommen ist: Befreie dich von allem, was zum gewöhnlichen Leben gehört, von aller Routine, von allem, worauf du dich verließest, ohne es zu wissen, und was dein Leben so unbeweglich, so statisch, so überraschungslos, so bürgerlich anständig macht.

Du sollst es auf dich nehmen, diese verblüffende Tat zu vollziehen, die ein Mensch in deiner Situation so gut wie nie fertigbringt und die von den Leuten als verrückt betrachtet wird: „Was ist über ihn gekommen, daß er jetzt alles verkauft? Vielleicht hatte er geheime Schulden, vielleicht spielte er mit dem Geld, und wir wußten es nicht; nun endlich gibt er sich zu erkennen; wir hielten ihn für weiß was..." Solche boshaften Bemerkungen könnten die Leute dann machen.

Diesem jungen Mann will es nicht in den Kopf, daß er alles hergeben soll, und er hat Angst vor dem, was die Leute sagen werden; daß man ihn für verrückt halten oder annehmen wird, daß er Nebenabsichten verfolge, denn im Grunde glauben die Leute nie, daß jemand etwas aus freiem Entschluß, aus Großmut macht. Der Mann hat das Gefühl, von Jesus in eine Situation hineingebracht zu werden, die ihm ganz widersinnig erscheint.

Jesus erklärt ihm wohlwollend, warum er diese verblüffende Tat vom ihm verlangt: „So wirst du einen bleibenden Schatz im Himmel haben." „Warum gelingt es dir nicht, dein Leben aus den Angeln zu heben? Weil für dich Dinge, die du besitzest, eine Absicherung sind. Vielleicht merkst du es nicht einmal, weil du dich ja bis jetzt ganz auf sie verlassen hast. Doch wenn sie dir fehlen werden, wirst du innewerden, wie sehr du dich abzusichern suchtest. Du wirst sehen, wie frei du wirst, wenn du das Gleichgewichtszentrum aus dir heraus versetzst, in den Himmel, d. h. in Gott. Du wirst dann sehen, wie echt deine Beziehung zu Gott werden wird.

Bis jetzt war sie eine bequeme Beziehung. Man fühlt sich sicher, bietet Gott sein Leben, seine Treue an, hält die Gebote und denkt: „Auf jeden Fall kann ich ruhig sein, ich habe Dinge, auf die ich mich verlassen kann." So aber bringst du die Gesellschaft, die dich umgibt, gegen dich auf; zumindest wird sie dich nicht verstehen. Du wirst dich so in eine Situation gänzlicher Abhängigkeit vor Gott bringen und für ihn alles aufs Spiel setzen. Bis jetzt konntest du auf zwei verschiedenen Roulettes spielen, du setztest ein wenig da und ein wenig dort ein, jetzt aber setzest du alles auf eine Karte und du mußt somit zwangsläufig deine Absicherungen aufgeben. Siehst du ein, wie vernünftig dieser Widersinn ist? Du wirst einen Schatz im Himmel haben. Nur so wirst du mir nachfolgen können."

Hier geraten wir an etwas, das für Matthäus sehr wichtig ist: Jesus nachzufolgen. Dieser Mann jedoch kann ihm nicht nachfolgen, weil er seine Absicherungen nicht aufgeben will. „Doch nur so", fährt Jesus fort, „wirst du der sein, der du wirklich sein sollst; du wirst zur Fülle des Lebens und an dein eigentliches Wesen gelangen, nach dem du insgeheim verlangst. Du wirst über dieses leise Unbehagen hinwegkommen, das an dir nagt, trotz allem, was du Gutes tust, trotz sämtlicher Ehren, die dir die Leute erweisen, deren Wohltäter du bist. Dann wirst du der sein, der du wirklich bist."

Die Unmöglichkeit, aus seiner Versklavung herauszukommen

Wir kennen die Antwort, die von Matthäus sehr feierlich wiedergegeben wird: „Als der junge Mann das hörte, ging er traurig weg.'" Das, was Jesus dir sagte, war als klares, endgültiges Heilswort zu verstehen. Es ist das Wort, das du für dich gewollt hast. Du hast auf einer Antwort beharrt, hast dreimal um sie gebeten. Nun ist sie dir gegeben worden, und bist du innegeworden, wie es um dich steht, wie sehr du an die Dinge gebunden, an deine Welt, an deine Gewohnheiten gefesselt bist. Du bist nun einmal als reich etikettiert und kannst dieses Etikett nicht abstreifen, du bist, wenn auch gegen deinen Willen, dazu verurteilt, es weiterhin zu tragen.

„Er ging traurig weg." Warum traurig? Weil er sich als versklavt entdeckt hat. Seltsam: Dieser junge Mann ist frisch und fröhlich, keck und selbstsicher gekommen, und jetzt, beim Weggehen, weiß er, daß er versklavt ist, daß er sein Leben stagnieren läßt, daß er vom Urteil der anderen und von den Dingen, die er besitzt, sklavisch abhängig ist und daß es keine Zukunft für ihn gibt. „Er ging traurig weg, denn er hatte einen großen Besitz" – oder vielmehr viele Dinge, die ihn besaßen.

Bleiben wir bei unserer Meditation nicht hier stehen, sondern gehen wir mit dem jungen Mann nach Hause und schauen ein wenig, was er macht. Gewiß wird er anfänglich Befehle erteilen, den Unbefangenen spielen, zu vergessen suchen; dann wird es ihn die ganze Nacht hindurch wurmen, daß er diesen Schritt unternommen hat. Was hat mich dazu getrieben? Warum habe ich diese Frage gestellt?

Hätte ich nicht zu Hause bleiben können? Dort hat sich nichts geändert, und doch ist nichts mehr wie früher. Und was werde ich morgen tun? Ich werde Großes leisten, mir Aufgaben stellen.

Doch in ihm nagt weiterhin dieses Unbehagen. Er ist traurig weggegangen, weil er weiß, daß er nicht echt, nicht wahr ist. Wir können ihn in den folgenden Tagen begleiten. Er ist scheinbar zufrieden, gelöst, fröhlich. Vielleicht wird er auch frömmer, gottverbundener, sucht mehr zu beten, um sich selbst zu beweisen, daß er ein ehrenwerter, gerechter, gerader Mann ist. Er geht zum Tempel, macht große Spenden für die Synagoge und für die Armen, man achtet ihn als einen wirklich frommen, religiösen Menschen. Und doch fühlt er sich in seiner Haut nicht wohl.

Wir können unsere Phantasie noch weiter spielen lassen und dann wieder zum Evangelium zurückkehren, obwohl wir uns nicht allzuweit von ihm entfernt haben. Ich stelle mir vor, daß dieser junge Mann in einem bestimmten Moment denken wird: Ich will ein weiteres Mal mit Jesus sprechen: das erste Mal ging es daneben, doch ich gebe nicht auf. Er sucht nach Jesus, informiert sich, denn er kann gar nicht mehr leben, ohne nach ihm zu suchen. Nehmen wir an, er beratschlage sich mit uns, was er sagen, wie er sich verhalten soll, wenn er Jesus ein zweites Mal aufsucht.

Wir werden ihm vielleicht sagen: Nimm einen Scheck, schreibe darauf: „Ich gebe alles, was ich besitze, den Armen", und überreichen ihn Jesus. Wäre das das Richtige? Oder welch anderen Rat würden wir ihm geben? Wie könnten wir ihm beibringen, so vor Jesus zu treten, wie er wirklich ist, ohne etwas anderes aus sich zu machen?

Wenn dieser junge Mann ehrlich ist, wie dies nach dem Evangelium der Fall zu sein scheint, wird er schließlich den richtigen Weg wählen. Das heißt, er wird vielleicht in einem Moment, wo Jesus allein ist (er würde es nicht mehr wagen, ihn vor anderen Leuten anzusprechen, denn er hat

73

sich damit schon einmal die Finger verbrannt und eine öffentliche Antwort erhalten) zu ihm sagen: „Herr, du hast die Wahrheit gesagt. Du hast recht, ich bin ein großer Feigling, doch ich werde es nicht schaffen. Ich habe dir nichts zu bringen. Meine Reichtümer sind da, dienen aber zu nichts. Ich begreife nicht, warum es mir nicht gelingt, von ihnen loszukommen. Ich bitte dich, Herr, erkläre mir, was in mir vorgeht. Mach, daß ich einsichtiger werde!

Herr, ich weiß, ich bin kein Held. Ich sehe mein Unvermögen, meine Armut ein. Mit mir ist wirklich nichts los, aber jetzt sage ich es dir, und dadurch fühle ich mich ruhiger. Ich bitte dich nur um Eines: Laß mich einsehen, warum ich dazu nicht fähig gewesen bin, warum ich den mir zugespielten Ball nicht aufgefangen habe, warum ich mich auch jetzt noch so schwerfällig, so innerlich gespalten fühle."

Hier treten wir wieder ins Evangelium ein. Jesus wird zu ihm sagen: „Schau, du konntest dich gar nicht anders verhalten." Vielleicht wird uns das seltsam anmuten, doch Jesus würde eben damit beginnen, ihn zu entschuldigen. „Du konntest gar nicht anders handeln, denn dein Schatz war eben auf Erden. Du vermochtest deinen Schatz nicht anderswo anzulegen".

Die kostbare Perle

„Schau, es war einmal ein Kaufmann; dieser war ein Mann, der ganz konkret dachte. Er rührte sich nicht, außer wenn ein sicherer Gewinn in Aussicht stand. Er gab nie einen Pfennig her, sondern suchte im Gegenteil die anderen zu beschwindeln. Ein unehrlicher Mann, der es bloß auf Geld abgesehen hatte.

Eines Tages fand er, vielleicht auf dem Flohmarkt, eine kostbare Perle. Mit Kennerblick sah er sofort, daß sie einen großen Wert habe. Und er tat das, wozu du nicht fähig gewesen bist: Er eilte nach Hause, verkaufte alles und rannte schnell wie ein Blitz zurück und kaufte diese Perle, bevor ein anderer sie ihm wegschnappen konnte. Dieser Mann war weder fromm noch religiös noch ehrlich, und doch hat er dich geschlagen, dich weit übertroffen."

Der Schatz im Acker

Dann hätte Jesus ihm noch ein weiteres Gleichnis erzählen können, das von Mt 13, 44-46: „Mit dem Himmelreich ist es wie mit einem Schatz, der in einem Acker vergraben war." Wir wissen, daß man sich im Altertum oft dieses Systems bediente: Wenn Invasionen stattfanden und Gefahr herrschte, vergrub man alle Wertsachen im Boden. Dann konnte es vorkommen, daß vielleicht die betreffende Person starb, bevor sie das Versteck angeben konnte. So wurde in Qumran vor ein paar Jahren ein solcher Schatz gefunden: drei nebeneinander vergrabene Krüge voller Münzen, von denen niemand mehr gewußt hat, wo sie einmal vergraben worden waren.

Ein Mann hebt also einen Graben aus und stößt dabei auf einen Schatz. Auch er ist kein sehr redlicher Mensch, sondern ein Spekulant. Also deckt er alles sorgfältig zu, damit niemand mehr sieht, daß er auf etwas gestoßen ist, „und in seiner Freude verkaufte er alles, was er besaß, und kaufte den Acker".

Vielleicht sagen die Frau, die Kinder zu ihm: „Was tust du? Du bist ja verrückt; wie wird das herauskommen?" Er hört nichts, er fürchtet sich vor niemandem; er verkauft alles und kauft den Acker. Vielleicht lachen die Leute über ihn: „Warum hat er dieses Feld gekauft? Es ist ja nichts wert, es ist ein viel zu trockener Boden, hat gar keinen Zufluß; man hat ihn schön hereingelegt."

Er kümmert sich nicht darum, läßt sich ruhig auslachen, denn er weiß, darin steckt ein Schatz.

Dann wird Jesus zu diesem reichen jungen Mann vielleicht sagen: „Schau, du kannst dich nicht von der Stelle rühren, wenn dir nicht jemand beibringt, daß dein Schatz anderswo ist, daß das Gut, nach dem du lechzst, eine gute Person ist, die mit dir in Beziehung sein will. Du hast von dem, was ich gesagt habe, bloß die ersten Worte gehört, und hast gedacht: Nein, es ist unmöglich, es ist eine Verrücktheit, was werden auch die Verwandten, die Leute sagen?... Ich bringe es nicht fertig. Schau, du hättest auf das letzte Wort achten sollen: Folge mir nach!

Das war eine persönliche Einladung, die der Gute an dich richtete, eine Einladung zu einer ‚neuen‘ Freundschaftsbeziehung, in der du dich wieder gefunden hättest – eine Freundschaft, die niemand von deinen Verwandten und Freunden, die wegen des Geldes zu dir halten, dir schenkt. Du hast es nicht begriffen. Damals konntest du es auch gar nicht. Darum habe ich dich in deiner Traurigkeit gelassen, bis in dir das Bedürfnis nach mir heranreifen würde.“

Hier könnte meines Erachtens unser Gebet einhaken: „Herr, warum bin ich nicht imstande, dich zu erkennen; warum wage ich mich nicht?“ „Weil du diese Dinge immer als Pflicht ansiehst, die zu leisten ist, als Güter, die zu produzieren sind. Warum denkst du nicht, daß ich es bin, der dir meine Freundschaft anbietet? Es geht um die Beziehung zu mir. Ich bin der Ursprung deiner Kraft, deiner Fähigkeit, dich hineinzustürzen. So lange du in dir oder um dich herum nach ihr suchst, wirst du sie nie finden.

Wenn ich diesem Kaufmann befohlen hätte, all sein Geld hinzugeben für eine Perle, die ihn nicht echt gedünkt hätte, hätte er es nie getan. Seine Willfährigkeit wäre vergeblich gewesen. Wenn ich zu diesem Mann gesagt hätte: Kauf dieses Feld, er aber nicht sicher gewesen wäre, daß darin ein Schatz steckte, wann hätte er es je gekauft?

Sieh also auf die Quelle, aus der dein Leben Licht empfängt. Es geht nicht darum, die Armen zu unterstützen oder dieses oder jenes zu tun, sondern es geht im Grunde um die richtige, freundschaftliche Beziehung zu mir. Nur hier kannst du die Wahrheit über dich selbst ans Licht bringen, was bis jetzt dir schwerfiel."

Beten wir so ähnlich, und wir werden verstehen, daß es nicht darum geht, große Dinge zu leisten, sondern den Herrn zu finden. Wenn er beginnt, zu uns zu sprechen, uns etwas ins Herz zu legen, dann ändert sich alles, wird alles anders. Dann werden die Beziehungen auf den Kopf gestellt, dann kümmert es mich nicht mehr, was die Leute sagen werden, denn ich habe mein Auge auf den Schatz geheftet, der Jesus für mich ist.

Ich möchte hier eine kleine Geschichte einfügen, die mich sehr beeindruckt hat und die ich gelesen habe, als ich mich im Zusammenhang mit meinen neutestamentlichen Studien in der koptischen Sprache übte. In dieser Sprache sind uns sehr schöne Sinnsprüche der ersten Wüstenväter erhalten geblieben, die mit wenigen Strichen tiefsinnige menschliche Situationen zu zeichnen verstanden.

Es handelt sich um folgende Episode: Jemand ging zu einem dieser großen Wüstenväter und sagte zu ihm: „Mein Vater, du hast eine große Erfahrung. Erkläre mir, warum so viele junge Mönche in die Wüste kommen, dann aber oft wieder zurückkehren. Warum halten nur so wenige durch?" Darauf sagte der alte Mönch: „Schau, das ist so, wie wenn ein Hund mit Gebell hinter einem Hasen herläuft. Viele andere Hunde, die ihn kläffen hören und laufen sehen, springen ihm nach. Doch nur der vorderste sieht den Hasen. Alle die dem ersten Hund bloß deshalb nachspringen, weil dieser springt, geben bald auf und bleiben zurück. Nur der, der den Hasen vor Augen hat, läuft weiter, bis er ihn erreicht. Und so auch," sagte der alte Mönch, „weiß nur der, der den Blick fest auf den gekreuzigten Herrn geheftet hält, wem er nachgeht, und er allein weiß, daß es der Mühe wert ist, ihm zu folgen."

Dies ist eine andere Art der Antwort an den reichen jungen Mann: „Wenn du die Augen auf den richtigen Punkt heftest, d. h. wenn du den Herrn nicht bloß als einen Meister ansiehst, der dir beibringt, dich besser zu verhalten, sondern als Freund, der dich zu seiner Nachfolge beruft, wenn du einsiehst, welch großes Anerbieten er dir macht und welch neue Beziehung er dir vorschlägt, dann erst wirst du diesen qualitativen Sprung machen, der jede verblüffende Lebensentscheidung rechtfertigt; dann wirst du zu dem, was Jesus in seiner Güte dich zu sein heißt: zu einem Menschen, der Sohn des Vaters ist und darum in die Sohnesfreiheit eintritt."

Beten wir also um diese Gnade; beten wir darum, daß wir dieses Evangelium verstehen, das eine Frohbotschaft ist und uns nicht traurig, sondern voller Freude machen soll, so wie der Kaufmann glücklich war, der die Perle gefunden hatte.

Beten wir darum, daß der Herr sich uns zu erkennen gibt: „Wir danken dir, Jesus, weil du uns deine Freundschaft anbietest. Wir danken dir, weil du über alles, was wir tun oder tun können, hinaus uns eine wahre, wirkliche Beziehung zu dir anbietest, von der jede Beziehung zu anderen abhängt.

Wir bitten dich, Herr, gib dich uns zu erkennen, indem du uns sagst, wer und was wir sind, indem du uns die Wahrheit über uns selbst offenbarst, damit wir die Freude deines Evangeliums zu verkosten vermögen.

Wir bitten dich, Herr: Rette uns, du, der du uns deinen Geist der Wahrscheit schenkst und mit dem Vater und dem Geist lebst und herrschest von Ewigkeit zu Ewigkeit. Amen."

Was alles steckt im Herzen des Menschen?

Wenden wir uns im Gebet an Maria:
„Jungfrau Maria, Mutter des Herrn, du Unbefleckte, du hast die Sünde nicht gekannt. Laß uns unsere Sünde einsehen. Du hast das Erbarmen des Herrn erfahren, laß uns ebenfalls sein Erbarmen kennenlernen. Amen."

Wir gehen ein weiteres Mal an eine Betrachtung, die unseren Läuterungsweg betrifft. Ich halte es für wichtig, von Zeit zu Zeit uns wieder dieser Läuterung zu unterziehen, damit wir das Evangelium als Geschenk, das Gott uns gemacht hat, verstehen. Je mehr wir im Leben reifen, desto klarer verspüren wir, wie mir scheint, unsere Grenzen und unsere Sünde. Und der Herr fordert uns auf, uns darüber immer klarer zu werden, um das Heil, das das Evangelium uns anbietet, tiefer, lebendiger in uns aufzunehmen.

Diese Meditation hat keine direkt aszetische Ausrichtung. Sie will nicht aufzeigen, was mir noch fehlt, um mich voll und ganz einzusetzen. Sie geht nicht auf unmittelbare Vorsätze zu einer Sinnesänderung aus, sondern hat eher einen theologalen Sinn: den, mich selbst vor Gott zu sehen. Es ist die Betrachtung, die uns der heilige Ignatius in der zweiten Meditation über die Sünde vorlegt („Geistliche Übungen", Nr. 58-59), wo er mich Gott mit mir und mich mit Gott vergleichen heißt.

Daß wir so uns selbst vor Gott sehen, müssen wir im Gebet erbitten. Es ist eine Schau, die in das Taufgebet mündet, um das unser ganzes Christenleben kreist. Unter „Taufgebet" verstehe ich das Gebet, worin der Mensch, die Wahrheit über sich selbst einsehend, angesichts der Kirche die Taufe erbittet. Er erkennt sich (in der Linie von Kapitel 7 des Römerbriefes) als Sünder und bittet den Herrn, ihn durch die Handlung der Kirche in seine Macht zu tauchen.

Dies ist der Funke, der unser ganzes Leben vor Gott, unsere Wesenswahrheit, auslöst. In den Exerzitien sollen wir ihn wahrnehmen. Natürlich äußert sich dieses Gebet heute nicht mehr in der Bitte um die Taufe, sondern in der um Versöhnung, um den kirchlichen Dienst der Vergebung. Es wird also zum Bußgebet: Man bittet die Kirche, unsere Sündhaftigkeit dem Gnadengericht Gottes zu unterstellen.

Als besondere Gnade wäre in dieser Meditation (wie Ignatius es uns vorschlägt) zu erbitten, daß ich „die Unordnung meines Tuns spüre" (Nr. 63) als etwas, das mich persönlich betrifft, aber auch in erweiterter Sicht die Gnade, die innere Unordnung auch als etwas zu verspüren, das mich daran hindert, echte Gemeinschaft zu pflegen. Es soll mir also aufgehen, daß meine Sünde mich hindert, wahre menschliche Beziehungen anzubahnen und somit echte Gemeinschaft zu schaffen.

Analogie zwischen der Entwicklung einer Gemeinschaft und dem Rhythmus der Exerzitien

P. Rieman, bis vor einiger Zeit Generaloberer der „Comunità di Vita Cristiana" hat einen sehr interessanten Aufsatz geschrieben, in dem er die Entwicklung einer Gemeinschaft und den Rhythmus der ignatianischen Exerzitien in Parallele setzt. Wie er selbst sagt, handelt es sich um eine bloße Analogie und darf man die Entsprechungen nicht überbetonen, doch entspricht die Entwicklung einer Gemeinschaft dem Rhythmus der vier Exerzitienwochen.

Eine Gemeinschaft beginnt für gewöhnlich mit dem, was man „Prinzip und Fundament" nennt. Man sieht, wie schön es ist, beieinander zu sein; man schätzt es, verstanden zu werden, im persönlichen, gesellschaftlichen und apostolischen Handeln gestützt zu werden, miteinander verkehren zu können.

Doch dann folgt das, was Rieman den Einsichten der Sozialpsychologie entsprechend die „Gemeinschaftskrise" nennt. Man beginnt nach kurzer Zeit zu sehen, daß das Beieinandersein im Grunde nicht so schön, so rosig und so leicht ist, wie man meinte. Während man zuerst gegenüber den Fehlern des Partners irgendwie blind war, gewahrt man nun so vieles, wenn auch Geringfügiges, das uns lästig ist, ärgert und auf die Nerven geht. Man beginnt einzusehen, daß es sehr schwierig ist, in Gemeinschaft zu leben. Die persönlichen Eigenheiten treten hervor; jeder zeigt sich so, wie er ist, mit seinen Konflikten, Ängsten, Aggressionen, nervösen Tics, und alles beginnt zu einer Belastung zu werden.

An diesem Punkt zerbricht entweder die Gemeinschaft oder sie stabilisiert sich in einer Homöostase, d. h. in einer gewissen Berichtigung der inneren Konflikte, damit man das Gesicht wahren und sich nach außen hin noch als Gemeinschaft zeigen kann. Auch wenn im Innern nicht alles so gut geht, setzt man die Gemeinschaft um des lieben Friedens und der Fassade willen fort.

Es verhält sich damit ähnlich wie mit der Geschichte nicht weniger Ehen: Man führt sie weiter, um bei den Leuten den Eindruck zu erwecken, man sei einig, auch wenn dies in Wirklichkeit nicht der Fall ist. Man fühlt sich nun einmal auf seine Ehre dazu verpflichtet, weiterzumachen. In solchen Fällen wird die Gemeinschaft sehr formell. Sie weist nicht mehr die Vorteile des gemeinsamen Lebens auf, denn diese werden nur noch zu einem geringen Teil erreicht.

Die Krise der Gemeinschaft findet ihre richtige Lösung

dann, wenn man sich, auch in Gemeinschaft, als vor Gott sündig anerkennt, als unfähig, beieinanderzusein, und wenn man das einander eingesteht: Wenn nicht Gott uns beisteht, sind wir unfähig, miteinander Gemeinschaft zu halten; er allein kann uns dies schenken. Es ist eine Art kollektiver Taufe, ein Taufgebet, das man miteinander verrichtet, worin man einander die eigenen Fehler, Versäumnisse, Grenzen eingesteht und einsieht, daß allein Gott uns an diesem Punkt vereint halten kann, und indem man sich miteinander seiner Macht anvertraut.

Von hier aus kann das zweite Stadium beginnen, das positive Stadium der Unterscheidung und der Entscheidung. Wie Rieman sagt, kann es vor diesem Stadium zu keiner Unterscheidung kommen.

Natürlich mag sich diese Situation vielleicht von Zeit zu Zeit auf höheren, subtileren Ebenen wiederholen. Dann muß man sich eben wieder zusammentun und von neuem bekennen, daß uns bloß der Herr zusammenhält, während unsere Sünde uns auseinanderzubringen sucht, vielleicht durch Dinge, die sehr heilig sind, wie z. B. durch verschiedene Ansichten darüber, wie man die Armut oder den apostolischen Einsatz ins Leben umsetzen soll. Wegen solcher an und für sich sehr erhabener Dinge prallt man zusammen, so daß Funken sprühen.

Der Herr führt uns immer wieder zur Taufdemut zurück. Er sagt zu uns: Laßt euch von mir retten; seht ein, daß ihr nicht imstande seid, euch von allein oder miteinander zu retten; ich bin das Heil. Dies also ist der Sinn dieser Erwägung.

Ich möchte nun drei Betrachtungspunkte vorlegen, die miteinander zusammenhängen, auch wenn sie verschiedenen Teilen der Bibel entnommen sind und bloß der letzte von Matthäus ist. Alle drei antworten auf die eingangs gestellte Frage: Herr, was steckt denn in uns, so daß es uns nicht gelingt, Gemeinschaft zu schaffen, in den Bedürfnissen der Menschen dich zu erkennen, echte Freundschaftsbeziehungen herzustellen?

Die Antwort kann eine dreifache sein: In jedem von uns steckt der Mensch David (wir werden einen Abschnitt aus dem Leben von David lesen, der mir aufschlußreich scheint, um das Zwiespältige des menschlichen Daseins zu erkennen); in uns allen ist das, was nach Mk 7, 21–22 im Herzen des Menschen liegt, und in uns ist all das, was nach den fünf Gegensatzpaaren in der Bergpredigt (Mt 5, 20–48) im Herzen des religiösen, engagierten Menschen steckt.

David: das Zwiespältige des menschlichen Daseins

Beginnen wir mit einer Zusammenfassung von 2 Samuel, Kapitel 11 und 12, in dem die Sünde von David und Batseba geschildert wird. Literarisch gesehen handelt es sich um eine der schönsten Stellen des Alten Testaments. Diese Kapitel, auch „Annalen Davids" genannt, sind sehr alt und in einem unvergleichlich meisterhaften Stil geschrieben, in feinem Empfinden, tiefer Seelenkenntnis und mit leisem Humor, der hinter den Worten liegt. Sie sind bezaubernd, wenn nur nicht das, was sie erzählen, so tragisch wäre.

David hat sein Heer in den Krieg gegen die Ammoniter geschickt, während er selbst in Jerusalem zurückblieb. Eines Spätnachmittags ging er auf dem Flachdach des Königspalastes spazieren. „Da sah er von dort aus eine Frau, die badete. Die Frau war sehr schön anzusehen. David schickte jemand hin und erkundigte sich nach ihr. Man sagte ihm: Das ist Batseba, die Tochter Ammiels, die Frau des Hetiters Urija. Darauf schickte David Boten zu ihr und ließ sie holen; sie kam zu ihm und er schlief mit ihr... Dann kehrte sie in ihr Haus zurück. Die Frau war aber schwanger geworden und schickte deshalb zu David und ließ ihm mitteilen: Ich bin schwanger."

Damit heben für David die Schwierigkeiten an. Er ruft Urija, den Gatten dieser Frau, aus dem Lager zurück, und dieser kommt. Er lädt ihn ein, nach Hause zu gehen, doch Urija schläft am Eingang des Königspalastes. David ruft ihn noch einmal, sucht ihn betrunken zu machen und drängt ihn, nach Hause zu gehen. Doch Urija betritt sein Haus nicht, sondern legt sich wieder bei den Knechten Davids nieder. Schließlich schreibt David einen Brief und gibt darin dem Kommandanten den Auftrag, man solle, wenn Urija ins Lager zurückgekehrt sei, ihn in der Schlacht an den gefährlichsten Platz hinstellen und dann im Stich lassen, so daß er den Tod finde. Das ist, kurz gefaßt, die Geschichte, die wir alle kennen.

Suchen wir sie ein wenig zu analysieren. Wer ist dieser David, der sich in diese Affäre verwickelt? Wer ist David an diesem Punkt seiner Laufbahn? Er ist ein reifer Mann. Er fühlt sich nicht einmal mehr verpflichtet, selbst in den Krieg zu ziehen, sondern er, der große Kriegsmann, schickt die anderen allein. Er steht auf dem Höhepunkt seiner Karriere, auch moralisch: Er ist ein tieffrommer Mann, der Jahwe sehr liebt und schon viele Psalmen verfaßt hat, die ihm zugeschrieben werden.

Einer der schönsten ist Psalm 18, wo er mit Gott, der ihn befreit, von Du zu Du redet: „Ich will dich lieben, Herr, meine Stärke, Herr, du mein Fels, meine Burg, mein Retter, mein Gott, meine Feste, in der ich mich berge..." David ist einer der religiösesten Männer des ganzen Alten Bundes. Er ist auch ein sehr edler Mann, der selbst Feinden nichts Schlechtes antun kann. Wenige Kapitel vorher (9, 7 ff) wird erzählt, wie er überall nach den Nachkommen seiner Feinde suchen läßt. Man findet einen Krüppel, der von Saul und dessen Sohn Jonatan abstammt, und läßt ihn rufen. Dieser kommt voller Angst, denkt, David wolle ihn töten, doch dieser sagt zu ihm: „Fürchte dich nicht; denn ich will dir um deines Vaters Jonatan willen eine Huld erweisen: Ich gebe dir alle Felder deines Großvaters Saul zurück, und du sollst immer an meinem Tisch essen." David ist ein Mensch, der nichts hassen kann, sondern der auch den Elendesten seiner Feinde zu lieben vermag.

Er ist auch ein sehr redlicher Mann. Zu den schönsten Berichten über das Leben Davids gehört die Stelle 1 Sam 24, 6 ff, an der erzählt wird, wie David, als er noch ein Partisane war, in Höhlen Unterschlupf suchte, wo ihm sein Gegner Saul nachspürte. Nicht ahnend, daß David mit seinen Getreuen sich darin versteckt halte, drang Saul einmal wehrlos in eine Höhle ein. „Da sagten die Männer zu David: Das ist der Tag, von dem der Herr zu dir gesagt hat: Sieh her, ich gebe deinen Feind in deine Gewalt, und du kannst mit ihm machen, was dir richtig erscheint. Da stand David auf und schnitt heimlich einen Zipfel vom Mantel Sauls ab. Hinterher aber schlug David das Gewissen, weil er einen Zipfel vom Mantel Sauls abgeschnitten hatte. Er sagte zu seinen Männern: Der Herr bewahre mich davor, meinem Gebieter, dem Gesalbten des Herrn, so etwas anzutun und Hand an ihn zu legen, denn er ist der Gesalbte des Herrn. Und David fuhr seine Leute mit scharfen Worten an und ließ nicht zu, daß sie sich an Saul vergriffen..." David ist also ein Mann von einer Integrität und Loyalität, die in der Geschichte Israels sprichwörtlich wurden.

Er ist auch ein reifer Mann in dem Sinn, daß er an diesem Punkt seines Lebens bereits affektive Erfahrungen gemacht hat. Er hat bereits gehabt, was er wollte; er weiß, was das Leben ist. Er kennt sich selbst, seine Grenzen, die menschliche Schwäche.

Doch nun gerät ein Mann von diesem Format in wenigen Stunden von einem Augenblick der Neugier in einen Moment der Schwäche, vielleicht infolge eines gewissen Trotzaktes: Bin ich denn nicht der König; kann ich nicht machen, was ich will? Sind nicht alles meine Untertanen? Und, so von sich eingenommen, gerät er nun in kurzer Frist in eine Situation, die rasch unentwirrbar wird. Bevor Batseba ihm die Mitteilung machte, hatte David vielleicht noch gehofft: Alles wird glatt ablaufen, niemand wird etwas davon vernehmen. Doch als Batseba ihn wissen läßt, daß sie ein Kind erwarte, wird er verlegen und denkt: Was habe ich angestellt? Er hat einer Frau ein Kind angehängt, er hat auch ihrem Mann Unrecht getan, er ist in ihre Ehe eingebrochen; und nun wird noch dazu kommen, daß er in der Öffentlichkeit schlecht dasteht, er, der große, der fromme König, der nicht einmal Feinden etwas Schlimmes antun kann... Die Leute werden munkeln: „Auch er ist nicht besser als wir alle." So befällt ihn Angst. Denken wir ein wenig über die Situation Davids nach: Im Grunde ist er ein guter Mensch. Er liebt Batseba und will nichts gegen sie unternehmen. Er liebt das Kind, das auf die Welt kommen wird, und will deshalb dessen Leben nicht auszulöschen suchen. Er liebt auch Urija, einen seiner treuesten Soldaten, und will auch nichts gegen ihn tun. Schließlich liebt er natürlich auch sich selbst, seinen guten Ruf, sein Ansehen als König. Doch diese vier Dinge gehen nicht zusammen. So befindet er sich in einer tragischen Situation. Er sieht keine Möglichkeit, sein eigenes Fell zu retten, ohne etwas Böses zu tun, wie sehr er das auch bedauert. Es gelingt ihm nicht, aus dieser Zwickmühle herauszukommen, in die er, zuerst aus Leichtsinn, dann vielleicht durch ein wenig Starrsinn, geraten ist.

In dieser Situation spiegelt sich die Gebrechlichkeit des Menschen, der aus der Ruhe, aus der Herrschaft über sich selbst rasch in eine Lage kommen kann, in der jede Entscheidung tragisch ist, in welcher Richtung sie auch erfolgen mag.

David ist jedoch auch ein schlauer Mann, ein Mann, der als Partisan gekämpft hat und alle politischen Winkelzüge kennt, um auf Umwegen schließlich doch zu seinem Ziel zu gelangen. Er ist höchst intelligent und denkt: „Jetzt weiß ich, was ich machen werde: Ich werde Urija rufen, ihn heimlich nach Hause zurückkehren lassen und alles wird in Ordnung, alles wird zugedeckt sein." In seiner Schlauheit sucht er sich aus eigenen Kräften zu retten und noch einen ehrenhaften Weg für alle zu finden, doch diese Lösung gelingt nicht. Wir können uns vorstellen, wie wütend er war, als nach der ersten Nacht der Diener, der den Auftrag hatte, sämtliche Bewegungen von Urija zu überwachen, ihm sagte: „Er hat die Nacht hier, vor dem Königspalast verbracht; er hat eine Matte auf den Boden gelegt und bei seinen Soldaten geschlafen."

Der Mann, der sich gerade durch seine Schlauheit hereingelegt sieht, gerät in Wut. Vielleicht hat Urija das Spiel durchschaut und ist schlauer gewesen als er. Vielleicht kommt er sich gegenüber der Macht des Königs ganz klein vor, denkt aber: „Auch ich will nicht nachgeben." Und nun greift die Schlauheit des Königs zu Schmeicheleien, Falschheiten, Umarmungen und Drogen. David lädt den Urija zu sich ein, gibt ihm reichlich zu trinken, berauscht ihn. Ein sonst redlicher Mensch wird von Schlauheit, Bosheit, Doppelzüngigkeit erfaßt und beginnt, verschlagen zu handeln, weil er nun unter dem Zwang der Situation steht und sich ihr nicht zu entwinden weiß. Urija wird, wahrscheinlich betrunken, aus der Königsburg mit Gewalt nach Hause geleitet, doch er rafft sich auf und legt sich vor der Haustüre nieder, und der König ist ein weiteres Mal der Dumme.

Ich möchte, daß wir ein wenig persönlicher in die Erzählung eintreten und uns fragen, was wir an der Stelle Davids getan hätten, wozu wir ihm geraten hätten. David weiß nicht, was er machen soll, um aus dieser Zwickmühle herauszukommen, und denkt am Ende: „Jemand muß daran glauben. Ich will nicht, daß die Frau oder das Kind dafür büßen muß; auch ich will nicht den Kopf herhalten. So muß denn eben Urija das Opfer sein." In seiner Schlauheit wiederum will David ihn nicht offen töten; kein Blut soll an seinen Händen kleben. Deshalb fädelt er alles so ein, daß die Feinde Urija töten.

Alles, was in den vorhergehenden Kapiteln von David gesagt wurde, wird hier verleugnet: Ein loyaler, redlicher, gerechter Mann, der nicht einmal einen Feind, Saul, antasten wollte, während dieser schlief, wird nun zu einem verschlagenen, unredlichen, unloyalen Menschen, der einen eigenen Soldaten ums Leben bringen läßt, ihn in die Falle des Feindes geraten läßt und die Rolle des Feindes spielt.

Zu welchem Scheusal kann ein Mensch in kurzer Zeit werden! Nun ist zum Vorschein gekommen, was für ein Mensch David eigentlich ist; vielleicht wußte nicht einmal er selbst darum. Wenn man ihm wenige Tage zuvor gesagt hätte: „Du wirst dich gegen einen treuen Untertanen auf die Seite des Feindes stellen", so hätte er das als Beleidigung empfunden.

Hier strotzt der Text von bitterem Humor und von Sarkasmus. Wir können auch diesen Teil des Berichtes lesen, der psychologisch und literarisch ebenfalls ein Meisterstück ist. Urija ist gefallen, weil man ihn in die vorderste Reihe gestellt und dann im Stich gelassen hat. Nun geht es darum, seinen Tod David zu melden. Der Heeresführer, der seinen König sehr gut kennt, sagt zum Sendboten, er solle melden, die Schlacht sei schlecht ausgegangen, und dann, wenn der König über seine Soldaten in Zorn gerate, ihm sagen, auch der treue Urija sei gefallen. Der Bote richtet den Auftrag wie befohlen aus.

Nach anfänglichem Zorn über die Niederlage sagt David, nachdem er vernommen hat, daß dabei Urija gefallen sei, zum Boten: „So sollst du zu Joab sagen: Betrachte die Sache nicht als so schlimm; denn das Schwert frißt bald hier, bald dort. Setz den Kampf gegen die Stadt mutig fort und zerstöre sie! So sollst du ihm Mut machen."

Dem König gelingt es nicht, seine Freude darüber, daß nun der Schlich gelungen ist, zu verhehlen. Er hat sein Gesicht gewahrt, hat die liebsten Personen gerettet, einer ist der Schwierigkeit zum Opfer gefallen, doch nur gemach, das sind Dinge, die eben vorkommen.

Das wahre Wesen angesichts Gottes

Der Text fährt fort: „Dem Herrn aber mißfiel, was David getan hatte. Darum schickte der Herr den Natan zu David; dieser ging zu ihm..." Auch Natan ist sehr gewitzt. Er kennt den König und tritt ihm nicht direkt entgegen, sondern sucht zuerst, das Urteil Davids über einen analogen Fall herauszufordern, und sieht dabei von ihm ab. Dann präsentiert er ihm die Platte: „Du bist dieser Mann."

Bekanntlich erzählt Natan dem David eine Geschichte von zwei Männern, einem reichen und einem armen. Der Reiche hatte den Stall voller Vieh, der Arme aber nur ein Schäfchen, das bei ihm zuhause mit den Kindern aufgewachsen war. Es aß von seinem Brot, trank aus seinem Becher, schlief auf seinem Schoß. Da trifft ein Gast beim reichen Bauern ein. Dieser will nichts vom Seinigen hergeben und nimmt dem Armen das Schäfchen weg. „Da geriet David in heftigen Zorn über den Mann und sagte zu Natan: So wahr der Herr lebt: Der Mann, der das getan hat, verdient den Tod. Das Lamm soll er vierfach ersetzen, weil er das getan und kein Mitleid gehabt hat. Da sagte Natan zu David: Du selbst bist der Mann."

Angesichts des Wortes Gottes, das ihm ansichtig macht, wer er in Wahrheit ist (er wäre von sich allein aus nicht dazu gelangt), bricht David zusammen und sagt: „Ich habe gegen Gott gesündigt." Beachten wir: David gibt zu, daß er in allem, was er verübt hat, in diesem verlogenen Sich-Winden Gott beleidigt hat, Gott, der diese Ordnung, diese menschlichen Beziehungen, festgelegt hat.

David findet also angesichts Gottes zu seinem wahren Wesen zurück und zwar so, daß er sich nun vor nichts von dem mehr ängstigt, was ihn vorher wie erstickt hatte. Er schreckt nicht davor zurück, seine Sünde öffentlich zu bekennen und sich darein zu schicken, daß er nun der Verlierende ist: „Der Herr mache mit mir, was er will, denn ich bin ein Sünder." Er besiegt seine Angst davor, daß seine Untat in der Öffentlichkeit bekannt wird.

Wir sehen, wie ein Mensch, der bei seiner Selbstverteidigung so weit gegangen war, daß er den Bruder töten ließ, in dem Moment, wo er auf diese seine angebliche Ehrenhaftigkeit verzichtet und sich vor Gott als Sünder erkennt, die Freiheit wiedergewinnt, die Kraft, sich in seine Lage zu schicken, den anderen offen ins Auge zu schauen, wieder neu zu beginnen, sich vom Herrn läutern zu lassen.

Wie viel hätte doch David damals, als er das Problem nicht zu lösen wußte, nicht gegeben, wenn er dafür aus dieser Zwickmühle herausgekommen wäre! Selbst wenn es darum gegangen wäre, alle Armen Jerusalems ein ganzes Jahr lang zu speisen, so hätte er es getan, damit der Herr ihn von seiner Last befreie. Doch er wagte nicht, das einzig Richtige zu tun: seine Sünde einzugestehen. Nun muß er es tun. Doch erst dann, als er in seiner Ratlosigkeit schließlich einen Mord begangen hat, gehen ihm die Augen auf und sieht er sich so, wie er ist.

Darüber können wir nachdenken: Herr, wir kennen uns nicht, wir wissen nicht, ob wir nicht in Situationen geraten, die uns in kurzer Zeit zu Boden reißen und uns dahin bringen können, daß wir nicht mehr ein und aus wissen. Und wenn wir in solchen Situationen uns weiterhin als gerecht betrachten und nicht zu unserer Sünde stehen wollen, machen wir sie nur noch schlimmer. –

Mehr im allgemeinen können wir sagen: Wie erbärmlich

ist das Schicksal des Menschen, der alle Brüder lieben möchte und doch aus Angst gezwungen wird, den einen oder anderen zu opfern, nur um sich selbst zu retten!

Wir sehen hier, zu welcher tiefer Einsicht der Herr uns bei der Auslegung seines Wortes führen will: „Ich war hungrig, und ihr habt mir zu essen gegeben; ich war durstig, und ihr habt mir zu trinken gegeben..." Es geht nicht einfach darum, Taten der Liebe zu verrichten – David hätte solche endlos getan –, sondern es geht um die Liebe, welche richtige Beziehungen akzeptiert, sie aber nicht akzeptieren kann ohne das eine oder andere Mal einzusehen, daß man ein Sünder ist, und öffentlich gedemütigt zu werden, weil man das nicht fertig bringt.

„Aus dem Herzen des Menschen kommen die bösen Gedanken..."

Die zweite Betrachtung, die ich hier anschließe, betrifft ebenfalls die Frage: Was steckt im Herzen des Menschen? Wir haben bereits das konkrete Beispiel David gesehen, das zum Sinnbild des Verhaltens des Menschen ganz allgemein wird.

Doch jetzt fragen wir Jesus selbst und bitten ihn, uns mit seinem geoffenbarten und offenbarenden Wort zu sagen, was denn in unserem Herzen steckt, so daß wir nicht imstande sind, wirkliche Gemeinschaft zu halten, die Schwierigkeiten zu überwinden, die nach dem ersten Idyll des Einander-Findens, worin man einander für überaus kostbar ansieht, in der Gemeinschaft entstehen. Jesus antwortet uns mit einem Satz, der nicht bei Matthäus steht, welcher gern katechetisch ausweitet, sondern den wir bei Markus (7, 21–22) finden, der so lapidar zu formulieren weiß.

Jesus gibt uns eine Beschreibung dessen, was der Mensch ist, und sagt, daß nicht äußere Dinge den Menschen verunreinigen, sondern daß das Schlimme von innen stammt: „Von innen, aus dem Herzen der Menschen, stammen die bösen Gedanken." Es mag seltsam erscheinen, daß Markus nicht sagt: die schlechten Handlungen, doch zu diesen kommt es oft nicht, weil die Verhältnisse es nicht zulassen. Hätte David sich nicht in dieser mißlichen Lage befunden, hätten wir nie gewußt, daß er sogar imstande war, einen Menschen ermorden zu lassen. Doch die Situation hat das tiefe Elend in seinem Herzen ans Licht gebracht.

Jesus sagt also hier: „Von innen, aus dem Herzen der Menschen kommen die bösen Gedanken (im griechischen Urtext Absichten), Unzucht, Diebstahl, Mord, Ehebruch, Habgier, Bosheit, Hinterlist, Ausschweifung, Neid, Verleumdung, Hochmut und Unvernunft. All dieses Böse kommt von innen und macht den Menschen unrein." Wir haben hierin also eine Lehre über das Schlimme im Menschen, die Antwort auf die Frage: Herr, warum vermögen wir nicht, den Nächsten wirklich zu lieben?

Ich möchte hier dazu anregen, über diese zwölf schlimmen Möglichkeiten, die wir in uns tragen, nachzudenken, ohne allzu voreilig zu sagen, sie beträfen uns nicht.

Beginnen wir mit der letzten, der „Unvernunft", und sehen wir das eine oder andere Beispiel. Das griechische Wort dafür: atrosyne, oder besser das betreffende Beiwort: afros, dumm, kommt auch in der Erzählung bei Lukas vor, in der davon die Rede ist, daß ein Bauer in einem Jahr eine reiche Ernte eingebracht hat, und nun sagt: „Ich werde mir große Scheuern bauen, alles darin speichern, und habe so mein Auskommen gesichert. Iß und trink, meine Seele, nun bin ich gesichert." Doch Gott sagte zu ihm: „Du Dummkopf, noch in dieser Nacht wird man dein Leben von dir fordern." Unvernunft in diesem Sinn besteht also in der Eigenschaft des Menschen, Projekte zu machen, ohne an Gott zu denken, sich Sicherheit und Ruhe verschaffen zu wollen, doch man denkt nicht daran, daß man nur ein Halm ist, den der nächste Windstoß knicken kann.

Im Grunde war David unvernünftig, als er sich beim Spazieren auf dem Dachgarten sagte: „Ich bin der König, wer kann etwas gegen mich ausrichten, wer etwas gegen mich vorbringen? Nun habe ich meinen Ruhm in Israel gesichert, ich bin der Heiligste, der Gerechteste, der Frömmste."

Von der an zweitletzter Stelle genannten Eigenschaft, vom Hochmut, spricht Maria im Magnificat: „Er zerstreut, die im Herzen voll Hochmut sind." „Dummheit und Stolz wachsen auf einem Holz." Man will sich selbst retten, sich selbst einen Weg bauen und sagt sich: „Jetzt habe ich ein gewisses Stadium von Sicherheit und Ruhe erreicht; ich bin fähig, Gemeinschaft zu halten; ich habe eine geistliche, pastorale Erfahrung; ich kann nun wirklich als jemand dastehen." Es ist die Situation dessen, der nicht mit Gott rechnet.

Die nächste Eigenschaft, wenn wir die Reihe von hinten her durchgehen, ist die, die im griechischen Urtext blasphemia genannt und treffend mit „Verleumdung" wiedergegeben wird. Diesen Fehler begehen wir jedesmal dann, wenn wir es nicht ausstehen können, daß es dem Nächsten gut geht; wenn wir das Bedürfnis haben, uns dadurch zur Geltung zu bringen, daß wir den anderen ein wenig herabsetzen; wenn wir das Gleichgewicht zwischen dem, was wir nicht haben, und dem, was der andere hat, mit einer kleinen Stichelei, irgendeiner bissigen Bemerkung, die uns in unseren Augen gut dastehen läßt, wiederherzustellen suchen. So können wir jedes dieser Worte durchgehen und sehen, wie der Mensch darin enthalten ist.

Die Antithesen der Bergpredigt

Wenden wir uns schließlich dem Abschnitt im Matthäusevangelium zu mit den Antithesen der Bergpredigt (Mt
5,20–48). Auf exegetische Details müssen wir im diesem
Rahmen verzichten.

Wir haben hier fünf Antithesen vor uns, die alle mit den
Worten beginnen: „Ihr habt gehört, daß gesagt worden ist",
d. h. euch ist eine gewisse Moralnorm vorgelegt worden;
was der Mensch tun müsse, um gerecht zu sein; „Ich aber
sage euch", daß dies nicht genügt. All dies wird in Vers 20
zusammengefaßt: „Ich sage euch: Wenn eure Gerechtigkeit
nicht weit größer ist als die der Schriftgelehrten und der
Pharisäer, werdet ihr nicht in das Himmelreich kommen."

Dieses Wort ist dazu angetan, uns zu erschrecken, denn
die Gerechtigkeit der Schriftgelehrten und der Pharisäer
war sehr groß. Sie waren in sämtlichen Lebenssparten gerecht; es waren fromme, religiöse Menschen, die Gott und
dem Nächsten geben wollten, was ihnen gebührt. Doch
Jesus sagt, daß dies nicht genüge, und gibt in diesen Antithesen den Grund dafür an.

Warum genügen die Werke der Liebe und der Gerechtigkeit, die die Schriftgelehrten verrichteten, nicht? Weil es
dem Menschen, wenn er nicht für die Kraft Gottes offen
ist, sondern sich selbstgerecht machen will, nicht einmal
gelingt, das gebührende, rechte Maß von Gerechtigkeit zu
erreichen.

Jesus legt dies noch im einzelnen dar, wenn er sagt: „Euch
ist gesagt worden, du sollst nicht töten; doch wenn das Herz
nicht durch Wohlwollen innerlich geheilt ist, befolgt man
das Gebot nicht." David hat es nicht befolgt, denn sein
Herz war ganz mit sich selbst beschäftigt, hatte Angst vor
Demütigung und suchte seinen Stolz zu verteidigen.

Die zweite Antithese betrifft das Gebot „Du sollst nicht
die Ehe brechen." Jesus sagt: „Dieses Gebot ist nicht zu hal-

ten, wenn das Herz nicht von innerer Begierde geheilt ist." Wie mir scheint, kann man in den Worten, die in Vers 29 folgen – „Reiß das Auge aus; hau die Hand ab!" –, gewissermaßen einen verzweifelten Versuch des Menschen sehen, der das Gesetz beobachten will, doch überkommt ihn etwas, das stärker ist als er. So wird er an einem gewissen Punkt zum Geständnis veranlaßt: Wenn nicht Gott mich rettet, gelingt es mir auch beim besten Willen nicht, das Gesetz zu halten.

Es folgt die dritte Antithese, die zum Gebot „Du sollst keinen Meineid schwören" (Vers 33). Jesus sagt hier: „Keinen Meineid zu schwören, gelingt nicht, wenn nicht zuerst das Herz geheilt ist von der Zwiespältigkeit in ihm, von dem Verlangen, vor den anderen besser dazustehen als man ist, vom beständigen Spielen mit den Worten, vom Bestreben, die Dinge anders darzustellen als sie sind, d. h. von der beständigen Lüge." David hatte Angst davor, vor dem Volk so dazustehen, wie er war, und nahm so zu allen möglichen Schlichen Zuflucht. Jesus sagt: „Du wirst nicht dazu gelangen, keinen Meineid zu schwören, wenn du nicht die Lüge aus deinem Alltag verbannst und nicht mehr ständig darauf ausgehst, den anderen dein wahres Ich zu verbergen aus Angst, an Achtung zu verlieren, auf die Seite gestellt, übergangen zu werden, und wenn du dich nicht mehr darum bemühst, anders zu erscheinen, als du bist."

Jesus nimmt auch noch Stellung zum Gebot, in der Rache nicht zu weit zu gehen, sich an das rechte Maß der Gerechtigkeit zu halten. „Auch das gelingt einem nicht", sagt Jesus, „wenn das Herz nicht zum Nachgeben bereit ist." Hier geraten wir wirklich aus der Fassung: Das Herz soll alle Abwehr gegen den Nächsten aufgeben; ich soll zwei Kilometer weit mit ihm gehen, wenn er mich bittet, ihn einen Kilometer weit zu begleiten; ich soll ihm auch noch den Mantel lassen, wenn er mir die Jacke nimmt; ich soll ihm auch noch die andere Wange hinhalten, wenn er mich auf eine Wange schlägt? Wie soll man das fertigbringen? Es sind Geheiße, die wir alle ständig als Vorwurf empfinden, weil wir wissen, daß wir dazu nicht fähig sind. Doch Jesus will uns sagen: „Du gehst vergeblich darauf aus, in allen deinen Beziehungen gerecht zu bleiben, wenn du im Grunde einen schrecklichen Drang hast, dich zu wehren. Du siehst die anderen stets als mögliche Angreifer an und willst nie etwas von der Möglichkeit wissen, eines Tages der Schwächere zu sein."

Hier erscheint am Horizont bereits der dunkle Schatten des Kreuzes. Nur im gekreuzigten Herrn ist man imstande, das zu erfassen. Der Herr sagt uns: „Du meinst, du könnest dies von allein, doch das ist rein unmöglich, denn in dir steckt ein so mächtiges, so heftiges Verlangen nach Rache, daß es an einem bestimmten Punkt in dir wieder aufkommen wird."

Schließlich sagt Jesus: „Euch ist gesagt worden: ‚Du sollst deinen Nächsten lieben', doch dazu muß es dir gelingen, den ersten Schritt zu demjenigen zu tun, der dich ausnutzt, dich mißbraucht, d. h. zum Feind." Es ist leicht, vom Feind im abstrakten Sinn zu reden, doch im Grunde gilt mir jeder als Feind, der mir Schaden zufügt, und ich suche immer, ihn mir möglichst weit vom Leibe zu halten. Auch das Geheiß, die Feinde zu lieben, kommt uns als widersinnig vor und wir können es nur im Blick auf das Kreuz irgendwie begreifen.

Jesus will von uns sicher nicht verlangen, auf unmögliche Weise zu leben. Er stellt ein ideales, doch realisierbares Muster eines humanen Verhaltens vor uns hin, und zwar so, daß es uns einen Streich versetzt und uns sagt: „Du behauptest, du könnest den Nächsten lieben, Gemeinschaft halten. Wenn du es aber nicht auch ein Stück weit über dich bringst, mit dem zusammenzuleben, der dir auf die Nerven geht, der dir feind ist, brauchst du gar nicht von Nächstenliebe zu reden, sondern sollst du zugeben, daß du es nicht fertig bringst, Gemeinschaft zu halten." Hier kommt die heilbringende, heilsame Krise der Gemeinschaft zum Vorschein, in der der Mensch sagt: „Herr, du allein bist das Heil."

Ich glaube, daß wir in unserem Gebet so weit gelangen müssen, in unserem Bußgebet, worin wir uns vor Gott versetzen nicht wie Leute, die sagen: „Herr, ich werde das tun und jenes tun und ganz vollkommen sein", sondern: „Herr, ich kann tun, was ich will, ich weiß, es wird nie vollkommen sein; es wird mir nie gelingen, gerechte Beziehungen zu haben. Vielleicht glückt es mir, wenn alles mich in Ruhe läßt, ähnlich wie bei ruhigem Meer fast alle fähig sind, ein Boot zu steuern." Doch das Leben ist nicht ein ruhiges Meer, und so wird in diesem oder jenem Moment der konfliktauslösende Widerspruch, der in uns ist, explodieren. Der Herr möchte, daß wir diesen inneren Widerspruch im Bußgebet vor ihm eingestehen: „Herr, ich bedarf deines Erbarmens."

Das ist die Wahrheit über uns selbst, die in der Taufe auch angesichts der Kirche zum Vorschein kommen soll. Beten wir darum, daß dies wahrhaft eine freudige Entgegennahme der Frohbotschaft sei, daß das Erbarmen Gottes sich uns als Evangelium vom Heil zeige; nicht als Anklage, die uns demütigt, sondern als die einzige Heilsmöglichkeit.

„Wir beten dich an, Herr, aus der Tiefe unseres eigenen Geheimnisses und des Geheimnisses jedes Menschen. Dieses Geheimnis liegt in den unergründlichen Tiefen jedes Menschen. Du allein kennst es. Herr, du weißt bis in die Tiefe unserer Herzen, wer wir sind und wer wir sein können. Aus der Tiefe dieses Abgrundes vertrauen wir uns dir an, flehen wir um dein Heil, stellen wir uns deiner Barmherzigkeit anheim.

Wir bitten dich demütig, Herr: Gib uns nicht auf, sondern rette uns, je einzeln und auch als Gruppe, als Kirche, als Gemeinde, als Gesellschaft. Herr, habe mit uns Erbarmen, denn wir können nicht miteinander zusammenleben. Zeige uns, Herr, daß du die Kraft zum Zusammenleben bist.

Du, der du lebst und herrschest mit dem Vater; du, der in der Kraft des Todes und der Auferstehung uns den Geist der Einheit und des Heils schenkst; du, der du lebst und herrschest von Ewigkeit zu Ewigkeit. Amen."

Sechste Meditation

Die Gabe des Gebets

Im Matthäusevangelium lesen wir:

„Wenn ihr betet, macht es nicht wie die Heuchler. Sie stellen sich beim Gebet gern in die Synagogen und an die Straßenecken, damit sie von den Leuten gesehen werden. Amen, das sage ich euch: Sie haben ihren Lohn bereits erhalten. Du aber geh in deine Kammer, wenn du betest, und schließ die Tür zu; dann bete zu deinem Vater, der im Verborgenen ist. Dein Vater, der auch das Verborgene sieht, wird es dir vergelten" (6, 5–8).

„Nachdem er die Leute (nach der Speisung der Fünftausend) weggeschickt hatte, stieg er auf einen Berg, um in der Einsamkeit zu beten. Spät am Abend war er immer noch allein auf dem Berg" (14, 23).

„Und er ging (in Getsemani) ein Stück weiter, warf sich zu Boden und betete ... Dann ging er zum zweitenmal weg und betete" (26, 39. 42).

Sammeln wir uns und denken wir über das Gebet Jesu nach, indem wir selbst beten:

„Herr Jesus, du siehst, wie in unserem Gebet die Stimmungen miteinander sosehr abwechseln wie die Wetterlagen draußen in der Natur und in unserem Innern. Wir bitten dich: Lehre uns beten! Laß uns wissen, wie es um unser Gebet steht, mach, daß wir auch beim Beten wahr sind und so beten, wie wir vor dir dastehen.

Laß uns in Freude und Begeisterung, aber auch bei Müdigkeit und Erschlaffung den Weg zum Beten finden. Gib uns deinen Geist, der uns beten lehrt.

Du, der du mit dem Vater und dem Heiligen Geist lebst und herrschest von Ewigkeit zu Ewigkeit. Amen."

Diese Besinnung über die Gabe des Gebets soll auch Anstoß sein zu einer Überprüfung unseres Gebetslebens. Blicken wir ein wenig zurück und fragen wir uns, wie es mit unserem Gebet steht, sehen wir, was der Herr uns eingegeben hat und was er von uns verlangt.

Einen Wink, eine Anregung zu dieser persönlichen Besinnung bietet uns das Exerzitienbüchlein (in Nr. 77 im 5. Zusatz), wo es heißt: „Ist die Übung beendet, soll ich im Zeitraum von einer Viertelstunde... nachsehen, wie es mir in der Kontemplation oder Meditation ergangen ist..." Das, was Ignatius uns hier nach jeder Betrachtung tun heißt, wollen wir jetzt tun und uns fragen, wie es mit unserem Gebet steht, was uns daran unbefriedigt läßt.

Zuerst möchte ich ein paar einführende Gedanken über das Gebet als Mysterium vortragen und dann von verschiedenen Erfahrungen sprechen, die in diesen Jahren aufeinander gefolgt sind und unser Beten irgendwie geprägt haben. Sie können für einen jeden ein Ansporn sein, der Geschichte seines Betens nachzugehen und sich zu fragen: Zu welcher Gebetsweise zieht mich der Heilige Geist hin? Schließlich wollen wir über die Frage nachdenken, was für das christliche Beten typisch ist.

Einleitende Gedanken

Ich mußte feststellen, daß das Gebet ein Mysterium ist. Als ich vor Jahren Exerzitienvorträge hielt, bestand ich sehr auf dem Gebet. Einzelne Male habe ich sogar, anscheinend nicht fruchtlos, einen ganzen Kurs über dieses Thema gehalten. Ich erinnere mich, wie ich verschiedene Thesen über das meditative Gebet vorlegte und sie dann Tag für Tag erklärte.

In der Folge habe ich nicht mehr so eingehend auf dem Gebet bestanden, weil ich immer mehr die konkrete Erfahrung machte, daß man das Beten nur lernen, nicht lehren kann. Wir müssen es lernen: es gibt einen Weg zum Gebet, doch niemand kann dieses einem anderen theoretisch beibringen. Wir können wohl Hinweise, theologische Überlegungen geben, aber das Beten selbst ist etwas so Persönliches, daß man zum Beten eines anderen Menschen keinen Zugang hat.

Man hat schon gesagt, es gebe auf der Welt mehr Gebetsformen als Blätter an den Bäumen. Die einzelnen Menschen sind in so vielem derart verschieden, daß es anmaßend ist, einen anderen beten lehren zu wollen. Es verhält sich damit so wie mit dem Atmen: Jeder hat seinen unverwechselbaren Rhythmus : man kann wohl lehren, besser zu atmen, doch das Atmen selbst bleibt individuell verschieden.

Dies gehört zum Mysterium des Gebets. Jesus selbst respektiert es, wenn er sagt: „Zieh dich in die Kammer zurück" (darunter ist wahrscheinlich die Vorratskammer zu verstehen, die in Palästina vom Haus ganz isoliert war und wo man mit sich und Gott allein sein konnte).

Natürlich wollte Jesus das öffentliche Beten nicht verurteilen. Im Garten Getsemani heißt auch er die Apostel mit ihm zusammen beten, und beim letzten Abendmahl betete er mit ihnen vereint. Jesus wollte also nicht ein Gebot aufstellen, sondern uns aufzeigen, daß das Gebet ein Geheimnis zwischen jedem einzelnen und Gott bleibt, in das kein anderer eindringen kann.

So ist es zum Beispiel aufschlußreich, daß der heilige Ignatius, der gewiß ein großer Mystiker war, uns in seine geheimen Gebetserfahrungen nicht eingeweiht hat. Er hat uns in den „Geistlichen Übungen" zwar viele, freilich kaum direkte Hinweise darauf gegeben. Doch wenn man nicht zufällig einige Bruchstücke seines geistlichen Tagebuches, das er vernichten wollte, wieder aufgefunden hätte, wüßten wir über die Tiefe, den Reichtum, das Unsagbare seines Betens nichts.

Das Gebet ist ein Mysterium. Wir sind darin vor Gott das, was wir sind, und einzig Gott ist unser Beten bis auf den Grund bekannt. Zu diesem irgendwie undurchdringlichen und deshalb auch fast unmitteilbaren Mysterium kommt noch das theologische Problem des Gebets hinzu.

Warum sollen wir beten?

Ich frage mich immer, wozu das Gebet dient. Wenn Gott doch schon alles weiß, warum muß man ihm dann noch unsere Anliegen sagen? Wenn Gott doch so gut ist, warum braucht man dann bei ihm noch zu insistieren? Auf solche Fragen sind nicht leicht überzeugende Antworten zu finden. Deshalb wollen einige bloß vom Lobgebet, vom liebenden Beten etwas wissen. In Wirklichkeit aber ist das Lobgebet, wenn es ein christliches Gebet sein will, auch ein Bittgebet, ein Gebet des Sünders, der sich an Gott wendet.

Im „Dizionario di teologia" findet sich ein aufschlußreicher Artikel über das Gebet. Darin wird die ganze theologische Situation geprüft und die Frage gestellt, ob im Christentum einzig das Lobgebet gelte, besser gesagt, ob das Lobgebet über dem Bittgebet stehe. Nach Darlegung der verschiedenen Gründe wird der Schluß gezogen, daß im Christentum als einer Bundesreligion das Bittgebet eine unersetzliche Rolle hat. Der Mensch bekundet vor Gott seine Armut und bringt sie zum Ausdruck. Obwohl das Gotteslob etwas überaus Schönes ist, soll man doch nicht allein dieses Gebet gelten lassen.

Außerdem wird in diesem Artikel die vielberedete Frage erörtert, warum man sich an Gott wenden soll, obschon er doch alles bereits weiß. Eine im Grunde überzeugende Antwort ist: Jesus selbst hat gebetet. Er brauchte nicht zu beten, und doch sagt uns das Evangelium, daß er gebetet hat, und zwar lange.

Auch hier stehen wir vor einem Rätsel. Jesus hat gesagt, man solle beim Beten nicht viele Worte machen, und doch hat er selbst lange gebetet und dabei immer die gleichen Worte wiederholt. Man kann also das Gebet wirklich nicht fixieren. Jesus gibt eine Weisung, die aber nicht buchstäblich zu befolgen ist, sondern eine Richtung zeigt, der dann von einem jeden so nachzuleben ist, wie der Heilige Geist es ihm lehrt.

Im Grunde ist auch für mich das Beten Jesu selbst das entscheidende Argument. Wir müssen uns mit seinem Gebet vereinen. Wenn er gebetet hat, will er, daß wir mit ihm zusammen beten und somit unser Gebetsleben pflegen, das seine Rechtfertigung in sich selbst hat.

Im Glaubensleben gelangt man zu der Erfahrung, daß man nicht ohne Bitt-, Lob-, Fürbitt- und Bußgebet auskommen kann. So wie auch andere Grundakte, rechtfertigt das Gebet sich von selbst. Warum sollen wir atmen? Es braucht kein Motiv dazu; das Leben selbst veranlaßt uns zum Atmen. Warum leben? Das Leben selbst heißt uns leben. Warum beten? Der Glaube veranlaßt uns, zu beten: das Gebet ist Äußerung des Glaubens.

Hier ist die ganze Undefinierbarkeit des Gebets mit Händen zu greifen, denn es bildet mit dem Glaubensleben eine Einheit. Von da aus leitet man verschiedene Definitionen des Gebets ab, die sich nicht miteinander decken.

Schon wenn man sagt, das Gebet sei eine „an Gott gerichtete Bitte um etwas Gutes" und eine „Erhebung des Geistes zu Gott", so sind damit zwei Dinge gemeint, die wohl zusammengehören, aber nicht das gleiche sind. Das Gebet läßt sich also nicht ohne weiteres mit einem Satz definieren, sondern es ist Glaubensatem, leiblicher, geistiger, sprachlicher, psychologischer, passiver Atem. Es ist der Leib des Glaubens und irgendwie der Glaube selbst als ein Ja zu Gott, als Hingabe an Gott und in diesem Sinn schon Erhebung zu Gott.

Wenn wir uns mit solchen Erwägungen befassen, müssen wir wissen, daß wir vom Gebet keine physiologische oder biologische Beschreibung geben können, sondern wir nehmen es als von vornherein evidente Wirklichkeit, von der sich bloß etwas sagen läßt in schuldigem Respekt vor dem, was nicht in logische Sätze zu fassen ist.

Gebetserfahrungen in den letzten dreißig Jahren

In Bezug auf verschiedene Gebetserfahrungen möchte ich auf das aufschlußreiche und anregende Bändchen von Adrienne von Speyr „Gebetserfahrung" hinweisen. In diesem Band betrachtet diese zeitgenössische Mystikerin u. a. das Beten Marias in ihren verschiedenen Lebensmomenten, das Gebet des Petrus und anderer Heiliger.

Wir werden die Geschichte des Betens in fünf kurzen Episoden abhandeln, die sich natürlich darauf beziehen, wie ich selbst das Beten erfahren habe. Ich tue das nicht aus autobiographischem Interesse, sondern nur deshalb, weil es Erfahrungen sind, die wir alle irgendwie gemacht haben und die deshalb jeder sich vergegenwärtigen kann.

Gebet nach einem festen Schema

Ich erinnere mich, wie das Gebet vor dreißig Jahren definiert wurde, vor allem in einem Milieu, in dem ich aufgewachsen bin: im Milieu des Jesuitennoviziats der Turiner Provinz, das auch in bezug auf das Gebet sehr steif war.

Im Grunde gab es nur ein einziges Gebet: die im Sinn des heiligen Ignatius vollzogene Übung der „drei Vermögen": Gedächtnis, Verstand und Wille. Der Form des Gebets entsprechend, zu der wir erzogen worden sind, hatte jede Betrachtung drei Punkte.

Diese verbreitete Methode wies sicherlich große Vorteile auf: sie gewöhnte an eine rigorose und auch nützliche Geistesdisziplin. Sicherlich ist es kein Schaden, eine Geistesdisziplin zu haben, um die Unordnung der Phantasie zu besiegen und danach bestrebt zu sein, daß das eigene Denken geordnet abläuft. Doch dabei fühlte man natürlich, daß das ein etwas enges Korsett war, obwohl man nun einmal darin steckte, damit zu leben suchte, und viele sind auf diesem Weg heilig geworden.

Neue Anstöße zum Gebet

Nach dem Kriegsende, in der zweiten Hälfte der vierziger Jahre, kam es dann zu einer Änderung. Die Gedanken der neuen Theologie, die ein wenig neue Spiritualität, die Liturgie traten in den Vordergrund und führten meines Erachtens auch zu einer Erweiterung des Gebets.

Für uns Jesuiten traf sich dies mit einem Brief des damaligen Generals P. Jansens über verschiedene Gebetsformen. Man braucht bloß ein Schreiben des Jesuitengenerals P. De Corti aus dem Jahr 1936, der sehr rigoros und genau vom Gebet sprach, mit diesem Brief zu vergleichen, in dem P. Jansens fünfzehn Jahre später sagt: „Das Gebet hat sich nicht nur an die drei herkömmlichen Punkte zu halten, sondern kann beispielsweise auch über das meditieren, was das Konzil von Trient über die Eucharistie gesagt hat."

Ich erinnere mich an die Überraschung, die ein erfahrener und auch offener Spiritual hervorrief, als er einmal in einem Exerzitienkurs sagte: „Es ist nicht nötig, daß jede Betrachtung drei Punkte hat; sie könnte auch dreihundert Punkte haben." Dieser Pater schien den Ordnungssinn vollständig verloren zu haben. Es öffnete sich etwas; man sah, daß der Heilige Geist sehr weit walten kann. Diese erste Öffnung lag noch vor dem Konzil. Die zweite Phase dauert an, gibt der Liturgie reichere Entfaltungsmöglichkeiten, bringt neue Lektionare hervor. Es ist die Periode der fünfziger und sechziger Jahre.

Wiederentdeckung des Lobgebets und Beteiligung des Leibes und des Gemüts am Beten

Als ich im Juli 1970 in den Vereinigten Staaten war, machte ich die Bekanntschaft von Pfingstgruppen, die kurz zuvor, 1968/69, entstanden waren. Ich muß sagen, daß dies für mich und für nicht wenige andere in mancher Hinsicht etwas Neues darstellte. Ein Aspekt erscheint mir besonders wichtig: die Wiederentdeckung des spontanen, freien, frohen Lobgebets. Dieses wurde zuweilen in etwas tumultuöser Form zum Ausdruck gebracht, doch trat darin zutage, was Ignatius zu Beginn der „Geistlichen Übungen" sagt: „Der Mensch ist zum Lob Gottes erschaffen", d. h. er findet im Gotteslob seine Freude, sich selbst, sein ganzes Wesen.

Diese Haltung hatte vorher in unser persönliches Gebet nicht großen Eingang gefunden. Mir kam sie als eine neue Öffnung vor, und mir ging dabei der Sinn für die Beteiligung des Leibes und des Gemütes beim Beten auf, der vorher wohl schon vorhanden war, dem man aber noch nicht freien Lauf ließ.

Nicht umsonst ist die charismatische Bewegung in den

Vereinigten Staaten entstanden, wo in der Zeit nach dem Konzil eine religiöse Krise ausgebrochen war. Viele gaben das Priesteramt auf und auch die Reihen der Ordensschwestern lichteten sich. Alles wurde rationalisiert und funktionalisiert. Die Liturgie war zwar erneuert worden, aber ebenfalls in einem sehr rationalistischen Sinn: Alles mußte klar und verständlich sein, die Gebete mußten vom Volk verstanden werden können; alles mußte den Gesetzen der Psychologie, der zwischenmenschlichen Beziehungen entsprechen.

Doch besitzt der Mensch auch einen Sinn für das Mysterium, der sich nicht bloß nach den Gesetzen der Psychologie und der Soziologie richtet. Insofern ist die Pfingstbewegung gleichsam eine Revolte des Irrationalen gegen die Kodifizierung, die alles für schon verstanden ansieht und meint, was der Gläubige in der Liturgie mit dem Ohr aufnehme, genüge.

Doch es gibt innere Eruptionen des Glaubens, die sich nicht in Formeln pressen lassen. Im Grunde kamen sie in der früheren Liturgie wegen deren mystagogischem Charakter eher zum Zuge. Wenn man alles nach der Vernunft richten will, verspürt man in der Folge, daß etwas fehlt; man versteht zwar alles, ist aber unbefriedigt.

Es bedeutete zwar schon einen großen Schritt, als man in der ganzen Liturgie zur Volkssprache überging und damit alle Texte verständlich machte. Aber das genügt meines Erachtens nicht. Man muß dem Umstand Rechnung tragen, daß sich in einem logischen Diskurs nicht der ganze Mensch zum Ausdruck bringen kann. Ich halte es deshalb für wichtig, daß dieses charismatische Salz, dieser Pfingstgeist gekommen ist und die gewisse Flachheit der neuen Liturgie und das mehr psychologische Verständnis des religiösen Phänomens verlebendigt.

Werte des östlichen Gebets

Die vierte Periode hat mehr persönlichen Charakter. Sie trat für mich ein im Kontakt mit dem Gebet des Ostens, zumal der griechischen Klöster vom Berg Athos, von Patmos und durch sie mit verschiedenen nichtchristlichen Gebetsformen des fernen Ostens, zum Beispiel Yoga und Zen. Natürlich handelt es sich auch dabei um eine vielsinnige Erfahrung, doch tritt darin meines Erachtens insbesondere der Wert der weitatmigen Psalmodie im Einklang mit dem Rhythmus des Leibes zutage.

Mir scheint, man gewinnt dies in dem Moment zurück, in dem auf dem Berg Athos das Gebet beginnt. Von nachts ein bis zwei Uhr beten die Mönche in ihrer Zelle das Jesusgebet. Sie wiederholen zum Beispiel mehrere tausend Mal die Anrufung: „Herr Jesus, Sohn Gottes, erbarme dich unser!" Dann ertönt um zwei Uhr die Glocke und man begibt sich in die Kirche. Hier beginnt die Psalmodie, die – je nach dem betreffenden Tag – bis morgens sechs, sieben oder acht Uhr dauert. Natürlich kann sie leicht als etwas Formalistisches erscheinen oder zu etwas Formalistischem werden, doch in den Klöstern, in denen man sie in echtem Gebetsgeist vollzieht, führt sie zu einem wahren Eintauchen des Leibes und des Geistes in einen Gebetsrhythmus, für den die Länge von einem bestimmten Punkt an nicht mehr zählt.

Wir sind an sehr kurze, knappe, verstandesmäßige Gebete gewöhnt. Im Osten hingegen mag einer vielleicht in der ersten halben Stunde etwas zerstreut erscheinen, doch dann tritt er in diesen Rhythmus ein und an einem gewissen Punkt bleibt die Zeit stehen. Man macht also eine Erfahrung, die uns Menschen des Westens, die unser Organisationstalent auch in das Gebet hineingebracht haben, mit Nutzen daran erinnert, daß es gewisse zeitlose Rhythmen gibt.

Ganz ähnlich ist das Jesusgebet, das man im Atem-rhythmus wiederholt, etwas Irrationales. Wir können nicht erklären, warum es eine solche Heiligungskraft besitzt.

Eigentlich hatten auch wir ein rhythmisches Gebet: den Rosenkranz, den man ebenfalls in Frage stellte. So haben wir den zugleich leiblichen und verbalen Rhythmus verges-sen, in den sich das Gebet einfügt. Manchmal geben wir Dinge auf, die wir dann oft wieder von sehr weit zurückho-len müssen.

Im nichtchristlichen Osten bestehen die allgemein be-kannten Formen des Yoga und des Zen. Auch sie wollen das Gebet in unseren Leib eintreten und sich mit unserem Atem verbinden lassen. Daß auch die richtige Körperhal-tung wichtig ist, hat Ignatius schon vor Jahrhunderten ge-sagt, und diese Techniken haben uns wieder daran erinnert.

Obwohl das Gebet etwas höchst Spontanes ist, bedarf es doch einer gewissen Technik, einer gewissen äußeren Übung. Dies sage ich entgegen einem Spielenlassen der Phantasie, einem Formalismus, einer antikonformistischen Haltung, die sich alles allzu bequem machen.

Das Gebet in den neuen Basisgemeinden

Die letzte Episode endlich ist irgendwie von den verschiede-nen Gebetsformen bestimmt, die man heute in vielen Basis-gemeinden oder Schriftlesungsgruppen antrifft. Diese ma-chen sich in einer sehr schlichten Atmosphäre etwas vom charismatischen und biblischen Beten zu eigen.

Ich habe diese fünf Episoden erzählt, weil jede von ihnen die Geschichte des Gebets ein wenig beleuchtet und zeigt, welche äußeren Einflüsse das Beten verlebendigt, bestimmt oder unterstützt haben.

Der Gebetszustand

Im Licht dieser Erfahrungen können wir uns fragen, zu welcher Art von Gebet der Heilige Geist uns antreibt; oder, tiefer noch: ob wir unseren „Gebetszustand" gefunden haben. Diese Frage setzt zwei, drei Dinge voraus: nämlich daß es einen Gebetszustand gibt und daß man nach ihm suchen muß; daß er also nicht etwas unmittelbar Gegebenes ist und daß wir uns nicht ohne weiteres in ihn versetzen können.

Ich hatte nie an so etwas wie einen Gebetszustand gedacht und bin darauf ganz zufällig durch Lektüre gestoßen, als ich vor ein paar Jahren Gast einer von den Vätern vom Heiligen Geist geleiteten Hochschule in den Vereinigten Staaten war. Auf dem Bücherregal in meinem Zimmer fand sich eine Ausgabe der geistlichen Briefe des Gründers dieser Kongregation, des ehrwürdigen Paters Libermann, eines konvertierten Juden, der Sohn eines Rabbiners war. Vom Scharfsinn dieses Mannes gepackt, begann ich seine Briefe zu lesen.

Er kommt darin einmal auf eine anscheinend sehr fromme Frau zu sprechen, die aber wegen ihres Verhaltens von einigen für recht sonderbar gehalten wurde. Um ein Urteil über sie gebeten, sagte Libermann, er würde erst nach einigen Exerzitientagen mit ihr sprechen.

Er schreibt: „Wenn diese Frau ihren eigenen Gebetszustand findet, erscheint sie mir wirklich charismatisch. Sie sagt sehr tiefe Dinge. Wenn sie aber nicht in diesem Zustand ist, doch immer noch das Wort haben will, sagt sie sonderbare Dinge. Falls es mir gelingt, sie in diesen Gebetszustand zu versetzen, werde ich feststellen können, wie es sich mit ihr wirklich verhält."

Dies erscheint uns sehr weise gehandelt. Libermann gibt weder ein positives noch ein negatives Urteil ab, sondern nimmt an, daß diese Frau irgendwie zwei Seiten hat. Er vertritt die Idee, daß es in uns einen Gebetszustand gibt, will sagen die Situation, in der wir wirklich das sind, was wir sind. Zwar können wir in jedem Moment, zu jeder Zeit beten; wir können uns jedoch nicht in ein etwas länger dauerndes Gebet einlassen und darin gewinnreich verharren, wenn wir nicht zu der Körperhaltung, zu dem Rhythmus und der Denkweise finden, in denen wir uns wirklich vor Gott fühlen.

Das gleiche hat im Grunde der heilige Ignatius im Auge, wenn er sagt: „Bei jenem Punkt, bei dem ich das finde, was ich begehre, soll ich ruhig verweilen" („Geistliche Übungen", Nr. 76). Manchmal rackert man sich ab, windet sich, ist unruhig. Auch solches Gebet ist vor Gott gut, doch um es durchhalten zu können, muß es an einem gewissen Punkt in die Haltung einmünden, in der ich Gott wirklich mich selbst zur Sprache bringe, mich zu erkennen gebe, mich ihm öffne, so wie ich bin.

Die Exerzitien sollten uns behilflich sein, diesen Gebetszustand einzuüben, damit wir in der Folge leicht zu ihm zurückfinden können. Wir dürfen also nicht verwundert sein und erschrecken, wenn wir nicht immer sofort und ohne weiteres beten können. Es bedarf dazu einiger Versuche und Bemühungen.

Sodann braucht dieser Gebetszustand nicht immer ein Zustand innerer Tröstung, einer Hochstimmung zu sein, vielmehr ist er ein Zustand der Wahrheit. Er kann sogar peinvoll, ein inneres Brennen sein. Die Mystiker sprechen von einer Flamme, deren Glut uns schmerzt. Doch wir fühlen uns dabei vor Gott als die, die wir sind.

Gleichwohl müssen wir uns davor hüten, dies mit Scheinzuständen des Gebets zu verwechseln. Es geht nicht darum, ein schönes Buch über das Gebet zu lesen, sich davon begeistern zu lassen und ein, zwei Tage aus diesem beseligenden Gefühl zu leben. Dies kann unser Gebet sogar verfälschen. Es ist uns behilflich, doch nicht von Dauer.

Beim Gebetszustand hingegen schweigen an einem gewissen Punkt die äußeren Hilfsmittel und sind wir wirklich uns selber, wenn auch arm. Vielleicht ist dieses Gebet nicht so vollendet wie das, von dem wir in den Büchern gelesen haben; es ist ganz arm, ganz schlicht, doch unser eigenes Gebet, und es ist sehr wichtig, daß wir dazu gelangen.

Die Eigenart des christlichen Betens: das Beten „im Geist"

Gehen wir nun zu einer mehr allgemeinen Überlegung über und fragen uns: Was macht die Eigenart des christlichen Betens aus? All diese Gebetserfahrungen sollen im Grunde dieses Typische in uns hervorbringen, und sie sind so weit gut, als ihnen dies wirklich gelingt und sich nicht nur als bloßes Strohfeuer, als hinfällige Stütze erweisen.

Man hat sich diese Frage schon oft gestellt, und ich möchte hier bloß erwähnen, was P. Mollat, ein kundiger Exeget des Johannesevangeliums und großer Geistesmann, sagt. Nach viel Studium und Lektüre über die Bibel war er zum Schluß gekommen: Es gibt etwas für das christliche Beten Typisches, nämlich daß es ein „Gebet im Geist" ist.

Es ließe sich durchaus auch ein anderer Aspekt hervorheben: das Beten „per Christum Dominium nostrum". Auch das Beten durch Christus ist ein typisches Merkmal. Wenn man jedoch nicht sosehr den Inhalt, den Mittler berücksichtigt, sondern einzig den Moment, in dem das Gebet in uns aufsteigt, ist das Typische das Beten im Geist.

Zu Joh 4, 23, wonach Gott „im Geist und in der Wahrheit" angebetet sein will, erklärte ich, dies wolle nicht heißen, Gott sei nicht mit dem Leib, nicht in Tempeln und Kirchen anzubeten. Wir beten auch mit dem Leib, also ortsgebunden; deshalb braucht das Gebet auch Orte, Personen, Gestalten, Sinnbilder. Johannes will uns hingegen sagen, daß beim Beten „in der Wahrheit", d. h. in der Realität des Heilsplans der Vater im Sohn und im Geist auf uns zukommt. Solches Beten wird vom Geist hervorgerufen, beseelt und gelenkt.

Wie P. Mollat sagt, hatte nicht einmal das Alte Testament diesen Zusammenhang zwischen dem Geist Gottes und dem Gebet erfaßt. Er wird erst im Neuen Testament ansichtig, sonst in keiner anderen Religion, nicht einmal im Judentum.

Das christliche Gebet ist ein Beten im Geist, denn der Geist ruft unser Beten hervor und trägt es nach dem Zeugnis von Schriftstellen wie z. B. Röm 8, 26: „Wir wissen nicht, worum wir in der rechten Weise beten sollen." Wenn wir, wie die Apostel im Sturm, etwas schreien, aus dem unsere Kleingläubigkeit spricht, „nimmt sich der Geist unserer Schwäche an."

Wie also können wir „in der Wahrheit" beten? Wir können bloß Schreie ausstoßen, die wirklich das zum Ausdruck bringen, was uns nötig ist. Doch dann „tritt der Geist selber für uns ein mit Seufzern, die wir nicht in Worte fassen können". In dieser schwer zu deutenden Schriftstelle erscheint der Geist als der, der unser Gebet hervorruft und trägt; er kommt, um einer stagnierenden Situation abzuhelfen, bringt sie in Bewegung, löst das Gebet aus, das von der Unfähigkeit, uns zu kennen, blockiert worden war. Nicht jedes Gebet ist wirklich Beten, und wir haben die schreckliche Möglichkeit, mit dem Gebet sogar Gott zu blockieren.

Adrienne von Speyr bringt in dem besagten Büchlein das Beispiel einer Frau, die den Vormittag ganz nervös und aufgeregt im Hause verbracht hat. Als ihr Mann heimkommt, beginnt sie ihm alles des Langen und Breiten zu erzählen; er aber, davon wie überschwemmt, beginnt die Zeitung zu lesen, denn er weiß nicht mehr, was er tun, was er sagen soll. So ähnlich kann es mit unserem Gebet sein: es ist Gespräch und kann doch Gott blockieren, weil wir soviel Unechtes in es hineinwerfen, das dem Gespräch abträglich ist und Gott gewissermaßen zum Schweigen verurteilt.

Der Geist hingegen läßt in seinen Seufzern das Eigentliche hervortreten, das, worum wir wirklich bitten sollen. In diesem Licht können dann auch Banalitäten einen Sinn erhalten und zum Gegenstand des Betens werden.

Wie P. Mollat ausführt, gibt der Geist dem christlichen Beten Herzlichkeit, Gemüt und Zärtlichkeit. Mollat führt Röm 8, 15–16 an: „Ihr habt nicht einen Geist empfangen, der euch zu Sklaven macht, so daß ihr euch immer noch fürchten müßtet, sondern ihr habt den Geist empfangen, der euch zu Söhnen macht, den Geist, in dem wir rufen: Abba, Vater!" Auch die Freude des christlichen Betens stammt vom Geist, der uns diese Wahrheit bekanntmacht, uns bezeugt, daß wir Söhne sind und uns so gestattet, als Kinder zu Gott zu sprechen.

P. Mollat sagt auch, daß der Geist dem christlichen Gebet seinen gemeinschaftlichen Charakter gibt, der ein ausschließliches Kennzeichen des jüdischen und des christlichen Betens zu sein scheint, im Gegensatz zu den großen nichtchristlichen Mystikern. Die Gebete Plotins zum Beispiel sind als „das Wort eines Solitären zu einem Solitären" bezeichnet worden, d. h. als ein Dialog, worin sich jedoch der Mensch isoliert, alles gewissermaßen verachtet und mit Gott spricht, als ob es nichts anderes auf der Welt gäbe.

Das christliche Gebet hingegen, das der Geist hervorruft, ist seiner Natur nach bestrebt, den ganzen Leib Christi einzubegreifen. Es ist also Gebet der Gemeinschaft. Es besteht nicht in einer Summe von einzelnen Gebeten einzelner Menschen, sondern ist etwas Neues, in dem das Gebet eines jeden im gemeinsamen Gebet erstirbt und als ein einziges Gebet aufersteht.

Man spürt durchaus, wenn das Gebet an einem gewissen Punkt einen „qualitativen Sprung" erfährt, daß es etwas Neues ist, daß jeder sich selbst vergessen hat und dieses Gebet zum einzigen Gesamtgebet des einen Leibes Christi geworden ist. Der Geist ermöglicht uns, aus uns herauszugehen und nicht mehr privat zu beten; er macht, daß das Gebet der Gemeinschaft lebendig ist.

Dies nimmt dem persönlichen Gebet nichts von seiner Gültigkeit. Jesus selbst hat gesagt: „Geh in deine Kammer!" Dieser einzigartige, unaufgebbare persönliche Kontakt mit Gott muß erhalten bleiben, wird aber in seiner Wahrheit in ein noch würdevolleres Gebet hineingenommen: in das Beten des Leibes Christi. Die Apostelgeschichte spricht davon ganz klar: „Sie alle verharrten dort einmütig im Gebet, zusammen mit den Frauen und mit Maria, der Mutter Jesu, und mit seinen Brüdern" (1, 1). Noch einmal: Das wahre christliche Beten legt unser Leben in die Hände Gottes, läßt uns in Gott ersterben. Wir übergeben uns darin der Macht Gottes und folglich auch der Kirche...

Das Taufgebet besteht darin, daß man sich in der Taufe der Macht Gottes überantwortet; das Bußgebet darin, daß man sich dem hingeopferten Christus überantwortet, um sich mit ihm zusammen dem Vater darzubringen.

Zu diesem Gebet sollen wir gelangen, denn dann beten wir wirklich in der Wahrheit, d. h. in Gott, der in Christus zu uns kommt. Und Christus bringt uns zum Vater zurück. In diesem Sinn ist für mich das christliche Beten das christliche Leben; es ist Heilsweg. Deswegen sagte ich, es rechtfertige sich von selbst; weil es das Heil gibt, gibt es auch ein Gebet, das dieses Heil zum Ausdruck bringt.

Bitten wir den Heiligen Geist um diese Gabe des Gebets:

„Wir bitten dich, Herr, gib uns die Gnade des Gebets. Wir bitten dich darum, weil wir sie nötig haben. Wir wissen, daß wir zum Beten nicht fähig sind, und deswegen bitten wir dich um das Geschenk, wirklich uns selbst sein zu können.

Herr, mach, daß wir gern beten, auch wenn unser Gebet noch so gering, armselig, schlicht und schmucklos ist und nicht große Worte macht. Laß unser Gebet wahr sein, Herr. Es bringe zum Ausdruck, wer wir sind: arme Sünder vor dir, und auch das, was wir kraft deiner Gnade sind.

Laß uns dich loben, Herr. Ehre sei dem Vater und dem Sohn und dem Heiligen Geist, wie im Anfang, so auch jetzt und in Ewigkeit. Amen."

Siebte Meditation

Die Passion Jesu bringt Petrus zur Erkenntnis seiner selbst und des Herrn

Wir lesen einen Abschnitt des Matthäusevangeliums (11,25–27): „In jener Zeit sprach Jesus: Ich preise dich, Vater, Herr des Himmels und der Erde, weil du all das den Weisen und Klugen verborgen, den Unmündigen aber offenbart hast. Ja, Vater, so hat es dir gefallen. Mir ist von meinem Vater alles übergeben worden; niemand kennt den Sohn, nur der Vater, und niemand kennt den Vater, nur der Sohn und der, dem es der Sohn offenbaren will."

Beten wir: „Herr, wir wollen auf dich blicken, um den Vater zu erkennen. Du offenbarst uns den Vater vom Kreuz herab. Enthülle uns, Herr, das Mysterium des Kreuzes. Laß uns vor ihm nicht Angst haben, sondern an ihm Gott erkennen, dich erkennen, den Sohn des Vaters, und uns selbst als gerettete Sünder.

Gib uns den Funken Verständnis für das Mysterium des Kreuzes, den du für jeden von uns vorgesehen hast. Laß unser Leben mit dem übereinstimmen, was du uns einsehen läßt; und wenn du willst, daß wir zuerst handeln und erst danach erkennen, laß uns zunächst lieben und dann erkennen. Gib uns durch deinen Tod und deine herrliche Auferstehung deinen Geist.

Du bist bei uns und wir beten dich an, dich, den Lebendigen, Auferstandenen, in Ewigkeit Verherrlichten. Amen."

Bestürzung angesichts des Mysteriums der Passion

An diesem Punkt unserer Betrachtungen komme ich mir ein wenig wie ein Flugzeug vor, das die ganze Länge der Piste gerollt ist, aber dann, am Ende, zu schwache Motoren hat und zu wenig Fahrt, um vom Boden abzuheben. So etwa komme ich mir vor angesichts dessen, was vor uns steht: die Meditationen über die Passion. Im Grunde haben wir bis jetzt auf den Herrn geblickt um vor allem uns selber kennenzulernen. Jetzt, wo es darum geht, auf ihn zu blicken, um ihn kennenzulernen (und dies ist unmöglich, außer man tritt in das Mysterium der Dreifaltigkeit ein, in dem der Vater uns den Sohn schenkt, und vor allem in das Mysterium des Todes Gottes), fühle ich mich überfordert.

Zu meiner Beruhigung ist man unter der Leitung des Heiligen Geistes fähig, selbständig zu meditieren und über die von mir gemachten Denkanstöße hinaus tiefer in diese Themen einzudringen. Mich tröstet auch der Gedanke, daß in bezug auf den Glauben niemand von einem anderen fordern darf, was Gott diesem nicht geschenkt hat. Jeder ist nur für das verantwortlich, was ihm gegeben worden ist. Diesem Mysterium der Passion gegenüber, dem wir uns nun unmittelbar zuwenden müssen, habe ich auf alle Fälle ein Gefühl der Verlegenheit und Unzulänglichkeit.

Nach meinem Dafürhalten ist Hans Urs von Balthasar seit Jahrhunderten einer der wenigen, der dieses Thema gründlich behandelt hat. Wie er selbst bemerkt , hat sich ja seit dem 17. Jahrhundert niemand mehr *theologisch* in dieses Mysterium vertieft. Er vergleicht das Eintreten in die Meditation über die Passion, über den Tod Gottes und über all das, was diese für das menschliche Schicksal bedeuten, mit dem, was Jesaja in der „kleinen Apokalypse" (24, 17–23) als Eintritt in die Landschaft des Todes beschreibt:

„Grauen, Grube und Garn warten auf euch, ihr Bewohner der Erde. Wer dem Lärm des Grauens entflieht, fällt in die Grube. Wer aus der Grube entkommt, fängt sich im Garn. Die Schleusen hoch droben werden geöffnet, die Fundamente der Erde werden erschüttert. Die Erde birst und zerbirst, die Erde bricht und zerbricht, die Erde wankt und schwankt. Wie ein Betrunkener taumelt die Erde, sie schwankt wie eine wacklige Hütte. Ihre Sünden lasten auf ihr; sie fällt und kann sich nicht mehr erheben.

An jenem Tag wird der Herr hochdroben das Heer in der Höhe zur Rechenschaft ziehen und auf der Erde die Könige der Erde. Sie werden zusammengetrieben und in eine Grube gesperrt; sie werden ins Gefängnis geworfen, und nach einer langen Zeit wird er sie strafen. Dann muß der Mond sich schämen, muß die Sonne erbleichen. Denn der Herr der Heere ist König auf dem Berg Zion und in Jerusalem, er offenbart seinen Ältesten seine strahlende Pracht."

Hans Urs von Balthasar führt diesen Text an, um die ganze dramatische Welt heraufzubeschwören, die wir zwangsläufig heraufbeschwören müssen, wenn wir in das dunkle Thema der Geschichte, den Tod Gottes, eintreten wollen. „Wenn ohne den Sohn... der Vater für keinen offenbar sein kann (Mt 11,27), dann wird, wenn der Sohn, das Wort des Vaters, tot ist, niemand Gott sehen, von ihm hören, zu ihm gelangen" (Mysterium Salutis III/2, S. 159). Der Autor läßt uns so aufgehen, wie ernst, wie dramatisch diese Meditation ist. Wenn man sie redlich vornimmt, d. h. daraus die Folgerungen für unser Leben zieht, kommt sie uns nicht mehr als eine Spielerei vor, sondern geradezu als eine Schlinge, in der man sich verfängt und die einen mit sich reißt.

Was ist der Grund für das Leiden und Sterben Jesu?

Hans Urs von Balthasar beginnt seinen Traktat (ebd. S. 133) mit der entscheidenden Frage, die diesen Erwägungen zugrunde liegt und die in der Formulierung Gregors von Nazianz lautet: „Dieses für uns vergossene... Blut Gottes:..warum und wofür wurde ein solcher Preis bezahlt?" (Or. 45,22.)

Ist die Passion nicht vielleicht, wie die Skotisten sagen, der Inkarnation als dem Hauptziel – der Verherrlichung des Vaters durch den alles in sich zusammenfassenden Sohn – untergeordnet? Dann wäre sie bloß etwas Hinzugekommenes, Akzidentelles.

Wenn wir diese Theorie, die Hans Urs von Balthasar zufolge der Überlieferung nicht entspricht, nicht annehmen und statt dessen die Passion in die Mitte stellen und damit die Menschwerdung zu einem Weg auf dieses Ziel hin machen, stellt sich ein anderes Problem. Wir betrachten dann die Sünde als einen notwendigen Beitrag zum Wirken Gottes, weil es ohne die Sünde keinen Tod Jesu gibt. Falls der Tod Jesu das Ziel, der Höhepunkt der Selbstbekundung Gottes ist, dann ist die Sünde zu dieser Bekundung notwendig.

Einige Theologen lösen diese Schwierigkeit, indem sie im Wirken Gottes zweierlei Zwecke erblicken. Suarez z.B. redet von einem „doppelten Hauptmotiv der Menschwerdung". Doch schon das erweist sich als ein Versuch, um dieses Problem herumzukommen: Wie kann es ein „doppeltes Hauptmotiv" geben? Seiner Natur nach gibt es nur ein einziges Hauptmotiv. Der Lösungsversuch läßt die Schwierigkeit nur um so klarer hervortreten. Er zeigt, wie komplex das Problem ist und welche auch theologische Bemühung es braucht, um gerade im Tod Christi das Mysterium der Offenbarung der Herrlichkeit Gottes zu erblicken. Die beiden Begriffe scheinen im Gegensatz zueinander zu stehen. Die

Offenbarung Gottes im Vernichtetwerden Gottes: das ist das Mysterium der Passion.

„Indem Gott dient, seiner Kreatur die Füße wäscht, offenbart er sich bis ins Eigentlich-Göttliche und bekundet seine letzte Glorie", sagt Hans Urs von Balthasar (ebd. S. 133) in seiner lapidaren Sprache. Die Meditation über die Passion erfordert darum das Bemühen, liebend in das Mysterium Gottes einzudringen, der Menschen die Füße wäscht und sich gerade darin als Gott in Herrlichkeit erweist. Ein Gott, der sich vom Menschen richten und ausbeuten läßt, offenbart sich als der mächtige Gott.

Das ist die Linie, an die der heilige Ignatius sich in seiner Meditation über die Passion gehalten hat. Er hat sie zwar nicht theologisch ausgezogen, aber mystisch erahnt, wenn er in den „Geistlichen Übungen" schon beim Denken an die Menschwerdung auf das Kreuz blicken läßt. Während man für gewöhnlich in der Höhle von Bethlehem eine idyllische Szene des Friedens und der Zärtlichkeit erblickt, sagt Ignatius: („Geistliche Übungen, Nr. 116): „Schauen und erwägen..., wie der Herr in größter Armut geboren wurde, dazuhin, daß er am Ende von so vielen Mühen, von Hunger und Durst, von Hitze und Kälte, von Schmähungen und Beschimpfungen am Kreuz sterbe, und das alles für mich." Er macht also schon von diesem Moment an das Kreuz zum Ziel der Menschwerdung und betrachtet es als Selbstentäußerung Gottes in Christus. Gott offenbart sich dadurch, daß er sich zunichte macht.

Dies sind die Gedanken, in die uns der Herr uns zu vertiefen heißt. Ich fühle mich unfähig, sie systematisch darzulegen; deshalb muß ich es jedem einzelnen überlassen, darüber nachzusinnen.

Ich lege nur die eine oder andere Überlegung vor, um die persönliche Reflexion immer mehr auf das Zentrale hinzulenken. Um diese Phase der geistlichen Übungen mit der vorhergehenden zu verbinden, können wir uns zwei

Schriftstellen in Erinnerung rufen, von denen wir uns schon leiten ließen. Die erste ist Mt 8,17: (ein Zitat aus Jes 53,4): „Er hat unsere Leiden auf sich genommen und unsere Krankheiten getragen." Über die Passion meditieren, heißt sich fragen, was es besagt, daß Jesus sich unsere Schwächen aufgeladen hat. Der andere Text ist Mt 25,44: „Herr, wann haben wir dich hungrig oder durstig oder obdachlos... gesehen und haben dir nicht geholfen?"

Der Herr lädt uns ein, ihn in seiner Armut zu betrachten, um zu erkennen, was um uns herum vorfällt. Jedesmal, wenn wir die Augen zu öffnen suchen, um einem Notleidenden zu helfen, werden wir besser verstehen, daß Jesus unsere eigene Situation auf sich geladen hat. Führen wir also diese Reflexionslinie, an die wir uns schon von Anfang an gehalten haben, weiter angesichts des auferstandenen Christus, der die Seinen als Kirche in die Welt sendet.

Das Verhalten des Petrus gegenüber der Passion

Bei dieser Meditation wollen wir uns von Petrus geleiten und in einige Aspekte des Mysteriums der Passion einführen lassen. Wir werden darüber meditieren, wie Petrus die Passion Jesu erlebt hat oder wie Petrus angesichts der Passion zur Erkenntnis seiner selbst und Jesu gelangt ist. Wir betrachten noch nicht das Mysterium selber, sondern nähern uns ihm Schritt für Schritt auf dem Weg über die Schwierigkeiten, die Petrus den Eintritt in dieses Mysterium erschwert haben. Bitten wir Petrus, uns behilflich zu sein, seinen Weg zu gehen und zu erfassen, wie schockierend, wie tragisch das Erlebnis der Passion Jesu für ihn war.

Im Anschluß an das Evangelium werden wir im Gebet die Haltung des Petrus zu rekonstruieren suchen. Im Grunde genommen ist jeder von uns Petrus. Dieser wird als erster von der unbegreiflichen Tatsache der Passion Jesu geblendet und in seinem eigenen Fleisch getroffen, denn er erkennt, daß sie sich auf ihn auswirkt.

Wir gehen das Matthäusevangelium von Kapitel 14, Vers 28 (Petrus schreitet über das Wasser) bis Kapitel 26, Vers 75 (Petrus bricht in Tränen aus) durch, die Entwicklung also von der Selbstsicherheit des Petrus, die in Angst umschlägt und bald wiederauflebt, bis zu seinem Weinen, das zeigt, daß angesichts des leidenden Christus seine ganze Selbstsicherheit dahinschwindet und alles, was er über sich und Jesus gedacht hatte, sich in nichts auflöst.

Die Selbstsicherheit und Angst

Beginnen wir mit Mt 14,28. Als Petrus Jesus auf dem See auf das Boot zukommen sieht und ihn sagen hört: „Habt Vertrauen, ich bin es; fürchtet euch nicht!", bittet er ihn: „Herr, wenn du es bist, so befiehl, daß ich auf dem Wasser zu dir komme."

Auf dem Wasser zu wandeln ist im Alten Testament ein Vorrecht Jahwes, ein Kennzeichen Gottes. Es ist deshalb sehr kühn von Petrus, zu bitten, das gleiche tun zu können wie Jesus, also an der Macht Gottes teilzuhaben. Dies entspricht dem Traum des Petrus: „Da wir doch Jesus nachfolgen, sind wir mit seiner Kraft ausgestattet worden. Hat er uns denn nicht seine Macht übermittelt, böse Geister auszutreiben und Kranke zu heilen? Treten wir also in Glaube, Liebe, Großmut in diese Machtgemeinschaft ein und nehmen wir an der Kraft Gottes teil!" Jesus ist damit einverstanden:

„Jesus sagte: Komm! Da stieg Petrus aus dem Boot und ging über das Wasser auf Jesus zu. Als er aber sah, wie heftig der Wind war, bekam er Angst und begann unterzugehen. Er schrie: Herr, rette mich! Jesus streckte sofort die Hand aus, ergriff ihn und sagte zu ihm: Du Kleingläubiger, warum hast zu gezweifelt?"

Petrus will an der Macht Jesu teilhaben, doch er kennt sich nicht und weiß nicht, daß an dieser Macht teilzuhaben auch besagt, die Prüfungen Jesu mitzumachen, sich vom Wind und den Wellen erschüttern zu lassen. Er hatte nicht so weit gedacht und gemeint, es sei ein leichtes Spiel; doch nun verliert er den Halt und schreit um Hilfe.

Dieser Schrei verrät, daß Petrus sich nicht kannte, denn er war zu selbstsicher und hielt sich für einen Tausendsassa. Und er kannte auch Jesus nicht, denn an einem bestimmten Punkt verließ er sich nicht mehr auf ihn. Er hatte nicht erfaßt, daß der Heiland inmitten des Sturms ist. Gerade da, wo sich seine Schwäche zeigte, stand Jesus bereit, um ihn zu retten.

Dies ist für Petrus das erste Passionserlebnis, aber ein nicht geglücktes; kaum begonnen, war es schon wieder vorbei und, wie das bei uns manchmal der Fall ist, lernt Petrus nicht viel daraus. Vielleicht fragt er sich: „Was ist über mich gekommen, warum ließ ich mich vom Schrecken so packen?" Doch er sieht alles nur verschwommen, so wie auch wir oftmals Erlebnisse uns nicht tief einprägen, bis dann ein noch größeres Geschehnis uns deren Sinn enthüllt.

Psychologische Entwicklung des Petrus

Sehen wir uns jetzt alle Stellen an, an denen von Petrus die Rede ist, und fragen wir uns, was sie über die psychologische Entwicklung dieses Mannes aussagen. In Mt 15, 15 bittet Petrus ganz schlicht: „Erkläre uns jenes rätselhafte Wort" (wonach nicht das, was in den Menschen hineinkommt, sondern was aus ihm herauskommt, ihn unrein macht). Und Jesus erwidert: „Seid auch ihr noch immer ohne Einsicht?" Petrus zeigt sich als ein mutiger Mann; er möchte etwas verstehen, hat aber erst eine keimhafte, noch in Entwicklung begriffende Kenntnis der Dinge Gottes. Das wird sich während seines ganzen Weges erweisen.

Das folgende Kapitel (Mt 16, 16 ff) bildet den Höhepunkt dieses Weges. Petrus hat als einziger den Mut, sich zu äußern und gibt auf die Frage Jesu: „Ihr aber, für wen haltet ihr mich?" zur Antwort: „Du bist der Messias, der Sohn des lebendigen Gottes!". Und Jesus sagt zu ihm: „Selig bist du, Simon, Barjona; denn nicht Fleisch und Blut haben dir das offenbart, sondern mein Vater im Himmel. Ich aber sage dir: Du bist Petrus, und auf diesen Felsen werde ich meine Kirche bauen... Ich werde dir die Schlüssel des Himmelreiches geben."

Petrus ist sicherlich erfreut über diese Worte. Er hat dem Vertrauen, das der Meister auf ihn setzte, entsprochen. Dieser hatte ihn, als er noch ein armer Fischer war, zu seinem Jünger berufen, ihm Vertrauen geschenkt. Nun hat er, Petrus, bewiesen, daß dieses Vertrauen berechtigt war. Zwar hat Jesus bemerkt: „Nicht Fleisch und Blut haben dir das offenbart, sondern mein Vater im Himmel", doch diese Offenbarung ist ihm, Petrus, zuteilgeworden. Gott hat ihm die Möglichkeit geschenkt, dieses Bekenntnis abzulegen und somit im Gottesreich eine Verantwortung zu haben. Dies mißfällt Petrus sicherlich nicht, so wenig, wie das uns mißfallen hätte.

Stellen wir uns vor, wie verlegen Petrus gewesen sein muß, als er gleich darauf, kaum daß er den Mund geöffnet hatte und ein wenig seine Funktionen ausüben wollte, schroff zurechtgewiesen wurde. Jesus hatte nämlich nach dem Messiasbekenntnis des Petrus offen zu sagen begonnen, „er müsse nach Jerusalem gehen und von den Ältesten, den Hohenpriestern und den Schriftgelehrten vieles erleiden; er werde getötet werden" (hier taucht die Passion zum ersten Mal am Horizont auf). Als kluger Mann macht Petrus seinem Meister nicht öffentlich Vorwürfe, sondern nimmt ihn beiseite, um ihm anständig etwas für ihn Nützliches zu sagen. Er protestiert: „Das wolle Gott verhüten, Herr! Das darf nicht mit dir geschehen!"

Dieses Wort kommt ihm von Herzen, denn Petrus hat Jesus gern und denkt, eher sollen die Jünger sterben als der Herr; dieser soll für das Gottesreich sein Leben schonen. Petrus ist meines Erachtens überaus großmütig. Er will lieber selber sterben. Er weiß ja gut, daß das Leben, das sie begonnen haben, auf Widerstand stößt, auf Feinde und Schwierigkeiten. Er macht sich keine Illusionen, sondern überlegt ganz logisch: Wenn Jesus, der das Wort selbst ist, zum Schweigen gebracht wird, wer wird dann noch sprechen?

Stellen wir uns vor, wie enttäuscht, wie beschämt also Petrus wird durch die Antwort Jesu: „Weg mit dir, Satan, geh mir aus den Augen! Du willst mich zu Fall bringen; denn du hast nicht das im Sinn, was Gott will, sondern was die Menschen wollen." Petrus hatte mit dem ganzen Großmut seines Herzens gesprochen; er war für das eingetreten, was ihm für Jesus und die Gefährten gut erschien: daß das Wort bleibe; und nun wird er als Satan angefahren. Er ist beschämt, schweigt und tut nicht das, was nach meiner Ansicht das einzig Richtige gewesen wäre: dem Herrn zu zeigen, wie bestürzt er ist, und ihn um eine Erklärung zu bitten.

Kurz darauf (Mt 17, 1 ff) kommt Petrus sich wieder in vollem Selbstvertrauen als „Haushofmeister" des Gottesreiches vor, als er auf dem Berg der Verklärung das Wort ergreift und sagt: „Herr, es ist gut, daß wir hier sind". Von neuem spricht er im Namen aller. Er hat erfaßt, daß es sein Amt ist, das, was alle denken, zum Ausdruck zu bringen: „Wenn du willst, werde ich hier drei Hütten bauen, eine für dich, eine für Mose und eine für Elija." Wenn ich mich in die Psyche des Petrus hineinversetze, höre ich aus diesen Worten heraus: „*Ich* werde schon für alles sorgen." Dabei ist er sehr großmütig, denn für sich selbst will er keine Hütte bauen. Doch er fühlt sich nun als der, der das Reich Gottes zu organisieren hat. Nicht Matthäus, sondern Lukas fügt hinzu: „Er wußte nicht, was er sagte."

Sicherlich kommt hier die Freude zum Ausdruck, einen Posten zu haben, und der Wille, das Bestmögliche zu tun, um sich des in ihn gesetzten Vertrauens würdig zu erweisen. Weil das Reich Gottes etwas Großes ist, muß man Großes leisten, also eine Hütte für jeden bauen, was im Orient ein großer Luxus ist. Petrus denkt hier gewiß nicht viel an sich selbst; er sagt das, was ihn gut dünkt, und er wird von Jesus auch nicht getadelt, denn die Szene entwickelt sich dann rasch.

Aus der Höhe erklingt die Stimme: „Das ist mein geliebter Sohn, an dem ich Gefallen gefunden habe." Vielleicht hätte Petrus jetzt einsehen können, daß man nun nicht Hütten errichten, sondern auf diesen Sohn schauen sollte: wie er sich verhält, wie Gott ihn in Herrlichkeit und Armut bekundet; doch all dies kommt ihm nicht in den Sinn.

Wir können uns den Moment vorstellen, wie sie den Berg hinabsteigen und sich der Menge nähern, die den Fallsüchtigen umdrängt, der von den Jüngern nicht geheilt werden konnte. Petrus, Jakobus und Johannes stehen als vernünftig da; sie haben sich nicht mit dem mißlungenen Experiment die Finger verbrannt. Ich kann mir denken, wie Petrus mit einer gewissen inneren Genugtuung sich neben Jesus stellt, der ausruft: „O du ungläubige und unbelehrbare Generation! Wie lange muß ich es noch bei euch aushalten?" Petrus mag wohl annehmen, daß, wenn sie und seine beiden Gefährten da gewesen wären, sie den Kranken hätten heilen können, während diese anderen, „zweitklassigen" Jünger nicht dazu imstande gewesen waren.

In diesem Kapitel (Mt 17,24–27) gibt es eine weitere interessante Episode, die reich an Symbolgehalt ist: die Angelegenheit der Tempelsteuer, wo Jesus zu Petrus leichthin sagt: „Wirf die Angel aus, entnimm dem ersten Fisch, den du fängst, die Steuermünze und gib sie." Was mich beeindruckt ist die Bemerkung: „Das gib den Männern als Steuer für mich und für dich." Diese schöne Geste Jesu, für sich und für Petrus ein einziges Geldstück zu geben, scheint gleichsam eine Mahnung zu sein: „Schau, wir gehören zusammen; sei bestrebt, mein Schicksal zu teilen; geh für dich nicht auf ein anderes Los aus und schaue nicht von außen zu, was mit mir geschieht."

Ich weiß nicht, ob Petrus erfaßt hat, welch reicher Sinngehalt in dieser einzigen Münze lag, wie zartfühlend dieses Wort Jesu war. Er wird in der Folge nicht mehr direkt angesprochen, sondern in Mt 20,24 zusammen mit den Zehn, die sich über die beiden Zebedäussöhne empören. Deren Mutter hatte an Jesus das Ansinnen gerichtet, ihre beiden Söhne in seinem Reich rechts und links neben ihm sitzen zu lassen, worauf Jesus in aller Ruhe antwortete, wer zu seiner Rechten und zu seiner Linken sitzen werde, bestimme der Vater.

Jesus behandelt diese Mutter sehr gütig und geduldig, während die zehn anderen Jünger sich entrüsten, weil sie selbst diesen Platz begehren. Doch in Mt 20,25–28 sagt Jesus: „Ihr wißt, daß die Herrscher ihre Völker unterdrükken und die Mächtigen ihre Macht über die Menschen mißbrauchen. Bei euch soll es nicht so sein, sondern wer bei euch groß sein will, der soll euer Diener sein, und wer bei euch der Erste sein will, soll euer Sklave sein. Denn auch der Menschensohn ist nicht gekommen, um sich dienen zu lassen, sondern um zu dienen, und sein Leben hinzugeben als Lösegeld für viele."

Aus dem Text geht nicht hervor, was die Apostel dachten, doch aus dem darauf folgenden erhellt, daß sie immer

noch nicht begriffen. So ist es ja auch oft bei uns: Wir hören, was gesagt wird, realisieren es aber nicht, kommen
nicht nach, bis ein unvorhergesehenes, hartes Ereignis uns
mit der Realität konfrontiert.

Hier haben wir das gleiche Phänomen, das, was die heutige Psychologie den „blinden Punkt" nennt. Es gibt Dinge,
die wir nicht sehen, für die wir blind oder taub sind. Man
sagt zu uns etwas, wiederholt es; wir behaupten, wir hätten
verstanden, nehmen es aber nicht in uns auf. Bei Petrus verhält es sich ähnlich. Wie oft machen wir bei uns oder anderen diese Erfahrung: Wir erfassen bloß, was wir zu erleben
vermögen; alles andere rinnt an uns ab wie Wasser.

Das Drama des Petrus

Wir kommen jetzt zu den letzten Phasen des Dramas von
Petrus, den wir so wenig vorbereitet getroffen haben. Als
Jesus nach dem Letzten Abendmahl sich mit den Jüngern
zum Ölberg begibt, sagt er zu ihnen: „Ihr alle werdet in dieser Nacht an mir Anstoß nehmen und zu Fall kommen;
denn in der Schrift steht: Ich werde den Hirten erschlagen,
dann werden sich die Schafe der Herde zerstreuen" (Mt
26, 31). Darin liegt ein Hinweis, der die ganze Schwäche der
Apostel erfassen läßt: „Ihr seid wie Schafe; wenn der Hirte
nicht da ist, wißt ihr nicht, was ihr machen sollt."

„Aber nach meiner Auferstehung werde ich euch nach
Galiläa vorausgehen. Petrus erwiderte ihm: Und wenn alle
an dir Anstoß nehmen – ich niemals! Jesus entgegnete ihm:
Amen, ich sage dir: In dieser Nacht, noch ehe der Hahn
kräht, wirst du mich dreimal verleugnen. Da sagte Petrus zu
ihm: Und wenn ich mit dir sterben müßte – ich werde dich
nie verleugnen. Das gleiche sagten auch alle anderen Jünger" (Mt 26, 32–35).

Bedenken wir diese Worte ein wenig. Sicherlich müssen

wir bestätigen, daß Petrus es ehrlich meint und großmütig gesinnt ist. Petrus spricht hier gewiß in der Meinung, er kenne sich durch und durch und mit dem ganzen Herzen. Er hat ja eben die Eucharistie empfangen, hat eben den Höhepunkt des Lebens Jesu erlebt. Wir können nicht denken, daß er leichtfertig spricht, und seine Worte sind sehr schön: „Selbst wenn ich mit dir zusammen sterben müßte..." „Mit dir zusammen" ist das für das christliche Leben entscheidende Wort.

Es scheint, Petrus habe nun den Sinn der einzigen Münze für sie beide zusammen verstanden: „Ich bleibe bei dir, Herr, im Leben und im Tod." Wie oft haben wir das schon gesagt! In den „Geistlichen Übungen" läßt uns Ignatius im vielbesagten Gleichnis von den zwei Reichen das sagen. „Wer mir nachfolgen will" ist also ein Schlüsselwort. Petrus sagt etwas ganz Richtiges; er meint es nicht unaufrichtig; er irrt sich in der Wortwahl nicht. Jesus hatte jedoch nicht gesagt: „Ihr werdet mich verleugnen", sondern: „Ihr werdet an mir Anstoß nehmen", was in der biblischen Sprache heißt: Ihr werdet unversehens an einem Stein stolpern. „Anstoß" bedeutet ein unvorhergesehenes Hindernis, an dem man strauchelt.

Für die Jünger wird dieser Stolperstein die ungeahnte Kluft sein zwischen der Idee, die sie von Gott hatten, und dem Gottesbild, das sich in dieser Nacht zeigen wird. Der Gott Israels, der Große, Mächtige, der Sieger über die Feinde, wird Jesus im Stich lassen – entgegen der Idee von Gott, die sie dem Alten Testament entnommen haben. Jesus macht sie darauf aufmerksam, daß sie über den Unterschied zwischen dem, was sie denken, und dem, was sich zeigen wird, nicht hinwegkommen werden.

Petrus nimmt diese Mahnung, was ihn selbst betrifft, nicht an. Er meint, den Herrn nun ganz und gar zu kennen. Er hat den vorhergehenden Vorwurf angenommen, hat erfaßt, daß er sich Jesus wirklich anvertrauen muß. Folglich geht er darin jetzt bis zum Letzten oder sucht wenigstens bis dahin zu gehen: „Selbst wenn ich mit dir sterben müßte – ich werde dich nie verleugnen."

Hierin liegt meines Erachtens nicht bloß eine gewisse Überheblichkeit, sondern auch schon ein Irrtum: Er meint, von Gott die richtige Idee zu haben, hat sie aber nicht, denn niemand hat von Gott die wahre Idee, so lange er den Gekreuzigten nicht kennt.

Überdies spricht Petrus zwar von Sterben, hat dabei aber, nach dem, was folgt, einen heroischen Tod im Auge, den glorreichen Tod eines Märtyrers. Er möchte wie die Makkabäer, wie die Helden des Alten Testaments, mit dem Schwert in der Hand den Heldentod sterben, den Tod dessen, der in einem letzten Schrei die Wahrheit Gottes und die Ungerechtigkeit und Schmählichkeit seiner Feinde bezeugt. Petrus ist ein meines Erachtens bereit, für Jesus zu sterben, aber nicht gedemütigt, schweigend, in öffentlicher Schmach.

Lesen wir den folgenden Abschnitt (Mt 26, 37–40) weiter: „Jesus nahm Petrus und die beiden Söhne des Zebedäus mit sich. Da ergriff ihn Angst und Traurigkeit, und er sagte zu ihnen: Meine Seele ist zu Tode betrübt. Bleibt hier und wacht mit mir! Und er ging ein Stück weiter, warf sich zu Boden und betete: Mein Vater, wenn es möglich ist, gehe dieser Kelch an mir vorüber. Aber nicht wie ich will, sondern wie du willst. Und er ging zu den Jüngern zurück und fand sie schlafend. Da sagte er zu Petrus: Konntet ihr nicht einmal eine Stunde mit mir wachen? Wacht und betet, damit ihr nicht in Versuchung geratet."

Wie kann denn Petrus dermaßen schläfrig sein nach so aufregenden Ereignissen wie an diesem Abend, nach dem eucharistischen Mahl, nach den Worten des Meisters! Wie alle anderen hörte auch er, daß die Stadt in Bewegung war, daß man etwas Schlimmes anzettelte; Stimmen wurden laut, Ansammlungen bildeten sich. Niemand überläßt sich in solchen Situationen dem Schlaf; vielmehr wird man unruhig, bleibt wach.

Nach meinem Dafürhalten liegt im Schlaf des Petrus Überdruß: das Mißfallen an einer unannehmbaren Lage wie der von Jesus im Ölgarten. Petrus hatte noch kurz zuvor gesagt: „Ich werde mit dir sterben; wir werden mit einem Triumphlied gegen den Feind auf den Lippen miteinander einem Heldentod entgegengehen." Statt dessen hat Jesus Angst und begeht den Fehler, sich eine Blöße zu geben, sich so zu zeigen, wie er ist, und darauf sind die Seinen nicht gefaßt.

Darum beginnt man Anstoß zu nehmen an Jesus: an einem Menschen, der Angst hat, der zurückschreckt. Das macht verlegen. Man möchte am liebsten nicht daran denken, so wie das bei uns der Fall ist, wenn Freunde, wenn liebe Menschen Leiden durchmachen, wir diese aber nicht gemeinsam mit ihnen zu tragen vermögen, weil wir nicht die Kraft dazu haben. Dann wirkt in der Psyche eine starke Kraft, alles von sich zu schieben. Wer nicht mehr weiß, was er machen soll, wird verzagt.

Jesus brauchte sich bloß zu zeigen, wie er war, und einmal nicht sosehr als Meister dazustehen, auf den sie sich stützten, als der, der stets das richtige Wort fand, sondern als ein Mensch wie die anderen, als ein zu tröstender Freund, und schon begann Petrus Anstoß zu nehmen und nicht zu begreifen. „Die Augen waren ihnen zugefallen", sagt das Evangelium. Auch dieser Ausdruck läßt an einen Zustand innerer Blindheit, einer Verwirrung denken, die einem den Geist belastet und ihn schwer, finster, dunkel macht.

Jesus muß allein beten, und jedesmal, wenn er in seiner Not die Jünger weckt, ist es für sie ein neuer Schock. Zweifel beginnen sich bei ihnen zu regen: Ist er wirklich der Messias? Wie kann sich Gott in einem so armseligen Men-

schen bekunden? Dieser so erniedrigte Jesus erschüttert
ihre Meinung, daß Gott einen Menschen, der ihm treu ist,
der sein Gesalbter ist, doch retten muß.

Dieses innere Schwanken des Petrus brach jäh ab, als „Judas, einer der Zwölf, mit einer großen Schar von Männern,
die mit Schwertern und Knüppeln bewaffnet waren, daher-
kam...", auf Jesus zuging und ihn küßte. Jesus reagierte
nicht, sondern sagte bloß: „Freund, dazu bist du gekommen?!" „Da gingen sie auf Jesus zu... und nahmen ihn fest.
Doch einer von den Begleitern Jesu zog sein Schwert, schlug
auf den Diener des Hohenpriesters ein und hieb ihm ein
Ohr ab." Petrus macht also einen letzten Versuch, als Held
zu sterben; angesichts der großen Meute eine verzweifelte,
aber auch mutige Tat.

Doch seine nun allzu erbärmliche Selbstsicherheit, die
hier eine Revanche gesucht hat, erhält den letzten Schlag,
als Jesus zu ihm sagt: „Stecke dein Schwert in die Scheide!"
Jesus desavouiert Petrus öffentlich. Dieser versteht nichts
mehr und fragt sich, warum denn der Herr sie zu seiner
Nachfolge berufen hat, wenn er doch sterben will. Dies um
so mehr, als Jesus mit seinen Gegnern zu sprechen beginnt:
„Wie gegen einen Räuber seid ihr gegen mich ausgezogen.
Warum habt ihr mich nicht im Tempel verhaftet? Doch die
Schrift muß eben in Erfüllung gehen." Petrus fragt sich:
„Wenn wir doch nicht zum Schwert greifen dürfen, warum
kommen dann nicht diese berühmten Engelslegionen; warum rettet dann nicht Gott selbst seinen Gesandten oder
warum wird dieser nicht wenigstens im Tempel festgenom-
men, wo die Menge ein Geschrei erhoben hätte und ein Tu-
mult ausgebrochen wäre? Doch so, in der Nacht, wie ein
Räuber! Und Jesus wehrt sich nicht einmal!"

„Da verließen ihn alle seine Jünger und flohen" (Vers 56).
Darin liegt ein Hinweis auf ihre Verwirrtheit. Sie sind freilich nicht völlig verstört, denn sie haben wenigstens einen

Funken Glauben bewahrt. Doch auch bei uns können die finsteren Gedanken so sehr die Oberhand gewinnen, daß wir nicht mehr verstehen, wer Gott ist.

Petrus ist nun auch in seinem Identitätsbewußtsein erschüttert: Er weiß nicht mehr, wer er ist, was er tun soll, welches seine Aufgabe im Reiche Gottes ist; und er weiß nicht mehr, wer dieser Jesus ist, der von Gott verlassen wird. All dies geht Petrus im Kopf herum. Doch er liebt Jesus tief, und so heißt es gleich darauf: „Petrus folgte ihm von weitem" (Vers 58). Er wagt nicht, ihn ganz nah zu begleiten, doch er kann nicht anders; er muß ihm folgen.

Petrus ist ein gespaltener Mensch: er ist von Christus gepackt und gleichzeitig möchte er ihn zurückweisen. Also folgt er ihm von weitem. Hier haben wir schon den Kompromiß, der dann in der Szene der dreimaligen Verleugnung hervortritt. Diese Verleugnung ist meines Erachtens nur der jetzt auch öffentliche Ausdruck der Verwirrtheit des Petrus.

Da Petrus nicht mehr weiß, wer er ist und wer Christus ist, gibt er Antworten, die paradoxerweise wahr sind. „Da trat eine Magd zu ihm und sagte: Auch du warst mit diesem Jesus aus Galiläa zusammen. Doch er leugnete es vor allen Leuten und sagte: Ich weiß nicht, wovon du redest" (Mt 26, 69–70). Dies war ein Akt der Feigheit, der jedoch nicht rein der Angst entsprang, denn Petrus war ja zu sterben bereit, sondern der Verstörtheit. „Als eine Magd zum zweiten Mal von ihm sagte: Der war mit Jesus aus Nazaret zusammen, leugnete er wieder und schwur: Ich kenne den Menschen nicht!" (Verse 71–72). Hier scheint der Evangelist mit dem Hintergedanken bei Petrus zu spielen: „Wirklich, ich weiß nicht, wer dieser Mann ist; er ist nun für mich ein Rätsel; ich kann nichts mehr für ihn tun, denn ich weiß nicht, wer er ist, und was er will; für mich bricht alles zusammen. Für einen Gerechten greift doch Gott stets ein; also ist dieser Mensch nicht gerecht, sondern er hat uns angeschwin-

delt." Diese Verwirrung bringt Petrus dazu, daß er gegen
Jesus schwört und flucht.

Die Bekehrung

Im Matthäusevangelium heißt es weiter: „Gleich darauf
krähte der Hahn, und Petrus erinnerte sich an das, was Jesus
gesagt hatte: Ehe der Hahn kräht, wirst du mich dreimal
verleugnen. Und er ging hinaus und weinte bitterlich"
(26,74–75).

Der Evangelist ist sehr nüchtern, doch sehen wir, was
vorgefallen ist. Der Hahnenschrei scheint einen noch ver-
wirrten Menschen zu treffen, sodann kommt die Erinnerung an die Worte Jesu. So sieht Petrus nach und nach ein:
„Jesus hat all das so gewollt, und wenn das seinem Plan entspricht, entspricht es auch dem Plan Gottes. Also habe ich
den Plan Gottes nicht begriffen und bin mein ganzes Leben
lang blind gewesen. Ich habe mit einem Mann zusammen-
gelebt, von dem ich bis jetzt nichts verstanden habe."

Lukas sagt noch: „Da wandte sich der Herr um und
blickte Petrus an" (22,61). Matthäus spricht nicht davon,
doch läßt sich das aus der Szene erahnen. Petrus denkt:
„Das also ist der Mensch, den ich nicht begriffen habe, dessen ich mich im Grunde immer nur bedient habe, um eine
Vorzugsstellung zu haben, und jetzt schickt er sich an, für
mich zu sterben."

An dieser Stelle kommt Petrus endlich zur Erkenntnis
Jesu und seiner selbst. Schließlich zerreißt der Schleier, und
Petrus beginnt unter Tränen einzusehen, daß sich im geohr-
feigten, geschmähten, von ihm, Petrus, verleugneten Jesus,
der für ihn in den Tod geht, Gott offenbart. Petrus, der für
Jesus hätte sterben wollen, versteht nun: „An mir ist es, ihn
für mich sterben zu lassen; er hat größer, besser zu sein als
ich. Ich wollte mehr leisten als er, wollte mehr gelten als er;

nun geht er für mich in den Tod, für den Wurm, der ich bin, der während seines ganzen Lebens nicht zu erfassen vermochte, was er beabsichtigte. Jetzt gibt er für mich, der ihn zurückgewiesen hat, sein Leben dahin." Durch diese innere Wunde, diese beschämende Demütigung geht Petrus das Mysterium Gottes auf.

Bitten wir Christus, er möge durch das Nachdenken über unsere eigene Erfahrung auch uns Zugang zu dieser Erkenntnis der Passion und des Todes des Herrn verschaffen.

Beten wir: „Herr, gekreuzigter Sohn Gottes, wir kennen dich nicht. Es ist so schwierig, dich in deinem Kreuz zu erkennen, dich in unserem Leben zu erkennen.

Wir bitten dich: öffne uns die Augen; laß uns den Sinn der schmerzlichen Erfahrungen erfassen, durch die du den Schleier unserer Unwissenheit zerreißt. Laß uns erkennen, wer der Vater ist, der dich beauftragt hat; wer du bist, der in der Schmach des Kreuzes uns den Vater enthüllt; wer wir sind, die in unserer Armseligkeit dich kennenlernen.

Wir bitten dich, Herr, laß uns dir in Demut folgen durch die Gnade deines Geistes, der mit dir und dem Vater lebt und herrscht von Ewigkeit zu Ewigkeit. Amen."

Die Schwäche Gottes

Zuerst beten wir: „Herr, bei Jesaja (33, 14) heißt es: Wer von uns hält es aus neben dem verzehrenden Feuer? Du siehst, wir haben Angst, über deine Passion nachzusinnen, weil wir befürchten, in dieses Feuer zu geraten und von ihm verzehrt zu werden. Wir haben Angst, diese Meditation könnte uns aus Zuschauern zu innerlich Mitgehenden machen.

Wir bitten dich, Herr: stütze uns in unserer Angst, laß uns deine Wahrheit und in ihr uns selbst erkennen. Wir bitten dich: führe uns in unserer Armseligkeit und Schwäche zur Erkenntnis deiner Armut und Schwäche.

Du bist unseretwegen schwach geworden. Gib uns deinen Geist, sei in unserer Mitte als Auferstandener, dessen Reich dauert von Ewigkeit zu Ewigkeit. Amen."

Suchen wir, in dieser Meditation noch tiefer in die Passion des Herrn einzutreten. Wie gesagt, bereitet das eine gewisse Mühe, weil es uns allzusehr in Kontakt bringt mit den Seiten unserer eigenen Erfahrung und der anderer, vor denen uns graut, mit denjenigen Aspekten Gottes, die wir nicht kennen und die uns ebenfalls mit Furcht erfüllen können. Doch erst dann, wenn wir uns über all das hinwegsetzen, gibt sich der Herr uns zu erkennen, läßt er uns sein Evangelium vernehmen und in der Passion die Bekundung der Liebe Gottes erblicken.

Natürlich handelt es sich hier um Erfahrungen, die sich

nicht in Worte fassen lassen. Deshalb begnüge ich mich damit, von dem Wenigen, das ich selbst oder durch Hinweise anderer zu erkennen vermag, das vorzutragen, was jeder selbst nachvollziehen und auch erweitern, im Gebet, in persönlicher Meditation weiterführen kann.

Es gibt viele Wege, über die Passion zu meditieren, viele verschiedene Linien. Sie entsprechen den vielfältigen Weisen, wie der Mensch diesen zentralen, entscheidenden Punkt der Geschichte und des ganzen Weltgeschehens erlebt. Welche Betrachtungslinie die für den einzelnen passende ist, muß jeder für sich entscheiden.

Zu Beginn will ich kurz einige dieser Linien vorzeichnen und danach aufzeigen, was für eine Gnade wir in diesen Meditationen erbitten sollen. Am Schluß werde ich eine Meditation über die „Schwäche Gottes" vorlegen. Wie zu erkennen, suchen wir uns diesem Mysterium Schritt für Schritt zu nähern, indem wir nachsehen und uns fragen, wie sich Gott darin bekundet, welches Gottesbild uns die Meditation der Passion übermittelt.

Drei Richtungen, welche die Meditation über die Passion einschlagen kann

Im Anschluß an eine Schrift von Hans Urs von Balthasar erblicke ich drei Richtungen, in denen man über die Passion meditieren kann. Wir können damit, wie gesagt, in unserem Leben abwechseln, und auch je nach Charakter und Temperament entspricht dem einen diese, dem anderen jene Richtung mehr. Keine von ihnen erschließt das Mysterium vollständig, denn die Passion ist das Werk Gottes schlechthin, das Werk, worin sich Gott sosehr bekundet, daß wir es nur in Teilaspekten zu erfassen vermögen.

Wenn ich von Passion Christi spreche, denke ich natürlich an das Leiden Jesu, des Gottessohnes, das in die Aufer-

stehung mündet. Passion und Auferstehung hängen zu-
tiefst miteinander zusammen, doch betont von Balthasar
meines Erachtens zu Recht, daß wir diesen Zusammenhang
nicht banalisieren dürfen, indem wir die Passion bloß als
ein Vorspiel zu der Auferstehung auffassen.

Die Passion ist auf ihre Weise wirklich ein Ende, der Tod
Christi. Insofern, so wie sie von den Menschen gewollt worden ist und erfahren wird, ist sie endgültig. Deshalb liegt,
wie von Balthasar betont, zwischen der Passion und der
Auferstehung ein Abgrund. Erst nachdem wir das verstanden haben, können wir erfassen, wie sich die Macht Gottes
vom einen zum anderen erstreckt. Doch um dahin zu gelangen, muß die Passion und der Tod des Gottessohnes in
ihrer ganzen Schrecklichkeit meditiert werden, so, wie dieser Tod von den Menschen, die ihn herbeigeführt haben, in
seiner Endgültigkeit erlebt worden ist. Unter Passion verstehe ich folglich dieses weite Mysterium als Ganzes, das
dann zum Ostermysterium wird.

Geschichtlich-affektive Linie

Es gibt eine Meditationslinie, die wir als geschichtlich-af-
fektiv bezeichnen könnten, beispielsweise die der Kreuzwegandacht, die sich an die Berichte der Evangelien hält
und an Überlieferungen und Ausmalungen, welche weitere
Szenen hinzufügen, um den Weg Jesu zum Kalvarienhügel
zu konkretisieren. Die Kreuzwegandacht meditiert Station
um Station, Etappe um Etappe des Leidens Jesu in affektiver
Anteilnahme.

Wir nennen diese Linie geschichtlich, weil sie von den
Schilderungen des Kreuzweges in den Evangelien ausgeht,
und affektiv, weil sie eine persönliche, innige Anteilnahme
an den Leiden voraussetzt, vor allem an dem, was Jesus als
Mensch gelitten hat.

Existentielle Heilslinie

Eine zweite Meditationsrichtung, der besonders der Apostel Paulus folgt, läßt sich als „existentielle Heilslinie" bezeichnen. Sie betrachtet hauptsächlich das „pro me" der Passion: Hier leidet der, der sich *für mich* hingibt und in dieser Hingabe seine Liebe, seine Huld für mich offenbart und damit meine Sünde. Diese Erwägung stellt der gerettete Sünder an, dessen Sünde und dessen Heil im Verlauf der Passion ansichtig werden. Die Passion ist der Grenzfall, bei dem sich die menschliche Bosheit austobt, der gegenüber sich das von Gott geschenkte Heil als mächtig erweist.

Die erste Linie, die geschichtlich-affektive, ruft Mitleid hervor; die zweite, die existentielle Heilslinie, führt zu Dankbarkeit, zur Erkenntnis der eigenen Sündhaftigkeit.

Die Linie der trinitarischen Kontemplation

Die dritte Linie läßt sich als „trinitarische Kontemplation" bezeichnen. Sie betrachtet in der Meditation die Passion als die endgültige Offenbarung Gottes, als die Offenbarung des Ostermysteriums. Sie ist also die Linie der Anbetung, der Kontemplation dessen, was Gott ist, woraus sich natürlich auch ergibt, was der Mensch ist, denn auch diese Wahrheit ist in der Passion mitgegeben.

Diese Kontemplation betrachtet Gott als den Mächtigen, der schwach wird, als das Leben, das in den Tod eintritt. Sie ist vor allem eine trinitarische Kontemplation: sie meditiert über den Vater, der den Sohn ausliefert, und über den Sohn, der ausgeliefert wird im doppelten Sinn des Wortes „preisgeben": preisgegeben von den Menschen, und vom Vater den Menschen preisgegeben.

Einige mystische Erfahrungen

Hier öffnen sich Zugänge zur Betrachtung und geheimnisvollen Erfahrung des Kreuzes. Das Mysterium der „Verlassenheit" kommt zum Vorschein: Christus wird den Händen
der Menschen überlassen, und er erleidet das Verlassensein
vom Vater.

Hier liegt der Ansatz für die Mystik der inneren Trostlosigkeit: Gottliebende Menschen müssen manchmal langes
und bitteres Verlassensein von Gott erleiden.

Wer diese sehr schmerzlichen Läuterungszustände erfährt, sagt, keine Qual auf der Welt lasse sich damit vergleichen. Wer seine ganze Hoffnung auf Gott gesetzt, Gott
seine ganze Liebe geschenkt hat, erleidet darin Zeiten der
Dunkelheit, Verlassenheit, Einsamkeit, innerer Trocken-
heit.

Von diesen Erlebnissen aus kann man dann sich in das
Leiden des im Stich gelassenen Gottessohnes einfühlen
und etwas vom Mysterium der Angst des Gottmenschen
und unserer eigenen Angst erahnen. Hans Urs von Balthasar (Mysterium salutis III/2, S. 179 ff) erinnert an einige
Männer und Frauen, die dieses Erlebnis der Gottverlassenheit auch zu objektivieren wußten. So einige Mystiker des
Orients wie Isaak von Ninive, der von einer „geistlichen
Hölle" spricht, die man in dieser Verlassenheit erlebe, von
einem „Schmecken der Hölle" und der Zeitlosigkeit dieser
Erfahrung. „Ein solcher Mensch glaubt nicht mehr, daß je
wieder eine Änderung eintreten und er den Frieden wie-
dergewinnen könnte... Die Hoffnung auf Gott und die
Tröstung des Glaubens sind aus seiner Seele völlig ausge-
wischt, und diese ist restlos mit Zweifel und Angst ange-
füllt."

Sodann erinnert von Balthasar vor allem an viele abendländische Mystiker, von Bernhard von Clairvaux an, der in
seinem Kommentar zum Hohenlied die Verlassenheit der

141

Braut schildert, bis zu Angela von Foligno und Rosa von Lima.

Aufschlußreich ist die Schilderung, die Joh. Joseph von Görres von dieser Mystikerin Lateinamerikas gibt: Rosa von Lima „wurde alltäglich von den entsetzlichsten Umnachtungen des Gemütes heimgesucht, die... stundenlang sie also ängstigten, daß sie oft nicht wußte, ob sie in der Hölle sitze... Sie lag seufzend unter der furchtbaren Last der Finsternisse... der Wille wollte nach Liebe ringen, aber er starrte wie zu Eis geronnen. Das Gedächtnis strengte sich an, auch nur das Bild früherer Tröstungen heraufzuführen, aber umsonst... Schrecken und Angst bemeisterten sich ihrer ganz und gar, und ihr bedrängtes Herz schrie auf: Gott, mein Gott, warum hast du mich verlassen? Aber niemand antwortete... Das aber war der Schmerzen größter, daß diese Übel sich anließen, als sollten sie ewig dauern; daß sich des Elendes kein Ende absehen ließ, und, da eine Mauer von Erz jedes Entrinnen unmöglich machte, kein Ausgang aus dem Labyrinthe zu entdecken war..." (Christliche Mystik II, 286 f).

In mehr zurückhaltender, verhüllter Form berichtet auch Theresia vom Kinde Jesu von sich ähnliches. Sie „spricht von einem unterirdischen Gang, in dem sie, ohne zu wissen, wohin sie geht und wie lang sie dort auszuharren habe, dahinschreitet" (H. U. von Balthasar, ebd. 181). Die gleiche Erfahrung wird dann noch schmerzlicher zum Ausdruck gebracht in den „Novissima verba", den letzten Worten, die von ihrer Schwester gesammelt wurden.

Wir finden solche Schilderungen auch in den „Geistlichen Übungen" des Ignatius von Loyola, der in Manresa diese Prüfungen ebenfalls durchgemacht hatte, wo er sich vor Schrecken über die Trostlosigkeit, die ihn befiel, in den Sodbrunnen stürzen wollte.

Ignatius übernimmt ein wenig die östliche und abendländische Tradition der Nacht des Geistes, wenn er diese Trostlosigkeit wie folgt beschreibt: „Ich nenne Trostlosigkeit alles, was zur dritten Regel (zum geistlichen Trost) in Gegensatz steht, wie Verfinsterung der Seele, Verwirrung in ihr, Hinneigung zu niedrigen und sündhaften Dingen, Unruhe durch verschiedene Umtriebe und Versuchungen, die zum Unglauben, ohne Hoffnung, ohne Liebe hintreiben, wobei sich die Seele ganz träge, lau, traurig findet und wie getrennt von ihrem Schöpfer und Herrn" (Nr. 317). Hier haben wir eine klare Schilderung, die sogar zu einer Theologie des Getrennt- und Verlassenseins von Gott wird, wo einem der Herr keine Antwort zu geben scheint.

Wie von Balthasar betont, kann man durch solche Erfahrungen etwas vom Mysterium der im Mittelpunkt der Passion stehenden Verlassenheit Christi erahnen. Nach seiner kurzen Analyse von Geistesmenschen, die von dieser Situation gesprochen haben, sagt er, diese Leidenszustände seien sehr oft „Antwort auf das großmütige Angebot von Seelen, an Stelle anderer verdammt zu werden" (ebd. S. 181 f) im Denken daran, daß Christus sich an unserer Stelle geopfert hat.

In solchen Erfahrungen widerspiegelt sich zur Zeit der Kirche die Gottverlassenheit, die im Alten Testament in vielen Psalmen zum Ausdruck kommt. Erst wer wirklich mit Gott einen Bund geschlossen und wenigstens einmal das Gefühl gehabt hat, Gott in einem Liebesbund zu besitzen, weiß, was es besagt, sich von ihm verlassen zu fühlen.

Doch alle diese Erfahrungen seelischer Nacht und Dunkelheit im Alten und Neuen Testament sind „bestenfalls Annäherungen an das unzugängliche Mysterium des Kreuzes, denn so einzigartig der Sohn Gottes ist, so einzig ist auch seine Verlassenheit vom Vater" (H. U. von Balthasar, ebd. S. 182).

Von diesem Punkt aus können wir wohl bei der Betrachtung der Passion etwas von der Trinitätserfahrung erahnen.

Man sieht: es handelt sich um Gegebenheiten, die sich

nicht in Worte fassen lassen, die aber zu einer sehr dramatischen Realität werden können im persönlichen Gebet. Vielleicht sind gewisse Seelenzustände, die wir nicht zu erklären vermochten, im Grunde Erfahrungen der Verlassenheit, worin Jesus uns in einen lebendigeren Kontakt mit seiner Passion einzutreten heißt.

Um welche Gnade also sollen wir in diesen Meditationen bitten? Ignatius sagt das in zwei Formulierungen, die sich ein wenig voneinander unterscheiden, worin ich einen Hinweis auf die Vielfalt der möglichen Erfahrungen erblicke. In der zweiten Vorübung für die Meditation über das Abendmahl („Geistliche Übungen", Nr. 193) sagt er: „Ich bitte um das, was ich begehre: hier soll es Schmerz, Ergriffenheit und Beschämung sein, weil meiner Sünden wegen der Herr zum Leiden geht." Hier scheint er vor allem die existentielle Heilslinie vorzuzeichnen.

In der Meditation über den Garten Getsemani hingegen heißt es: „Bitten um das, was ich begehre; um das also, was als Bitte für die Leidenswoche eigentümlich ist: Schmerz mit dem schmerzerfüllten Christus, Zerschlagenheit mit dem zerschlagenen Christus, Tränen, innerliche Pein über die große Pein, die Christus für mich gelitten hat" (Nr. 203). Obwohl auch hier immer noch der existentielle Heilsaspekt vorliegt, steht meines Erachtens doch die Qual, die innere Pein Christi im Mittelpunkt. Zwar läßt sich diese auch historisch und affektiv betrachten, doch scheint Ignatius hier, wie er es zu tun versteht, uns die innere Pein intuitiv erfassen zu lassen, d. h. die trinitarische Seite des Mysteriums: Der Sohn ist von seinem Vater verlassen.

Jeder soll um das bitten, wozu er sich imstande fühlt; niemand darf etwas erbeten, das über seine Kräfte geht. In der Episode von La Verna, in der seine mystische Erfahrung gipfelt, bittet der hl. Franziskus darum, das, was Jesus am Kreuz erlebte, nachzuerleben, also ins Herz Christi, in das Herz dieser Erfahrung einzutreten. Jeder kann die Bitte stellen, die sich ihm aufdrängt, aber seien wir uns bewußt, daß solche Bitten Fallstricke sind, d. h. daß Gott uns beim Wort nimmt und daß wir also dem, worum wir Gott bitten, nicht mehr entfliehen können.

Hinweise für die Betrachtung

Zum Thema der „Schwäche Gottes" möchte ich im folgenden auf den einen und anderen Bibeltext eingehen. Ich habe an folgende Erwägungen gedacht:

1. Vorerst empfehle ich, noch einmal den Deutungsschlüssel für das Leben und die Passion Jesu zu lesen: Mt 12,18–21. Es ist das längste Zitat aus dem Alten Testament, das Matthäus in seinem Evangelium vorlegt. Es findet sich nur bei Matthäus und ist deshalb für seine Sicht des Lebens Jesu typisch.

2. Für eine weitere Erwägung schlage ich eine andere Meditationsgrundlage vor: die von Mt 21,33–45. Es handelt sich um das Gleichnis vom Herrn des Weinbergs, das Jesus im Hinblick auf seine bevorstehende Passion erzählt. Somit ist auch es ein Deutungsschlüssel für die Passion. Ich werde zu einer existentiellen Heilsmeditation und zu einer trinitarischen Deutung anzuregen suchen, die vielleicht ein wenig über das hinausblickt, was der unmittelbare Sinn des Gleichnisses ist, und dieses schon in der Kirche, von der Erfahrung als Kirche her deutet.

3. Unsere letzte Überlegung schließlich steht im Zusammenhang mit der Frage, die wir uns schon zu Beginn dieser „Geistlichen Übungen" in der Meditation über Mt 25 gestellt haben: Warum diese Schwäche Jesu? Wir können der Gerichtsszene von Mt 25 entsprechend die Frage auch umkehren: Weshalb identifiziert sich Christus mit den Geringsten? Sicherlich hängt beides unmittelbar zusammen: die Gleichsetzung Jesu mit den „Geringsten" und sein

Schwachwerden, das scheinbare Schwachwerden Gottes, wovon die Passion des Gottessohnes zeugt.

Die erste Erwägung betrifft also Mt 12,18–21. In der vorhergehenden Szene (Vers 14) heilt Jesus den Mann mit der verdorrten Hand an einem Sabbat, was den Zorn der Pharisäer hervorruft, die gegen ihn Rat halten, um ihn zu beseitigen. „Als Jesus das erfuhr, ging er von dort weg. Viele folgten ihm, und er heilte alle Kranken. Aber er verbot ihnen, in der Öffentlichkeit von ihm zu reden. Auf diese Weise sollte sich erfüllen, was durch den Propheten Jesaja gesagt worden ist: Seht, das ist mein Knecht, den ich erwählt habe, mein Geliebter... Er wird nicht zanken und nicht schreien, und man wird seine Stimme nicht auf den Straßen hören... Und auf seinen Namen werden die Völker ihre Hoffnung setzen" (Mt 12,15–21).

Die Kraft Gottes im Alten Testament

Bedenken wir zuerst, welche Vorstellung im Alten Testament über die Kraft Gottes besteht. Es stellt (vor allem anhand des Auszugs, doch schon von der Schöpfung an) uns einen starken Gott vor Augen, einen Gott, der das Heer der Ägypter vertilgen, die Sünder im Feuer umkommen lassen kann; einen Gott, der die Zedern des Libanon entwurzelt, die Meeresgründe umwühlt und die Berge zum Hüpfen bringt wie Kälber, die auf der Wiese herumspringen.

Der Zorn Gottes im Alten Testament

Ein zweiter Gedanke, zu dem das Alte Testament anregt und den Glaubenden erzieht, ist der, daß Gott das Böse mit all seiner Kraft haßt, weil Gott und das Böse unüberbrückbare Gegensätze sind. Deshalb zerstört, vernichtet Gott das Böse. Gegenüber dem Bösen wird seine Kraft zur „Wut", zum Zorn Gottes; es kann gar nicht anders sein, als daß angesichts Gottes das Böse dahinschwindet, zerstört wird.

Die „Schwäche" Gottes im Neuen Testament

Auf dem Hintergrund dieser alttestamentlichen Wahrheiten, die meines Erachtens nicht aufzugeben sind, erscheint nun Jesus, der Knecht, den Gott erwählt hat, der geliebte Sohn, an dem Gott Gefallen gefunden hat. Matthäus erweitert den Jesajatext, in dem es bloß heißt: „mein Erwählter", zu: Dieser ist „mein geliebter", mein überaus lieber Sohn, was schon an „einziger Sohn" denken läßt.

In Verborgenheit und Milde

Jesus, der auserlesene, erwählte, geliebte Knecht, ist also nicht nur der Vollzieher von Gottes Willen, sondern bringt auch Gott uns nahe. Er ist der „Gott mit uns", also der, der Gott offenbart, der uns sehen läßt, wer Gott ist, der, bei dessen Anblick uns aufgeht, wer Gott ist.

Und nun das unerwartete und von den Aposteln so schwer zu fassende Paradox: Dieser Jesus, der „Gott mit uns", der geliebte Sohn, ist schwach und gibt sich als schwach zu erkennen. Als die Pharisäer beratschlagen, wie sie ihn umbringen könnten, entfernt sich Jesus, gibt er nach und läßt der Wut über ihn freie Bahn, so daß sie sich zu Heißglut steigert.

Schon im Weggehen Jesu liegen zwei negative Aspekte: einmal der, daß diese Wut nicht sogleich abgestumpft und abgekühlt wird, sondern sich erst recht entfachen kann; sodann der, daß Jesus als Schwächling erscheint. Die Feinde werden also morgen über ihn triumphieren können, weil er im Grunde kraftlos ist. Jesus zieht sich zurück, entfernt sich, und dies ist ein erstes Anzeichen von Schwäche.

Dazu kommt ein weiterer Aspekt, der Matthäus ebenfalls beeindruckt hat: Jesus heilte alle, verbot aber, das bekanntzumachen; ein für Petrus ganz unverständliches Verhalten. So sagten die Brüder Jesu ja zu ihm: „Zeige dich der Welt! Wenn du doch gekommen bist, um zu der Welt zu sprechen, warum verschaffst du dir dann nicht Gehör?" Jesus sucht nicht Anhänger zu gewinnen; er versteht es nicht, für sich Propaganda zu machen. Wie läßt sich das damit zusammenreimen, daß er der von Gott Gesandte, Gottes Wort ist? An diesem Punkt mußten die Jünger ins Wanken geraten.

Die Weissagung bei Jesaja steigert noch diesen allgemeinen Eindruck, den die Jünger erhalten: „Dieser Mann ist nicht stark; er weiß sich nicht Geltung zu verschaffen. Er verpflichtet uns zum Nachgeben, will, daß wir uns mit ihm zurückziehen. Er behauptet, er wolle zu der ganzen Welt sprechen, bedient sich dann aber nicht der entsprechenden Mittel."

Was sagt die Weissagung? „Ich werde meinen Geist auf ihn legen, und er wird den Völkern das Recht verkünden. Doch er wird nicht zanken und nicht schreien, und man wird seine Stimme nicht auf den Straßen hören." Das ist vorläufig der einzige Trost, der den Jüngern bleibt: „Mach es so! Wir verstehen nicht, warum, aber im Grunde haben es schon die Propheten gesagt." Doch all dies werden die Jünger erst viel später verstehen; erst nach der Auferstehung werden sie begreifen.

Stellen wir uns vor, wie sehr es sie verwirren mußte, daß Jesus nicht stritt. Diese Einzelheit scheint von Matthäus hinzugefügt worden zu sein; der hebräische Urtext sagt: „Er schreit und lärmt nicht" (Jes 42, 2). Hier heißt es zudem: „Er wird nicht zanken." Doch zum Bild des Messias, der sich gegenüber den Feinden behaupten will, gehört auch, daß er das Böse bekämpft, entschieden gegen es vorgeht. Hier hingegen heißt es: „Er wird nicht zanken und nicht schreien, und man wird seine Stimme nicht auf den Straßen hören." Er wird also nicht nach den Mitteln greifen, die auf die großen Massen Eindruck machen. Ja, noch mehr: „Das geknickte Rohr wird er nicht zerbrechen und den glimmenden Docht nicht auslöschen." Er ist die Sanftmut selbst und kein Draufgänger, sondern respektvoll und scheu.

Wie paradox ist somit die Kraft Gottes, der sich schwach zeigt! Jesus kommt, um das Böse zu bekämpfen, scheint aber eine so hauchdünne Stimme zu haben, daß das Geschrei der Bösen sie übertönen und ersticken kann. Und doch hält die Weissagung am universalen Charakter seiner Sendung fest. Er wird derart schwach auftreten, bis er der Gerechtigkeit zum Sieg verholfen haben wird: „Auf seinen Namen werden die Völker ihre Hoffnung setzen." In ihm offenbart sich also Gott. Nicht nur ist Gott mit ihm zufrieden, sondern auch die Welt wartet im Grunde auf einen solchen Menschen.

Hier bleibt das Mysterium noch bestehen: Es gibt eine Macht Gottes, eine Macht, die das Böse vernichtet; doch wir haben es hier mit einem Menschen zu tun, der sich nicht durchzusetzen weiß, der die Feinde nicht zerschmettert, nicht gegen die Ungerechtigkeit vorgeht und sie zertritt, sondern der sich im Gegenteil zurückzieht und der Ungerechtigkeit das Feld räumt, so daß sie alles andere übertönen kann.

Wir könnten aus dieser Stelle vielleicht noch mehr herauslesen, wenn wir, wie Matthäus es zu tun scheint, sie schon im Blick auf die Passion und den Tod Jesu verstehen würden: „Er wird das geknickte Rohr nicht zerbrechen," aber er selbst wird wegen dieser seiner Schwäche zerbrochen werden. „Er wird den glimmenden Docht nicht auslöschen," doch andere werden ihn selbst auslöschen, weil er sich nicht Geltung zu verschaffen wußte.

Hier setzt unsere Meditation an: „Du, großer Gott, du

lenkst die Himmel und die Erde und hältst alles in Händen. Warum bekundest du dich dann auf eine Weise, die für die ganze Geschichte der Guten, der sogenannten Gerechten, ein dauernder Skandal ist?"

Gott vernichtet uns nicht, zerstört uns nicht. Der Gott, der uns hier vor Augen geführt wird, macht sich zum Gespött dessen, der wettet: „Wenn es einen Gott gibt, so vernichte er mich!" Hier treten wir in ein geheimnisvolles Paradox ein: Wir leben in einer Welt, in der (wie die Psalmen oft sagen) der Ungerechte triumphiert und der Gottlose glänzende Geschäfte macht.

So erleben wir selbst das Mysterium der Schwäche Gottes, in der Schwäche derer, die irgendwie für Jesus eintreten. Suchen wir in der Meditation über diese Zusammenhänge vor dem Hintergrund unserer täglichen Erfahrungen nachzudenken.

In Vertrauen und Liebe

Anstoß für eine zweite Reflexion über die Schwäche Gottes, die in Jesus zutage tritt, ist Mt 21,33– 45 mit dem Gleichnis, das Jesus in einem Moment lebhaftester Polemik mit seinen Gegnern in Jerusalem erzählt: „Es war ein Gutsbesitzer, der legte einen Weinberg an, zog ringsherum einen Zaun, hob eine Kelter aus und baute einen Turm." Bis hierher entspricht das Jes 5, wo von der Liebe Gottes zu seinem Weinberg die Rede ist. Dieser „Weinberg" ist das Volk Israel, das von Gott geliebt wird, für das er so viel getan hat.

Jesus fügt hinzu: „Dann verpachtete er den Weinberg an Winzer und zog in ein anderes Land." „Da hat der Gutsbesitzer einen Fehler gemacht", würden wir sagen: „Wenn ihm doch am Weinberg sosehr gelegen war, mußte er dableiben und selbst zu ihm schauen, statt ihn anderen anzuvertrauen."

Hier eben beginnt die Geschichte der Schwäche Gottes, der das, was ihm am liebsten ist, Menschen anvertraut. Sogar seinen Weinberg, an dem ihm soviel liegt, vertraut er Leuten an, auf die kein Verlaß ist. Und doch verläßt er sich auf sie. Ist das nicht eine allzu gutmütige Vertrauensseligkeit? Die Schwäche Gottes verläßt sich auf die menschliche Freiheit.

Doch dieses Vertrauen wird schlecht gelohnt. „Als nun die Erntezeit kam, schickte er seine Knechte zu den Winzern, um seinen Anteil an den Früchten holen zu lassen. Die Winzer aber packten seine Knechte; den einen prügelten sie, den anderen brachten sie um, einen dritten steinigten sie." Über diese Stelle zerbrechen sich die Exegeten den Kopf: Was will der Text sagen? Das Wesentliche liegt in dem, was diese Winzer tun.

Sie denken: „Der Weinberg ist unser; machen wir damit, was wir wollen." Sie sind gewöhnt, rücksichtslos zu handeln. Da der Herr ihnen Freiheit gelassen hat, ist ihnen der Kamm gewachsen. Sie vergessen, daß die Freiheit ihnen dazu gegeben wurde, daß sie den Weinberg gut pflegen, damit er Früchte bringe.

Wie die ersten Knechte kommen, um den Anteil an den Früchten zu fordern, machen es die Winzer wohl ein wenig wie Kinder, wenn eine neue Lehrerin kommt. Sie beginnen Schabernack zu treiben, um zu sehen, wie sie reagiert, ob sie Disziplin halten kann oder nicht. Wenn ihnen etwas durchgelassen wird, treiben sie es immer schlimmer.

Die Winzer machen es ähnlich: Zuerst sind sie ein wenig vorsichtig; dann laden sie die Knechte zum Essen ein; sie beginnen die Empörten zu spielen; der eine versetzt diesem, der andere jenem eine Ohrfeige. Die Pächter prüfen also, wie stark der Gutsherr ist: „Vielleicht ist er gar nicht so stark, vielleicht bringen wir den Weinberg in unsern Besitz."

Das Evangelium fährt fort: „Darauf schickte er andere

Knechte, mehr als das erstemal; mit ihnen machten sie es genauso." Die Knechte sind nun zahlreicher, doch wenn die Winzer sie auch Freunde nennen, beginnen sie doch zu streiten, und die Szene wiederholt sich. Die Pächter jagen die Knechte fort und denken: „Da sieht man: Der Herr weiß sich nicht durchzusetzen; er ist ein Schwächling."

Und nun die endgültige Prüfung: „Zuletzt sandte er seinen Sohn zu ihnen, denn er dachte: Vor meinem Sohn werden sie Achtung haben." Nun sind die Knechte dermaßen überheblich geworden, daß sie die Situation nicht mehr richtig einzuschätzen vermögen. Sie denken: „Warum schickt er den Sohn zu uns, nachdem doch die Knechte, die er entsandt hatte, nur Fußtritte erhalten haben? Ihm liegt nicht einmal viel an seinem Sohn; vielleicht will er ihn loswerden. Und selbst wenn der Sohn ihm etwas gilt, ist er doch ein Naivling. Jetzt wissen wir, daß er gar nicht so mächtig ist. Wir brauchen uns vor ihm nicht zu fürchten." Also sagen sie zueinander: „Das ist der Erbe. Auf, wir wollen ihn töten, damit wir seinen Besitz erben. Und sie packten ihn, warfen ihn aus dem Weinberg hinaus und brachten ihn um."

Suchen wir nun, das Ganze vom Standpunkt des Gutsherrn aus anzusehen.

Der Gutsbesitzer will Vertrauen schenken: „Ich übergebe den Weinberg, an dem mir viel gelegen ist, diesen Leuten, damit sie Gelegenheit haben, vorwärtszukommen und so auch sich selbst einen wichtigen Dienst zu erweisen." Als dann die von ihm entsandten Knechte so übel zugerichtet heimkehren, denkt er: „Vielleicht war es kein günstiger Moment; die Leute sind nicht nachgekommen; ich muß sie zur Einsicht bringen; es sind ja vernünftige Leute; sie werden den Fehler einsehen."

Schließlich beauftragt er den Sohn. In seinem Vertrauen zu den Winzern setzt er nun alles aufs Spiel. „Vor meinem Sohn werden sie doch Respekt haben und sie werden schließlich ihren Fehler einsehen." Die Schwäche des Meisters ist somit Liebe; sie kommt aus dem Willen, die Freiheit zum Guten zu fördern, indem er alles aufs Spiel setzt. Sehen wir, wie das Kreuz uns die Liebe bekundet, die uns um jeden Preis retten will, das unglaubliche Vertrauen, das Gott den Menschen, jedem von uns schenkt, so daß er alles aufs Spiel setzt.

Jetzt wird es schwierig, mit Vergleichen zu arbeiten. Es erscheint uns seltsam, daß der Herr den Sohn beauftragt, obwohl er damit rechnen muß, daß man diesen töten wird. Doch in der Schrift heißt es, daß Gott den Sohn ausliefert, schonungslos, vorbehaltlos den Menschen ausliefert, weil er ihnen bis aufs letzte Vertrauen schenken will.

Daß der Herr kein Schwächling ist, zeigen die folgenden Sätze, aus denen wieder der Zorn Gottes klingt. Jesus stellt die Frage: „Wenn nun der Besitzer des Weinbergs kommt: Was wird er mit solchen Winzern tun?" (also dann, wenn die Zeit der Prüfung und des freien Entscheids vorbei ist)? „Sie sagten zu ihm: Er wird diesen bösen Menschen ein böses Ende bereiten und den Weinberg an andere Winzer verpachten, die ihm die Früchte abliefern, wenn es Zeit dafür ist. Und Jesus sagte zu ihnen: Habt ihr nie in der Schrift gelesen: Der Stein, den die Bauleute verworfen haben, er ist zum Eckstein geworden...? Und wer auf diesen Stein fällt, der wird zerschellen; auf wen der Stein aber fällt, den wird er zermalmen."

Das Kreuz ist also nicht nur Erweis der Macht Gottes, sondern auch schreckliches Gericht, doch es kann dies gerade deshalb sein, weil es der Beweis dafür ist, daß Gott uns vorbehaltlos als freie Menschen will, daß er uns die Möglichkeit geben will, im Dienen unsere Freiheit zum Ausdruck zu bringen. Indem er uns die Freiheit dazu schenkt, gibt er uns aber auch die Freiheit zum gegensätzlichen Verhalten.

Diese Schwäche Gottes ist also nicht nur ein rhetorischer

Kunstgriff, als ob Gott sagen würde: „Ich bin stark, aber um euch in eurem Vertrauen auf eure Kraft zu demütigen, werde ich schwach." Hier haben wir wirklich den Dialog Gottes mit der menschlichen Freiheit, eine Beziehung, die für uns wirklich ans Unglaubliche grenzt.

Wir schütteln den Kopf, wenn wir in der Bergpredigt hören, man müsse sich wehrlos verhalten und sogar bereit sein, sich dem Feind auszuliefern: „Wie kann man so weit gehen?" Und nun ist es der Vater, der dem Feind seinen Sohn ausliefert, nicht als einen Feind, sondern in der Hoffnung auf ihre Einsicht.

Er nimmt Fleisch und Blut an in den Kleinen und Schwachen

Betrachten wir jetzt, wie diese Schwäche Gottes in der Kirche, in den Gemeinschaften und in der Geschichte in den Kleinen und Schwachen Gestalt annimmt.

Ich beschränke mich auf den Kommentar von Barbaglio zu Kapitel 18 des Matthäusevangeliums, zur Rede über die Kirche. Die erste Hälfte bezieht sich ganz auf das Kleinsein: „Die Jünger kamen zu Jesus und fragten: Wer ist im Himmelreich der Größte? Da rief er ein Kind herbei, stellte es in ihre Mitte und sagte: Amen, das sage ich euch: Wenn ihr nicht umkehrt und wie die Kinder werdet, könnt ihr nicht in das Himmelreich kommen... Wer ein solches Kind um meinetwillen aufnimmt, der nimmt mich auf. Wer einen von diesen Kleinen... zum Bösen verführt, für den wäre es besser, wenn er mit einem Mühlstein um den Hals im tiefen Meer versenkt würde..."

Dann fährt Jesus fort: „Wenn jemand hundert Schafe hat und eines von ihnen sich verirrt, läßt er dann nicht die neunundneunzig zurück und sucht das verirrte...? So will auch eurer himmlischer Vater nicht, daß einer von diesen

Kleinen verlorengeht." Von hier aus geht er auf die Verantwortung für den Bruder über: „Wenn dein Bruder sündigt,
dann geh zu ihm und weise ihn unter vier Augen zurecht."
Und schließlich gibt er die Weisung, dem Bruder „siebenundsiebzigmal", d. h. immer wieder zu vergeben. Das ist der
Hauptinhalt dieses Kapitels.

Ich halte mich an denselben Autor, der in seinem Kommentar zu diesem Kapitel zuerst einen Exkurs über den einzelnen Christen in der Gemeinde macht und dann einen
Satz von René Guisan anführt: „Der einzige Individualis-
mus, den das Evangelium zuläßt, ist der des verirrten Scha-
fes." Matthäus hat somit ein kirchliches Evangelium
verfaßt, das auch Sinn für den einzelnen, den einzigen hat.

In diesem Licht habe ich dann Kapitel 18 aufmerksam gelesen und dabei gemerkt, daß innerhalb dieser Rede über
die Kirche eines der charakteristischsten Motive eben darin
besteht, daß sie auf den einzelnen Gewicht legt, zumal im
ersten Teil, der um die Kleinen kreist, will sagen um die
schlichten, noch wankenden Gläubigen. Diese werden
nicht als Gruppe, Stand oder Schar genommen, sondern in
ihrer Individualität.

Fünfmal kehrt das unbestimmte Zahlwort „Einer" wieder: „Wer ein solches Kind aufnimmt..."; „Wer einen von
diesen Kleinen zum Bösen verführt..."; „Hütet euch davor,
einen von diesen Kleinen zu verachten..."; „Wenn jemand
hundert Schafe hat und eines von ihnen sich verirrt...";
„So will auch euer himmlischer Vater nicht, daß einer von
diesen Kleinen verlorgengeht." Erinnern wir uns auch an
die abschließenden Worte beim Weltgericht: „Was ihr für
einen meiner geringsten Brüder getan habt, das habt ihr mir
getan." Hier zeigt sich eine klare Linie, wie Gott die Dinge
beurteilt.

Der Kommentator fährt fort: „Die ganze Gemeinschaft
wird von ihrem Herrn aufgefordert, bestimmte Haltungen
zu dem einzelnen Gläubigen einzunehmen, der ein Rand-

dasein fristet und in der Gesellschaft kein Gewicht hat. Die Gemeinde soll ihn liebend aufnehmen, ihm angelegentliche Beachtung schenken, und sie ist für seinen eventuellen Ruin mitverantwortlich.

Im apokryphen Thomasevangelium heißt es, das verirrte Schaf sei das fetteste der ganzen Herde gewesen. Das echte Evangelium aber sagt nichts von dem, sondern spricht einfach von irgendeinem Schaf, das sich verirrt hat. Schon allein deswegen muß die Herde nach ihm suchen: Es ist allein, hat die Orientierung verloren, weiß keinen Weg, um wieder zu den anderen zu finden. Es braucht keinen weiteren Beweggrund, um sich unverzüglich auf die Suche nach ihm zu machen.

Anders ausgedrückt: Ein Glied der Gemeinde hat sich verirrt. Es handelt sich um einen schlichten, schwachen Gläubigen, dem der Weg des Glaubens Mühe macht. Schon allein um seiner Individualität und gar keiner besonderen Eigenschaften willen hat sich die Kirche auf die Suche nach ihm zu machen, auch wenn es sich um einen einzelnen handelt, der sich in nichts hervortut."

Dann fragt sich der Autor: Welches ist der Beweggrund zu solchem Bemühen um den einzelnen, zu solcher Liebe zum einzelnen? Der Grund ist der, daß dieser dem Vater viel bedeutet; dieser will nicht einfach passiv zuschauen, wie er verloren geht. Treten wir also in das ein, was der Kommentator „die Logik des Vaters" nennt: Gerade die Kleinen liegen ihm am Herzen, die Wankenden, die Randfiguren, die Verirrten.

Hier knüpfen wir wieder direkt an unsere Überlegung an: Gott sucht nach den Schwachen und wird deshalb selbst schwach. Wer also in dieser Schwäche den Gottessohn erkennt, beginnt auf die Pläne Gottes einzugehen, etwas von den paradoxen Weisen zu verstehen, wie Gott sich offenbart.

Aus diesem Grund wohl sagt Jesus: „Was ihr für einen

meiner geringsten Brüder getan habt, das habt ihr mir getan." Nicht einfach wegen einer barmherzigen Gleichsetzung mit ihnen, sondern deshalb, weil man nur so in das Mysterium Gottes eintritt, der sich in der Schwäche offenbart hat, und etwas von dem zu erahnen beginnt, was Gott ist. Somit gibt es einen doppelten Weg: den, im Kleinen, im Schwachen Gott zu erkennen, und den, in der Schwäche Christus als Kraft Gottes zu erkennen.

Suchen wir, auf diesen beiden Wegen zu meditieren und zu leben, die uns in das offenbarende Mysterium des Herrn Eingang verschaffen. Bitten wir den Herrn, uns die Kraft zu geben, in dieses Mysterium einzudringen.

„Ich danke dir, Herr, weil du dich uns nicht so zu erkennen gibst, wie wir es erwarten würden, sondern auf stets unerhörte, neue, überaschende Weise. Wir bitten dich, Herr: Möge kein Stückchen dieser Einsicht ins Leere fallen, sondern laß sie uns auf alle unsere Situationen anwenden und in ihnen jeden, der dich vertritt, der dich bekundet, uns nahe fühlen.

Herr, laß uns jede Einsicht sogleich in die Tat umsetzen. In eine Praxis, die von der liebenden Erkenntnis deiner Passion und deines Todes erhellt und vertieft wird. Leite uns, Herr, bei dieser schwierigen Suche, auf der wir uns so leicht täuschen können. Laß uns die Worte, die wir sprechen oder hören, ernst nehmen.

Rette uns, Herr, in deinem Erbarmen. Du, der du uns den Geist schenkst und lebst und herrschest von Ewigkeit zu Ewigkeit. Amen."

Die Verwundbarkeit Gottes

Einige Gebetsgedanken im Anschluß an einen Text von Jesaja (50, 4-7): „Gott, der Herr, gab mir die Zunge eines Eingeweihten... Deshalb mache ich mein Gesicht hart wie einen Kiesel; ich weiß, daß ich nicht in Schande gerate."

„Jungfrau Maria, Mutter des Herrn, du bist hinter deinem Sohn mühsam zum Leidensberg hinaufgeschritten. Auch wir gehen mühsam diesen Weg. Laß auch uns bei deinem Sohn sein und ihn als Geschenk des Vaters und des Geistes entgegennehmen. Amen."

Gehen wir unseren Weg weiter, auch wenn der Aufstieg auf den Berg der Passion vielleicht mühsam und anstrengend ist.

Wir halten uns an drei Episoden: Jesus und Judas, Jesus und die Wächter, Jesus und Pilatus und versetzen uns jeweils in die Szene, fühlen uns in Jesus, Judas, die Wächter und Pilatus ein und fragen uns, was vorfällt und warum. Das, was ich in einer Sprache sage, die aus Worten besteht, also eine Syntax und einen Gedankengang aufweist, sollte in einer unmittelbaren Vergegenwärtigung der Szene nacherlebt werden. Wir werden uns jedesmal fragen, was sie uns zu sagen hat.

Judas: Kleinlichkeit und Verlangen nach Größe

Zur Grundlage nehmen wir den Bericht über den Verrat: Nachdem gesagt worden ist, daß Jesus die Frau, die ein Alabastergefäß mit kostbarem Salböl zerbrochen hatte, belobigt und gegenüber den Aposteln in Schutz genommen hat, heißt es anschließend: „Darauf ging einer der Zwölf namens Judas Iskariot zu den Hohepriestern und sagte: Was wollt ihr mir geben, wenn ich euch Jesus ausliefere?..." (Mt 26,14-16). Die weiteren Texte sind Mt 26,20-26. 47-50; 27,3-10.

Wer ist Judas? An keiner anderen Gestalt des Evangeliums hat sich die Phantasie der Romanschreiber und Filmproduzenten so entzündet wie an Judas. Seine Gestalt zieht Psychologen und Schriftsteller an, weil in ihr so viele Widersprüche des menschlichen Daseins verkörpert sind. Ich will hier nicht ein weiteres Mal die Vorgeschichte des Verrats rekonstruieren und die Motive dazu analysieren. Meines Erachtens kann man auch bei ganz einfacher Betrachtung der Dinge anhand der angeführten Texte die Frage „Wer ist Judas?" beantworten.

Im Grunde ist er ein Mensch, der Kleinlichkeit und Verlangen nach Größe in sich vereint. Seine Kleinlichkeit verrät er in der Frage nach der Belohnung. Wie banal ist es, bei etwas derart Tragischem an Geld zu denken. Nur jemand mit schäbigem Charakter verhält sich selbst in dramatischsten Situationen banal. Judas hat aber auch Verlangen nach Größe, sein Tod ist irgendwie „groß": er soll eine Tragödie sein, die sich vor aller Augen abspielt.

Wahrscheinlich ist Judas von Jesus enttäuscht. Es läßt sich kaum denken, daß Jesus schon gleich am Anfang eine so schlechte Wahl getroffen und es gar nicht gemerkt hätte, wenn jemand für ihn kein Interesse zeigte. Anscheinend war Judas ein vielversprechender, begeisterter, engagierter Apostel (Jesus hat ihn unter Hunderten, ja Tausenden von

Anhängern ausgewählt). Doch er ist nach kurzer Zeit enttäuscht und fragt sich: „Warum bekundet sich Gott so? Warum greift er nicht ein? Warum macht der Meister einen immer schwächeren Eindruck? Gott ist offenbar nicht mit ihm." Vielleicht hat Judas von Jesus auch eine politische und moralische Wiedergeburt der Nation erhofft.

Jesus ist nicht der „Führer", den man erwartete, und wenn er das nicht ist, kann man seinem eigenen Drang nach Größe freien Lauf lassen, indem man etwas gegen Jesus unternimmt. Judas möchte also auf jeden Fall etwas Großes leisten; er läuft nicht, wie die Mittelmäßigen, einfach weg, er ist enttäuscht und aufgebracht. Er sagt sich: „Wenn doch Jesus meinem Volk im Grunde schadet, müssen wir ihn daran hindern. Und wenn er doch fallen muß, dann am besten schon bald."

In seiner Enttäuschung läßt sich Judas von Größenwahn, Groll und Rachegelüsten einnehmen, was ihn an einem gewissen Punkt umwirft. Sein Ausspruch: „Ich habe unschuldiges Blut verraten" deckt auf, daß er die Wahrheit in Händen hatte, nur ließ er sich von politischen Emotionen, von persönlichem Ressentiment, von Erbitterung und auch von seinem kleinlichen Charakter mitreißen. Ein ganzer Wirrwarr von Gefühlen hat in ihm gewirkt. Das also ist Judas.

Wie verhält sich Jesus zu Judas? Hier können wir in der Meditation, in der Beschauung die „Verwundbarkeit" Gottes in Jesus bewundern. Jesus verhält sich zu Judas so, als ob dieser ein freier, loyaler, ehrenwerter Mann wäre: er ermahnt ihn, spricht offen und sucht ihn zu erschüttern. Er hindert ihn jedoch im Grunde nicht, gibt sich Judas preis, läßt ihn einfach machen. Noch mehr: Jesus erleichtert Judas sogar dessen Vorhaben. Das grenzt ans Widersinnige und läßt uns Jesus kaum mehr verstehen.

Zwei diesbezügliche Schrifttexte geben uns zu denken. Der eine, klare, ist Joh 13,27: „Was du tun willst, das tu bald!" Damit erhält Judas irgendwie freie Bahn. Es tönt so, als ob Jesus an seine Freiheit appellieren würde: „Mach, was du für richtig hältst, was dich in deiner Sicht Gottes und der Dinge gut dünkt; handle frei und schau, was dabei herauskommt!"

Eine andere, geheimnisvollere Stelle ist der schon angeführte Text Mt 26, 50: die Antwort Jesu auf den Kuß des Judas. Inzwischen erleichtert Jesus das Vorhaben des Judas: Er begibt sich auf den Ölberg, an einen Ort, den Judas gut kennt, und läßt sich gefangennehmen. Wäre Jesus in dieser Nacht nach Galiläa geflohen, so hätte alles einen anderen Verlauf genommen. Man hat somit den Eindruck, daß Jesus sich überläßt, sich ausliefert. Auf den Kuß des Judas antwortet er mit dem geheimnisvollen Satz: „Freund, dazu bist du gekommen?!" Nicht daß er Judas ermutigt hätte, sondern er macht ihn bloß aufmerksam: „Schau, wer du bist, schau, was du tust! Wenn du willst, mach das, was du vorhast, gib aber acht, welchem Bild von dir dein Tun entspricht."

Judas sucht seine Freiheit, seinen Groll, seinen brennenden Wunsch, etwas Großes zu leisten, bis aufs Letzte durchzuexerzieren. Doch als er sieht, daß die erträumte Größe ihm aus den Händen gleitet und daß ein Unschuldiger verurteilt wird, erkennt er, daß er sich in etwas ganz Verkehrtes verrannt hat, und verzweifelt. Bei dieser Szene müssen wir uns jedoch bewußt sein, daß sie sich in Mt 27 findet in Parallele zum Bericht über Jesus, der auch für Judas in den Tod geht. Hieraus ersehen wir auch die Beziehung zwischen Gott und dem Menschen: Gott gibt dem Menschen in Christus auch die Freiheit, gegen ihn zu handeln, und bietet sich dieser verkehrten Freiheit dar. Jesus stirbt also auch für Judas, und Judas trägt die Schuld, wenn er nicht, wie Petrus, zu erfassen weiß, wer Gott für ihn ist.

Fragen wir uns selbst am Schluß dieser Betrachtung: Wer ist Judas? Wer ist dieser Verräter, der seine Freiheit mißbraucht, bis er schließlich innewird, daß alles ganz falsch war? Ich bin es, ein jeder von uns ist es. Ich bin es jedesmal dann, wenn ich, enttäuscht und verbittert, statt die falschen Gründe dieser Enttäuschung auszuräumen, mir von Gott und mir selbst ein falsches Bild mache. Um das nicht zugeben zu müssen, klammere ich mich an irgendein Hirngespinst der Rache und gelange so wer weiß wohin.

Und in wem steht Jesus vor mir? In jedem meiner Brüder, der Opfer meiner Rachegelüste, des Mißbrauchs meiner Freiheit ist. So setzt sich in uns, um uns herum und neben uns dieses tragische Spiel des Judas mit Jesus fort, diese grobe Selbsttäuschung eines Menschen, der nicht sehen will und auf die anderen losgeht.

Hier haben wir die Antwort auf die Frage, die wir uns vielleicht am Schluß unserer Meditation über das Gleichnis von den bösen Winzern gestellt haben. Wenn wir dieses Gleichnis erwägen, denken wir immer: Gott hat zu den bösen Winzern seinen Sohn gesandt und sie haben ihn umgebracht. Wenn er seinen Sohn *uns* präsentierte, würden wir ihn ganz anders aufnehmen. Nun aber sendet Gott den Sohn nicht mehr direkt zu uns, sondern in unseren Brüdern, d.h. er vertraut uns einander an.

Der gleiche Gott, der den Sohn der Freiheit, der Rücksicht, dem Verständnis der Winzer anvertraut hat, vertraut jetzt jeden unserer Brüder unserer Freiheit an. Wir können mit allen unseren Brüdern und Schwestern machen, was wir wollen, können unsere Freiheit gröblich mißbrauchen. Es ist ein schrecklicher Gedanke, daß der Gebrauch der menschlichen Freiheit gegenüber anderen keine Grenzen hat. Gott vertraut jeden Bruder uns an und uns den anderen.

Hier kommt es zur Schlußfrage des Endgerichts: „Habt ihr einander erkannt? Welchen Gebrauch habt ihr von der gegenseitigen Freiheit gemacht? Habt ihr mich aufgenommen, habt ihr einander aufgenommen? Oder habt ihr, wie

Judas es mit Jesus getan hat, den anderen als Gegenstand der Rache benutzt, als Ventil für euer brennendes Verlangen, jemand zu sein?" Wie oft läßt die frustrierte Sehnsucht, wer zu sein, die Wut an einem anderen aus!

Diese Zusammenhänge sind auch auf sozialer und politischer Ebene von Bedeutung. Bei allen Konflikten des nationalen und internationalen gesellschaftlichen und politischen Lebens sind Rachegelüste, Ressentiments und persönliche Neigungen mit im Spiel. Sie stellen die Kräfte dar, die die Menschen gegeneinander aufhetzen und einige dazu antreiben, vielleicht unter dem Deckmantel humanitärer Anliegen, stets aber zum Schaden der anderen, ihrem Stolz freien Lauf zu lassen. Darum erstreckt sich das Gericht Christi auch auf die Nationen, auf jede Gesellschaftsgruppe, jede Klasse: „Welchen Gebrauch habt ihr von eurer Kraft, eurer Macht, vom Vertrauen, das andere Menschen, andere Gruppen auf euch setzten, gemacht?"

Die Wächter: Frustration und Rachedurst

Betrachten wir als Nächstes die Beziehung zwischen Jesus und den Wächtern, eigentlich zwischen Jesus und dem Hohen Rat. Bei Lukas (vgl. 22,63-68) tritt sie klarer hervor als bei Matthäus (26,65-86), wo es heißt: „Da zerriß der Hohepriester sein Gewand und rief: Er hat Gott gelästert!... Dann spuckten sie ihm ins Gesicht und schlugen ihn..." Es wird nicht deutlich, wer das tat. Nach dem Kontext bei Matthäus scheint der Hohe Rat gemeint zu sein, doch waren es wohl eher die Soldaten, die Knechte des Hohen Rates, die sich an ihm, dem Entwürdigten, austobten. Wir können uns die Szene nur undeutlich vorstellen.

Dennoch können wir in sie eintreten und uns fragen, was für Männer das sind, die Jesus ohrfeigen, verprügeln, anspucken und verhöhnen: „Christus, du bist doch ein Prophet. Sag uns: Wer hat dich geschlagen?" (das einzige Mal, wo in den Evangelien die Anrede „Christus" verwendet wird). Jesus wird also gerade in seiner tiefsten Sendung verhöhnt, und in ihm auch der Vater gerade im wertvollsten Geschenk, das er dem Menschen macht. Es ist eine abstoßende, erbärmliche Szene.

Was sind das für Männer? Es sind unglückliche, schlechtbezahlte Leute. Sie haben ein trostloses, elendes Leben, müssen des Nachts dastehen, ohne zu wissen warum. Sie sind der Willkür dessen ausgeliefert, der befiehlt und sie hin und her schickt. Es sind würdelose, servile Menschen, die zugleich ihren Dienst hassen. Sie sind gewöhnt, schlecht befehligt, von den Machthabern schlecht behandelt zu werden, und dafür wollen sie sich rächen. Sobald sie einmal eine gewisse Macht haben, üben sie sie aus. Vielleicht sind sie selbst schon geohrfeigt, getreten, ungerecht bestraft worden. Und nun haben sie einen Mann vor sich, an dem sie ihr Mütchen kühlen, und zeigen können, daß sie jemand sind, daß auch sie ihre Würde haben.

Diese Männer verkörpern im Grunde nichts anderes als die Menschennatur, die auch in jedem von uns steckt. Willfährigkeit und servile Gesinnung paart sich mit dem Verlangen, sich an denen, die uns unterlegen scheinen, zu rächen. Die Rache hat viele hinterhältige Formen: da ist die kulturelle Rache (man ist wortmächtig gegenüber Wortlosen), die Bildungsrache (man gibt sich gebildet gegenüber Ungebildeten) – alle dienen dazu, ein gewisses Überlegenheitsgefühl aufrechtzuerhalten. Und so lassen diese Wächter die Wut über ihre Frustration, über den beschwerlichen Wachdienst, über ihr graues, zukunftsloses Leben an Jesus aus.

Und was tut Jesus? Dem Matthäusevangelium zufolge tut er und sagt er nichts. Obwohl er der uns geschenkte Gottessohn ist, läßt er einfach alles geschehen. Wir können, wie

Franz von Assisi, im Gebet darum bitten, in das Herz des erniedrigten, gekreuzigten Herrn eingelassen zu werden:

„Herr, was erlebst du in diesem Moment, als du dich von allen verlassen fühlst, als die Apostel draußen dich verleugnen und sich davonmachen, und keiner kommt, um für dich Zeugnis abzulegen? Du bist nun für alle eine Unperson. Alle, die für dich etwas hätten tun können, haben sich davongemacht. Es ist ein schrecklicher Moment."

In seinen „Erinnerungen" berichtet Kardinal Mindszenty von einem ähnlichen Moment. Schon mehr als einmal war er im Gefängnis gewesen, wurde aber als Kardinal, als ein zu fürchtender Mann stets mit einer gewissen Ehre behandelt und nach einigen Tagen freigelassen. Ihn umgab stets der Glorienschein dessen, der wohl ins Gefängnis gesteckt wird, dabei aber weiß, daß viele Mächtige für ihn eintreten, daß er einen Namen hat, der auf dem internationalen Feld etwas gilt. Mindszenty erzählt dann, wie er schließlich endgültig inhaftiert wurde. Man brachte ihn in einen unterirdischen Raum, zog ihn aus und begann ihn zu prügeln. Wie Mindszenty sagt, brach damals für ihn eine Welt zusammen, die Welt, in der er bis jetzt gelebt hatte, zwar unter Gefahren, aber auch in Ehren, da er wußte, daß er jemand sei. Von da an begriff er, daß er für alle ein Nichts war. Ähnlich muß es Jesus erlebt haben.

In Joh 18, 23 sagt Jesus zu einem, der ihn schlägt: „Wenn es nicht recht war, was ich gesagt habe, dann weise es nach; wenn es aber recht war, warum schlägst du mich?" An diesem Wort erschüttert mich erneut der Appell Gottes an die menschliche Freiheit: „Habe ich unrecht getan, bin ich ja in deinen Händen; habe ich aber recht getan, warum schlägst du mich dann? Blick in dich selbst hinein; was ist über dich gekommen, warum handelst du so? Welche ganze Reihe von Frustrationen, servilen Taten, Ängsten haben dich so weit gebracht?" In Jesus hält sich die Verwundbarkeit Gottes dem Menschen als Spiegel für seine Erbärmlichkeit vor,

165

damit der Mensch sich selber sehe, vor sich Abscheu habe und darum das Heil annehme, das dieser Erniedrigte ihm in seinem Schweigen anbietet.

Gott führt mir seine Verwundbarkeit vor Augen in jedem schwachen Bruder von mir, der sich nicht zu wehren weiß, nicht die Geistesgegenwart hat, auf eine Stichelei von mir, auf ein bitteres Wort zu antworten. Gott bietet sich uns in Jesus an, um uns zu heilen; er bietet sich uns in den Brüdern dar, um uns zu beschämen, aber auch um uns zu befreien und uns sehen zu lassen, wer wir sind.

Pilatus: Menschenfurcht (Mt 27,1-2. 11-26)

Jesus wird zu Pilatus geführt, und der Statthalter fragt ihn: „Bist du der König der Juden?" Jesus antwortet: „Du sagst es." Dann bringen die Priester und Ältesten ihre Anklagen gegen ihn vor, aber Jesus gibt keine Antwort. Pilatus sagt zu ihm: „Hörst du nicht, was sie dir alles vorwerfen?" Doch zur großen Verwunderung des Statthalters sagt Jesus kein einziges Wort mehr.

Darauf folgen die verbissenen Versuche des Pilatus, sich ehrenvoll aus dieser Affäre zu ziehen. Zuerst sucht er Barabbas freizulassen: „Wen soll ich freilassen, Barabbas oder Jesus, den man den Messias nennt?" Er wußte nämlich, daß man Jesus nur aus Neid an ihn ausgeliefert hatte. Pilatus hat eine rasche Auffassungsgabe; er ist ein Rechtsgelehrter und Regierungsmann, der sogleich erfaßt, was vor sich geht. Die Situation liegt ihm erst recht auf, als seine Frau ihm ausrichten läßt: „Laß die Hände von diesem Mann, er ist unschuldig. Ich hatte seinetwegen heute nacht einen schrecklichen Traum."

„Inzwischen überredeten die Hohenpriester und die Ältesten die Menge, die Freilassung des Barabbas zu fordern, Jesus aber hinrichten zu lassen. Der Statthalter fragte sie:

Wen von beiden soll ich freilassen? Sie riefen: Barabbas! Pilatus sagte zu ihnen: Was soll ich dann mit Jesus tun...? Da schrien sie alle: Ans Kreuz mit ihm! Er erwiderte: Was für ein Verbrechen hat er denn begangen? Da schrien sie noch lauter: Ans Kreuz mit ihm! Als Pilatus sah, daß er nichts erreichte, sondern daß der Tumult immer größer wurde, ließ er Wasser bringen, wusch sich vor allen Leuten die Hände und sagte: Ich bin unschuldig am Blut dieses Menschen. Das ist eure Sache! Da rief das ganze Volk: Sein Blut komme über uns und unsere Kinder! Darauf ließ er Barabbas frei und gab den Befehl, Jesus zu geißeln und zu kreuzigen."

Pilatus ist ein Bürokrat, der an seinem Sessel klebt. Seinen Posten nicht zu verlieren, ist für ihn das Wichtigste. Doch er steht, wie das oft vorkommt, im Kreuzfeuer: von oben her Befehle, Manöver, Aufbegehren, Aufträge; von unten her Unruhe und Unzufriedenheit. Daher Tag für Tag die harte Anstrengung, zwischen diesen beiden Polen ein gewisses Gleichgewicht aufrechtzuerhalten, das Bemühen, seine Laufbahn nicht zu verpfuschen und niemandem zu mißfallen, nicht dem Gewissen, aber auch nicht dem Kaiser untreu zu werden und auch nicht dem Volk zu mißfallen, denn der Kaiser ist weit weg, mit dem Volk zurechtkommen muß aber er.

Das ist die Tragik dieses Mannes, der neben seinen schwerwiegenden Fehlern auch eine gewisse Bildung, Sinn für Würde und Redlichkeit besitzt. Wir haben es hier mit einem Menschen zu tun, der seiner Linie folgt, aber alles retten will: den Posten, die Huld des Kaisers, die guten Beziehungen zu den jüdischen Behörden und die Gunst des Volkes. Als schlauer Fuchs sucht er nach Kniffen, um auch dieses Mal alle zufriedenzustellen und sich aus der Affäre zu ziehen. Doch der Trick mit Barabbas gelingt nicht, und Pilatus wird jetzt so naiv, zu meinen, er könnte sich vor eine aufgebrachte Menge hinstellen und sie umstimmen.

Dies zeigt, wohin er in seiner Verlegenheit und seiner politischen Schlauheit gekommen ist. Er hat es nun nicht mehr mit normalen Reaktionen der Leute zu tun. Er sucht verzweifelt nach einem Ausweg, der nicht gegen sein Gewissen verstößt und der es ihm erlaubt, sich selbst zu retten und zugleich den, der nichts Böses getan hat. Das Leben hat ihn wohl nicht auf eine solche Situation vorbereitet, die banal war und mit einem Mal lästig und demütigend geworden ist. Pilatus sucht nach allerlei Auswegen, nur nicht nach dem richtigen: von seiner Freiheit, seiner Würde Gebrauch zu machen.

Und was tut Jesus? Er sagt das einzige, was er in diesem Moment sagen kann: „Du sagst es." Wie schon im Wort zu Judas und zu den Wächtern scheint mir auch hierin ein Hinweis auf die Würde der Person zu liegen: „Du siehst; du weißt. Wenn ich schuldig bin, bin ich bereit, verurteilt zu werden; wenn ich es nicht bin, frage dein Gewissen; wenn du ein freier Mensch bist, zeige dich als solchen; laß deine Würde obsiegen."

Ich lasse bei dieser Erwägung meiner Phantasie freien Lauf, was mir zulässig erscheint. Ich stelle mir an diesem Punkt gern vor, daß Pilatus einen Augenblick lang unsicher wird und sich fragt: „Bin ich eigentlich ein Funktionär oder ein Mensch? Wenn ich ein Mensch bin, habe ich doch meine Freiheit, und dieser Mann da geht mir nahe. Vielleicht hat er mir etwas zu sagen, vielleicht kann er mir erklären, warum ich so unruhig bin, was eigentlich in mir vorgeht. Wenn wir uns zusammensetzen, wird er mir ein Wort geben." Pilatus hätte so das Beamtengewand ausgezogen und sich auf die Ebene des Menschen gestellt.

Was hätte wohl Jesus zu ihm gesagt? Mehr oder weniger das, was schon in seinem „Du sagst es" enthalten war: „Als Beamter kannst du mich verurteilen; du hast die Macht dazu, und wenn du mich für schuldig befindest, bist du frei, es zu tun. Doch du bist auch frei, es selbst dann zu tun, wenn du mich nicht für schuldig befindest; ich bin in deinen Händen. Frage dich aber, warum eine solche Unruhe in dir nagt, warum du nicht vorwärtsmachen kannst, wovor du Angst hast, nach was du verlangst."

Dann hätte wohl Pilatus sich zum ersten Mal in seinem Leben in einem Gespräch von Mann zu Mann gewußt, im Gespräch mit einem, der ihm nicht geschmeichelt, ihn aber auch nicht abgelehnt, sondern frei und offen mit ihm geredet hätte. Ich stelle mir vor, daß sich dann Pilatus in diesem Gespräch dem Kaiser und dem Hohen Rat gegenüber frei von Menschenfurcht gefühlt hätte und fähig, der Gefahr eines Tumultes der Menge ins Auge zu sehen.

Ein Gespräch auf Du und Du mit Jesus vermag einen Menschen zur Wahrheit zu führen, ihn frei zu machen von allen absurden Ängsten, die ihn unversehens lächerlich erscheinen lassen. Jesus stirbt, um auch Pilatus zu enthüllen, welches der richtige Ausweg ist. Dieses befreiende Gespräch will Jesus mit einem jeden von uns halten. Die einzige Lösung wäre für Pilatus die gewesen, sich auf die Ebene des Bruders zu versetzen und mit ihm zu sprechen, denn der Mensch ist immer wichtiger als Gesetze, Laufbahn und Bürokratie.

Jesus lehrt uns, daß in jeder Situation die Möglichkeit zu einer echten Beziehung zu ihm besteht, die uns wieder zu dem macht, was wir sind. Er lehrt uns, daß selbst in den verwickeltsten, absurdesten, lächerlichsten Situationen immer die Möglichkeit zu einem Innehalten besteht, das den tieferen Sinn des Geschehens entdecken hilft, die richtige Beziehung zu den Menschen, um das Gewicht wieder auf den Menschen und nicht auf die Dinge und Strukturen zu legen.

Wir stehen vor Jesus, der uns als Mensch die Verwundbarkeit Gottes enthüllt, sich von uns nach unserem Belieben behandeln läßt und in seiner Verwundbarkeit will, daß jeder von uns ihn erkennt. Wir sind dieser Pilatus mit seiner Fassade, seiner Ehrbarkeit und seiner Etikette, die er um jeden Preis vor den anderen wahren will.

Fragen wir uns, was von Pilatus in uns steckt, was uns hindert, frei zu sein. Welches sind unsere Ängste, welches sind unsere Gewänder und Masken, die wir in der Öffentlichkeit tragen und deretwegen wir kein Risiko eingehen? Dem konkreten Fall gegenüber kommt alles Widersinnige an uns zum Vorschein: Daß wir fähig sind, Mitmenschen keine Beachtung zu schenken und sie mit Füßen zu treten, um den Schein zu wahren, um das Gesicht oder die wichtige Stelle oder das gute Urteil der Leute, unsere Ehrenhaftigkeit, unseren Ruf und unser Ansehen zu retten.

Der Herr lädt uns ein: „Sprich mit mir; laß dich befreien; wisse, daß es dir in jedem Moment passieren kann, andere mit Füßen zu treten, um eine Welt zu verteidigen, die du dir erbaut hast, oder dich in eine ausweglose, nie wieder korrigierbare Situation zu versetzen."

Damit, daß Gott sich uns anvertraut, daß er verwundbar ist, gibt er uns zu verstehen: „Ich will euch aufklären über das, was ihr seid, und über das, was ihr sein könntet, wenn ihr mich anerkennen würdet."

„Herr, unser Gott, du hast uns deinen Sohn in der Armut eines Menschen zu erkennen gegeben. Enthülle uns, was wir sind.

Jesus, laß das Blut deiner Wunden nicht vergeblich für uns geflossen sein; laß uns durch deine Wunden geheilt werden. Kraft dieses Blutes finde jeder von uns zu der Freiheit zurück, zu der er bestimmt ist. Amen."

Zehnte Meditation

Der Tod Gottes

Betrachten wir nun den Tod Gottes. Es ist die letzte der drei Meditationen über die Passion, die sich auf die „Schwäche" Gottes in Christus, die „Verwundbarkeit" Gottes und jetzt den „Tod" Gottes richten. Ich knüpfe an die vorhergehende Betrachtung an, bei der wir sahen, daß der gepeinigte, geohrfeigte, erniedrigte, verurteilte Jesus dem Verräter, den Peinigern, den Richtern seine Freundschaft anbietet. Nur durch sie könnten Judas, die Wächter und Pilatus aus dem Teufelskreis der Bosheit, Rache, Verärgerung, Angst, in dem sie gefangen sind, herausgelangen.

Wir haben uns sogar vorgestellt, daß Pilatus es fertigbrächte, sich für einen Augenblick auf eine Bank zu setzen und von Mensch zu Mensch mit Jesus zu sprechen, für einen Moment aus der Ringmauer seiner ihn einengenden Angst herauszutreten. Doch wie wir wissen, haben weder Pilatus noch die Wächter noch Judas sich von der Verwundbarkeit Jesu erschüttern, von seinem Freundschaftsangebot besiegen lassen.

Dies geschah nicht zufällig und nicht nur wegen einer Ungunst der Geschichte, weil Jesus leider einem Judas, den Wächtern, einem Pilatus in die Hände fiel, sondern einfach darum, weil er Menschen in die Hände fiel, Menschen wie wir.

Die Passionsgeschichte lehrt uns, daß der Mensch das Freundschaftsangebot, das Gott ihm im Namen Jesu macht, nicht annimmt, wenn er gewahr wird, daß dieses Angebot die Wahrheit über ihn selbst mit sich brächte und als Folge davon nötig wäre, den Teufelkreis zu durchbrechen, aus dem man nicht herauszukommen weiß.

Die Kommunikationslosigkeit des Todes

So bleibt nur noch der Tod Gottes. Da es dem Menschen nicht gelingt, aus dem Teufelskreis der Rache, des Trotzes und aufs höchste gesteigerter verfehlter Emotionen herauszukommen, bleibt Gott, der ihm in Jesus seine Freundschaft anbietet, nichts anderes übrig, als sich töten zu lassen und zu sterben. Gott geht in seinem Angebot bis zum Letzten.

Wie wir zu Beginn dieser Passionsbetrachtungen sagten, endet hier jedes Wort, denn was wissen wir über den Tod Gottes in Jesus? Nichts, so wie wir über jeden Tod nichts wissen. Der Tod ist der Moment der absoluten Kommunikationslosigkeit, und je mehr sich ein Mensch dem Tod nähert, desto weniger begreifen wir, was in ihm vorgeht. Wir machen uns Vorstellungen und stellen Mutmaßungen an, doch verstehen wir immer weniger, bis es dann schließlich zu absoluter Kommunikationslosigkeit, zu absoluter Unfähigkeit, zu geben und zu empfangen, kommt.

Jeder Tod steht unter dem Zeichen eines absoluten Mysteriums; daraus gehen denn auch die Gebräuche, die Gepflogenheiten der Menschen hervor, die Art und Weise, wie wir auf den Tod anderer oder auf den bevorstehenden eigenen Tod reagieren. Haben wir alle nicht schon erlebt, daß dann, wenn uns ein schwerer Todesfall trifft, die anderen gleichsam Angst vor uns haben, uns die Hand drücken, uns ein immer gleiches Wort des Beileids sagen und sich rasch wieder abwenden, weil sie verlegen sind?

Niemand von uns weiß, wie er sich in dieser Lage verhalten soll. Nur eine tiefe Freundschaft, ein großes Vertrauen kann ein wenig uns in diese Dinge einfühlen lassen. Zumeist hat man Angst, sagt man Beileidsworte, die man eben zu sagen pflegt. Doch dann ist man wie geschlagen, durch diese unmittelbare Erfahrung in Verlegenheit gebracht. Man wartet, bis einige Zeit verstrichen ist, die Sache etwas vergessen ist, denn man kann mit diesem Mysterium der Kommunikationslosigkeit nicht leben.

Wenn es schon unmöglich ist, den Tod eines gewöhnlichen Menschen zu verstehen, wie sollen wir dann den Tod Jesu und das Mysterium, das in ihm liegt, verstehen können? In diesem Tod, der, wie wir in einem Ausspruch des Theologen Hans Urs von Balthasar sagten, an und für sich den Charakter der Endgültigkeit hat, tritt Jesus nicht einfach in den Tod ein, um bald wieder aus ihm hervorzukommen, so wie ein Schwimmer im Wasser untertaucht und wieder emportaucht. Vielmehr läßt er sich in das Meer des Todes fallen, und somit hört alles auf. Nur die Macht Gottes bringt das für den Menschen Unverständliche zustande und läßt aus diesem Meer wieder auftauchen.

Wenn Jesus stirbt, stirbt er wie jeder andere Mensch für immer, endgültig. Er läßt sich von diesem Meer des Todesreiches verschlucken. Sagen wir im Glaubensbekenntnis nicht: „Er ist hinabgestiegen in das Reich des Todes"? Wir wissen nicht so recht, was das genau besagt, doch dahinter liegt dieses absolute, unwiederholbare, unmitteilbare Geschehen als Erfahrung der Erfahrungslosigkeit, des Endes, für das wir keinen Vergleich haben, sondern nur eine Analogie im Ende eines Geschehens.

Wenn wir von einem uns liebgewordenen Ort aufbrechen und uns bewußt sind, daß damit etwas zu Ende ist, haben wir ein Vorgefühl des Todes. Man sagt doch: „Partir c'est un peu mourir" („Verreisen ist ein kleines Sterben"), denn wir wissen, daß etwas aufhört. Doch gleich trösten wir uns mit anderen naheliegenden Dingen, und so handelt es sich nur um eine schwache Analogie. Niemand von uns kann sagen, was man beim Aufhören jeder Erfahrung erfährt.

Deshalb kommen einem angesichts des Todes Jesu eher einige geheimnisvolle Worte der Offenbarung des Johannes in den Sinn, wie die Stelle im 8. Kapitel, Vers 1: „Als das Lamm das siebte Siegel öffnete, trat im Himmel Stille ein, etwa eine halbe Stunde lang." Wer weiß, wie lange diese „halbe Stunde" der Fassungslosigkeit, des Verstummens aller Dinge dauert?

Oder nehmen wir ein Geschehen, das uns näher liegt. Die drei Freunde Ijobs, die wissen wollten, was für Schicksalsschläge ihn getroffen hatten, begaben sich miteinander zu ihm, um ihre Teilnahme zu bezeugen und ihn zu trösten. Doch dann gerieten sie in Verlegenheit, obwohl sie darauf vertrauten, das eine oder andere gute Wort zu ihm sagen zu können. „Als sie von fern aufblickten, erkannten sie ihn nicht; sie schrieen auf und weinten" (Ijob 2,12). Selbst sie, die doch gekommen waren, um ihn zu trösten, wurden von dem, was sie sahen, umgeworfen, und sie verstanden nichts mehr. „Jeder zerriß sein Gewand; sie streuten Asche über ihr Haupt gegen den Himmel. Sie saßen bei ihm auf der Erde sieben Tage und sieben Nächte; keiner sprach ein Wort zu ihm. Denn sie sahen, daß sein Schmerz sehr groß war" (Ijob 2,13). Aus diesen Vorstellungsformen der Bibel, aus dieser farbigen Sprechweise läßt sich etwas ahnen von diesem Umgeworfen-Werden, Still-und-Stumm-Dastehen.

Wir wollen über einige der letzten Geschehnisse nachsinnen, wie Matthäus sie uns vorlegt, und zwar zunächst über die Schmähungen, die Jesus am Kreuz treffen (Mt 27,39-44). Jesus wird verhöhnt, und der Evangelist schildert diese Szene eingehend, weil in ihr offenbar ein tiefer Sinn liegt. Sodann können wir über die letzten Worte Jesu meditieren: „Mein Gott, mein Gott, warum hast du mich verlassen?"; ferner über einige Geschehnisse, die Matthäus

zufolge nach dem Tode Jesu vorgefallen sind, über das Zerreißen des Vorhangs im Tempel und über die Szene mit
dem Hauptmann.

Der Gekreuzigte wird beschimpft...

Durch den Tod am Kreuz, den man als sehr schimpflich an-
sah, wollte man einen Menschen unter Schmähungen ver-
röcheln lassen. Das war der Gipfel der von menschlicher
Grausamkeit ersonnenen Qualen: einen Menschen gerade
während seines Sterbens der Beschimpfung, der öffentli-
chen Schande auszusetzen. Allein die Stellung des Gekreuzigten gab ihn der Lächerlichkeit preis, denn der Unglück-
selige verrenkte sich in seinem Kampf mit dem Tod und
wand sich in seinen Qualen, was das Makabre der Szene
noch steigerte. Deswegen berichtet die Heilige Schrift über
diese Schmähungen Jesu und hebt sie stark hervor. Sehen
wir, was für einen Sinn sie haben, wer Jesus verhöhnt und
was dieser sagt. Lesen wir zunächst Mt 27,39-44: „Die
Leute, die vorbeikamen, verhöhnten ihn und schüttelten
den Kopf... Auch die Hohenpriester, die Schriftgelehrten
und die Ältesten verhöhnten ihn... Ebenso beschimpften
ihn die beiden Räuber, die man zusammen mit ihm gekreuzigt hatte." Wir stehen drei Kategorien von Menschen, die
Jesus verhöhnen, gegenüber.

...von denen, die vorbeikamen

Die Passanten, die Leute von der Straße, wußten etwas und
doch wieder nichts. Sie hatten von Jesus reden gehört, vielleicht auch dann und wann einer Predigt von ihm ge-
lauscht, und dabei gedacht, daß er gut zu reden verstehe.
Doch dann waren sie, wie viele andere, weggegangen, und
nun stoßen sie zufällig wieder auf ihn und denken: „Schau

mal, wie er endet!" Natürlich beginnt dann auch die Boshaftigkeit, die stets in uns steckt, zu spielen: „Wenn Gott wirklich mit ihm gewesen wäre, dann würde er nicht so enden. Also hat er uns angeschwindelt. Zumindest ist es schade um die Zeit, die wir an ihn verschwendet haben." In der Tat sagt das Evangelium hier: „Sie schüttelten den Kopf."

Mithin steckt ein Fünckchen Vernunft selbst in diesen Passanten, die ungefähr so urteilen und denken: „Falls er das Richtige gesagt hätte, hätten unsere führenden Leute auf ihn gehört. Wenn sie ihn ans Kreuz gebracht haben, dann hat er es wohl verdient." Wenn der Gerechte verfolgt wird und er am Ende der Kräfte ist, sagen die vernünftigen Leute: „Wenn er so endet, muß das irgendwie seinen Grund haben."

Der eine und der andere der Vorübergehenden erinnert sich noch an dieses oder jenes Wort: „Er hat doch einmal vom Zerstören des Tempels gesprochen!" Dieser Ausspruch war sicherlich von Mund zu Mund gegangen, denn er prägte sich ein. „Nun sehen wir, wie wenig er vermag. Wenn er doch eine solche Macht hat, so soll er sie uns zeigen und versuchen, sich zu retten!" Einzelne hatten Jesus länger zugehört und erinnern sich, daß er sich für den Sohn Gottes ausgab, und sagten: „Wenn er doch ein Liebling Gottes ist, so beweise er es nun und steige vom Kreuz herab!"

Hinter dieser anscheinend vernünftigen Überlegung steckt, wie wir sagten, ein gewisses Gottesbild: Gott ist groß, mächtig, siegreich; wer sich ihm anvertraut, muß zwar vielleicht trotzdem Prüfungen und dunkle Stunden erleben, doch am Schluß wird er triumphieren. Ist dies nicht der Fall, kann Gott nicht mit ihm sein, denn sonst wäre ja Gott nicht groß und mächtig.

Dieser Gottesidee entstammt dann das Wort, das geradezu ein „Fluchen" ist, wie der griechische Urtext sagt, der hier mit „verhöhnen" wiedergegeben wird. Dieses Verhöhnen kommt aus dem Innern, ist also eine Art Rache: „Dieser da meinte, uns weiß Gott was zu sagen, doch seine Worte kamen uns allzu wunderlich vor, und jetzt haben schließlich wir einfachen Leute recht."

Hier bewahrheitet sich ein weiteres Mal: Gegenüber Jesus, selbst bei seinem Sterben, zeigt sich jeder Mensch so, wie er ist. Er zeigt, wie elend er ist, wie nichtssagend seine Gedanken sind.

...von den Theologen

Sodann gibt es unter dem Kreuze Jesu eine zweite Gruppe von Menschen: die Theologen, die sich von der Handlungsweise Jesu in ihrem Gottesbild am meisten bedroht fühlten. Es sind die Priester, die Schriftgelehrten und die Ältesten, alle diejenigen, welche religiös, kulturell und zum Teil auch administrativ das Sagen hatten. Alle diese verantwortungsvollen, ernsten Männer höhnen ebenfalls, treiben ihr Spiel mit ihm, denn sie halten sein ganzes Wirken für bloßen Bluff: „Dieser da hat uns für einen Moment beeindruckt; wir haben ihn fast ein wenig ernst genommen, doch nun sehen wir, daß er nichts wert war; er kann nicht einmal sich selbst helfen."

Es ist aufschlußreich, wie die Mentalität dieser Theologen und Gelehrten sich verrät. „Anderen hat er geholfen": sie anerkennen die Wundermacht Jesu, die sie beeindruckt hat. „Sich selbst kann er jetzt nicht helfen": bei der Rettung anderer stimmte somit etwas nicht. „Als wir schrieen, er treibe im Namen Beelzebuls die Teufel aus, und er sich darüber empörte, hatten wir recht; das sieht man jetzt. Wir rissen ihm damals die Maske vom Gesicht, was uns bei den Leuten verhaßt machte. Doch unser theologisches Argumentieren erweist sich jetzt als richtig, denn er kann sich ja nicht retten, mag er vielleicht auch andere gerettet haben. Wenn er doch, wie er behauptet und in der letzten Sitzung des Hohen Rates und auch vor Pilatus erklärt hat, der König

Israels ist, steige er vom Kreuz herab und wir werden ihm glauben."

Hier kommt auch ein religiöses Moment ins Spiel: „Er steige vom Kreuz herab, er zeige, daß er die Macht hat, sich zu retten, und dann werden wir glauben, daß er auch Israel zu retten vermag." An dieses theologische Argument wird noch ein Bibelzitat angefügt: „Er hat auf Gott vertraut, der ihn jetzt retten soll; er hat doch gesagt, er sei Gottes Sohn." Wenn er wirklich mit dem Vater so eng verbunden ist, wie er gesagt hat, dann beweise es doch Gott!

...von den Räubern

Die dritte Kategorie stellen die Räuber dar, die man zusammen mit Jesus gekreuzigt hatte. Wie uns Mt 27, 44 sagt, haben auch sie ihn beschimpft. Jeder tut das von seinem Standpunkt aus: der Mann von der Straße, weil er sich von Jesus betrogen und zum Narren gehalten fühlt; die Priester, die Vertreter der Kultur, weil er mit seiner Lehre ihre Stellung bedroht hat. Diese Räuber verhöhnen ihn – wenn man dazu den Text bei Lukas heranzieht und sich die Situation verdeutlicht – deswegen, weil er ihnen nicht hilft: „Wenn du doch in diesem Moment, wie wir, ein unglückseliger Mensch bist, so zeig doch, daß du etwas kannst!"

Was tut Jesus? Fühlen wir nach, was es in seinem Leiden und seinem Todeskampf für ihn bedeutet, diese Worte zu hören, die den Herzpunkt seiner Sendung treffen: das Heil, seine Würde als Gottessohn und König Israels, als neuer Tempel; die Fähigkeit anderen zu helfen; das Vertrauen auf den Vater. Sämtliche Eigenschaften Jesu werden hier herausgefordert und an einen hauchdünnen Faden geknüpft: „Wenn du vom Kreuz herabsteigst, ist für uns alles klar; doch wenn du am Kreuz hängen bleibst, können wir all das, wofür du angeblich gekommen bist, nicht annehmen."

Stellen wir uns für einen Moment vor, was wir selbst als

Passanten zu Jesus gesagt hätten, auch ohne ihn zu verhöhnen. Versetzen wir uns in die Haut derer, die im Grunde keine klare Einsicht in das hatten, was vorging. Vielleicht hätten wir gesagt: „Wir wollen an dich glauben, aber steige herab! Wenn du in diesem Moment auch nur die geringste Geste tust, wie viele werden dann an dich glauben! Du hast eine Menge Wunder vollbracht; wenn du doch gekommen bist, um Anerkennung zu finden, was macht es dir dann aus, ein weiteres Wunder zu wirken, damit man dir dann zujubelt? Alle werden dann auf die Knie sinken und ausrufen: ‚Wahrhaftig, der war der Sohn Gottes, wir haben uns getäuscht.'"

Warum tut Jesus das nicht? Warum wird mit dem Psalm 22, einem inspirierten, unfehlbaren Wort Gottes, der Vater direkt in das Geschehen hineingezogen? Jeder möge in der Betrachtung diese Frage an den Gekreuzigten stellen.

Der Herr wird uns antworten: „Denk nach, mit welchem Gottesbild diese Forderung der Priester, der Schriftgelehrten, der Räuber, der anderen Leute zusammenhängt. Mit dem Bild Gottes als eines Mächtigen, Siegreichen, der durch eine Machttat rettet. Das Bild Gottes hingegen, das ich im Auftrag des Vaters euch bringe, ist das eines Gottes, der schwach ist, verwundbar wird und sich ganz und gar der Freiheit des Menschen unterwirft.

Wie könnte ich vom Kreuz hinabsteigen, ohne all das zu leugnen? Das Bild des mächtigen Gottes würde triumphieren, doch ich würde meine Sendung nicht zu Ende führen, denn ich würde im entscheidenden Moment leugnen, daß Gott sich von den Menschen verwunden läßt. Ich hätte eure Freiheit nur bis zu einem gewissen Punkt erntgenommen. In diesem Fall könnte man sagen, es sei Gott mit seinem Freundschaftsangebot nicht ernst gewesen, er habe sich nicht allen Forderungen daraus unterzogen; Gott liebe also den Menschen und dessen Freiheit nicht. Wie könnte man behaupten, das Erbarmen Gottes sei grenzenlos, wenn

dieser an einem bestimmten Punkt sagen würde: „Fertig;
das Experiment ist zu Ende; es ist zu weit gegangen; ihr habt
nicht begriffen?

Fragen wir uns: Ist dies der Gott, an den wir glauben, der
Gott des Evangeliums, der Gott der Offenbarung unseres
Herrn Jesus Christus? Ist dies der Gott, den keine Philoso-
phie sich je ausdenken oder vorstellen konnte, sondern der
sich dergestalt offenbart, daß man ihn nur in einer totalen
Bekehrung des Herzen erkennen kann?

Bitten wir den Herrn und Maria, die diese dramatische,
ernste Offenbarung des Vaters erlebt haben, sie unserem
Herzen einzuprägen, uns aufgehen zu lassen, wie sehr unser
Gottesbegriff noch heidnisch ist. Wir wollen einen Gott,
der zwar auf die Probe stellt, uns schließlich aber rettet, bevor die Sache schief ausgeht; er soll auf uns nicht dieses to-
tale Vetrauen setzen, das er auf Jesus gesetzt hat. Ungewollt, ganz spontan machen wir uns immer wieder ein
heidnisches Bild von Gott. Wir denken uns einen Gott aus,
der uns zu Diensten ist, im Dienst unserer Macht, unseres
Erfolgs steht, nicht einen Gott, dem wir uns gänzlich anvertrauen können und sollen, so wie Jesus sich ihm anvertraut
hat.

Gott ist für uns ein Meer, in das wir uns zwar hineinwerfen, aber immer mit irgend einem kleinen Rettungsring ver-
sehen, damit wir, falls das Meer uns nicht trägt, uns
schließbst selbst hinaushelfen können.

Jesus stellt uns somit vor unsere heidnische Gesinnung
und fragt uns: „Bist du bereit, dein Herz dem Evangelium
zu öffnen und all dem, was die Annahme des Evangeliums
mit sich bringt?"

Die letzten Augenblicke

Der Tod Jesu wird erst recht zu einem Mysterium, wenn wir an die letzten Worte des Gekreuzigten denken. Matthäus und Markus geben uns nur ein einziges Wort Jesu am Kreuz wieder, während Lukas und Johannes mehrere verzeichnen. In jeder dieser Szenen haben wir einen Aspekt des unerschöpflichen Sinngehalts, der im Mysterium des Todes des Herrn liegt, und wir dürfen die Evangelisten nicht gegeneinander ausspielen.

Hier, bei Matthäus, heißt es zunächst einfach: „Von der sechsten bis zur neunten Stunde herrschte eine Finsternis im ganzen Land. Um die neunte Stunde rief Jesus laut: Eli, Eli, lema sabachtani?, das heißt: Mein Gott, mein Gott, warum hast du mich verlassen?" (27, 45-46)

Hans Urs von Balthasar legt eine Interpretation vor, die meines Erachtens die erste ist, die dieses Wort rigoros ernst nimmt. Er will die Verlassenheit Christi möglichst realistisch auffassen und führt einige Theorien weiter, die schon früher, vor allem von Luther und Calvin, aufgestellt wurden, die hierin nicht häretisch sind, sondern eine vertiefte Deutung der Passion des Herrn vorlegen. In diesem mysteriösen Moment des Lebens des Herrn ist von Balthasar zufolge der Zustand der Verlassenheit zu erblicken, der von den christlichen Mystikern in geistlicher Trostlosigkeit anfangsweise und keimhaft erlebt wird.

Wir haben die Worte des heiligen Ignatius über die geistliche Trostlosigkeit angeführt, bei denen man sich vorkommt, als wäre zwischen Gott und uns eine Mauer (Geistliche Übungen, Nr. 317). Jesus hätte nun diesen Zustand der Verlassenheit aufs höchste erlitten, so daß man – wie das einige Autoren, wenn auch sehr behutsam tun – gleichsam von einer „poena damni", von einer „Strafe der Verdammung" sprechen könnte.

Auch Hans Urs von Balthasar scheint mir – auf sehr persönliche, kluge Weise – in dieser Richtung zu gehen. Er spricht geradezu von einer Art Höllenstrafe. Jesus habe die äußerste menschliche Verzweiflung durchgemacht, nicht als Sünde und Revolte gegen Gott, sondern als Angst und Leiden.

Gewiß wäre es anmaßend, wollte jemand von uns sagen, was in diesem Moment in Jesus vorgegangen ist. Das einzige, das wir tun können, ist, mit den Erfahrungen, die der Herr uns machen läßt, uns in diesen entscheidenden, erhellenden, bestimmenden letzten Moment des Lebens Jesu zu vertiefen.

Meines Erachtens kann man für gewiß halten, daß Jesus als Haupt des mystischen Leibes stirbt. Alle diese Erfahrungen, die wir selbst erleiden und die wir so schwer objektivieren und anderen mitteilen können, alle Verlassenheit, Traurigkeit, Verdrossenheit, Angst, Einsamkeit, Verschlossenheit, die wir selbst durchmachen, all unser Mangel an Glaube, Hoffnung und Gottesliebe, all dies ist folglich für uns ein Weg zur tieferen Erkenntnis Christi.

Jeder kann somit von seiner eigenen Erfahrung aus, ohne daß es dazu einer Theorie bedarf, die letzten Worte Jesu theologisch deuten. Sicherlich sind diese Worte ein Anhaltspunkt, um zu erahnen, was sich in uns selbst abspielt. Ein weiteres Mal zeigt sich Jesus, selbst in seiner Verlassenheit, als unser Freund und deckt uns auf, wer wir sind, was in uns vorgeht, durch welche mysteriösen Untergründe (der „unterirdische Gang" von dem Theresia vom Kinde Jesu spricht) wir zur Gotteserkenntnis und zur Herzensfreiheit gelangen.

Mit Recht betont von Balthasar diesen Gedanken. Insbesondere die abendländische Mystik hat sich oft mit dieser unausschaltbaren Erfahrung im geistlichen Menschen befaßt. Darnach sind Erfahrungen des Ausgedörrtseins, des Überdrusses, der Mühsal, der Dunkelheit, der Nacht einfach Aufstiegswege: der durch Läuterung sich vollziehende

Aufstieg von der Schwerfälligkeit des Leibes zur Schau des Lichtes Gottes.

Hans Urs von Balthasar hingegen sagt: Im Licht des Evangeliums sind diese Zustände eher christologisch zu deuten. Wir sind berufen, da zu sein, wo Christus ist, Gott zu kennen, wie Christus ihn uns zu erkennen gegeben hat. Wie die Macht Christi sich in der Schwäche erzeigt hat, wie das Licht Gottes sich im Dunkel dieser Stunden offenbart hat, wie sich die Herrlichkeit und Hoffnung Gottes im Schmerzensschrei, im Schrei der Verlassenheit Jesu bekundet haben, so sind auch wir berufen, auf diesem Weg, den Jesus uns vorangeht, irgendwie zur Erkenntnis eines Gottes zu gelangen, der ganz anders ist als der, den wir uns ausdenken können.

Wiederum stellt sich die Frage: Warum gibt Gott sich uns dergestalt zu erkennen, warum mußte er auf diese Weise zu uns kommen? Von neuem überlegen wir: Hätte Jesus nicht vom Kreuz hinabsteigen und uns auf lichtere Art erlösen können? Hätte er uns dann aber so genommen, wie wir sind, hätte er die abgründige Bosheit des Menschen und der Welt ernstgenommen? So sind wir von neuem veranlaßt, nach einer Antwort zu suchen.

Es ist eine schwierige Überlegung, die ich noch bis vor kurzem nicht anstellen wollte, und wenn sie ein anderer anstellte, wies ich sie zurück. Doch mir ist aufgegangen, daß man vor dieser Seite des Matthäusevangeliums schwerlich fliehen kann.

Der Tod Jesu ist nicht großartig noch glorreich. Zwar gibt es Gott sei Dank auch heitere Tode. Wir alle haben wohl schon dem Sterben von Menschen beigewohnt, bei denen bereits etwas von der Auferstehung aufleuchtete, weil sie heitere Gelassenheit und den Frieden Gottes ausstrahlten. Hier wird die Gnade des Auferstandenen sichtbar, die sich schon über das tragischste Geschehen des Menschen breitet und es in manchen Fällen verklären kann. Doch der Tod Jesu war anders.

Nach den letzten Worten Jesu besteht ein Mißverständnis: Man meint, Jesus habe nach Elija gerufen; man reicht ihm einen Schwamm voll Essig. Es herrscht Verwirrung. Es ist keine großartige Szene mit einem, der bewundert wird und betet; alles spielt sich ein wenig zwischen Ernst und Lächerlichkeit ab. Die Zuschauer sind gewohnt, Verurteilte sterben zu sehen. „Jesus aber schrie noch einmal laut auf." Dieser letzte Aufschrei erfolgt nicht einmal in Worten; er ist höchst geheimnisvoll und läßt keine Deutung mehr zu.

Der Tod Jesu ist tragisch; ohne Glorienschein, nicht voller Frieden, sondern qualvoll. Jesus stürzt in den Abgrund des Todes, der menschlichen Bosheit, die ihn verschluckt.

Es ist schwierig, die Frage zu beantworten, ob Jesus einen schönen oder einen tragischen, bitteren Tod gehabt hat. Die Antwort hängt davon ab, wie wir seine letzten Worte auffassen. Als man mir vor einiger Zeit bei einer Zusammenkunft eben diese Frage stellte, sagte ich, der Tod Jesu sei nicht bitter gewesen. Doch jetzt, wie ich diese Stelle des Evangeliums nochmals lese, scheint mir, für Johannes und Lukas sei der Tod Jesu mehr verklärt, für Matthäus und Markus aber mehr tragisch und leidvoll gewesen.

Dieser Aspekt, der uns den anderen nicht vergessen lassen darf, der ebenfalls vorhanden ist, besagt meines Erachtens, daß Jesus das Schicksal so vieler, ja der meisten Menschen auf der Welt, nicht großartig zu sterben, geteilt hat.

Ich habe vor kurzem einen Bericht von Ivo Andric über die Franziskaner von Bosnien gelesen, die ein eigenes Gepräge hatten, da sie unter der Türkenherrschaft und somit in ständiger Bedrängnis lebten. Einer dieser Franziskaner, eifrig und rauh zugleich, wurde des Nachts von einem Bauern zu einem ihm unbekannten Sterbenden gerufen. Er macht sich ein wenig verängstigt auf den Weg, und als er im

Haus des Bauern angekommen ist, führt ihn dieser ins Gebirge, wo in einer Höhle ein christlicher Bandit haust, der sein ganzes Leben lang gegen die Türken gekämpft, aber auch andere Menschen umgebracht hat. Hier beginnt der Kampf des Franziskaners mit diesem Banditen, der den Priester zurückweist. Es ist ein gewaltiger Kampf. Voller Überzeugung wiederholt der Pater einfach die härtesten Wahrheiten über die Hölle, über den Gekreuzigten. Der andere aber kehrt den Kopf gegen die Wand und gibt keine Antwort.

Auf einmal wendet sich der Bandit um, und der Pater sieht, daß er sich ergeben will. Schnell spricht er die Lossprechung über ihn und hat den Eindruck, daß der Bandit sie irgendwie angenommen hat. Zufrieden geht er weg und denkt, er habe einen Menschen gerettet. Einige Zeit später kommt der Bauer noch einmal zum Pater, um ihn wieder schnell zum Bandit zu holen. Er eilt von neuem den Berg hinauf – und erblickt den Banditen am Rande der Schlucht unterhalb der Höhle wie an einen Baum gekreuzigt. Er fragt sich: „Warum stirbt er so? Ich hatte ihm doch die Lossprechung erteilt; konnte er nicht ruhiger sterben? Warum hast du mir das angetan, Herr?"

Mir scheint, diese Erzählung veranschaulicht trefflich, wie wir die Dinge verlaufen sehen möchten: in Ruhe, Gelassenheit, Ergebenheit, und wie sie sich in Wirklichkeit abspielen: seltsam, mysteriös, unberechenbar.

Der Tod Jesu hat an dieser Unvorhersehbarkeit des menschlichen Lebens und Sterbens teil. Es bleibt uns nichts anderes übrig, als dieses Mysterium des Herrn anzubeten, der uns so weit entgegengekommen und einem jeden von uns gleich geworden ist. Wir wissen nicht, wie wir das Sterben erleben oder nicht erleben, doch dürfen wir uns darauf verlassen, daß der Herr als unser Freund uns den Weg gebahnt hat und uns entgegenkommt.

Nach dem Tod

Betrachten wir, was geschieht, nachdem Jesus den Geist aufgegeben hat und gestorben ist. „Da riß der Vorhang im Tempel von oben bis unten enzwei. Die Erde bebte und die Felsen spalteten sich. Die Gräber öffneten sich", Leichname gingen umher und zeigten sich. Der Hauptmann erschrak (Mt 27, 51–54).

Im allgemeinen sind die Exegeten vor diesen Angaben ratlos, doch mir scheint, daß diese Bilder das ausdrücken wollen, was sich nicht in Worte fassen läßt.

Wie gesagt ist gegenüber dem Tod Christi nur Schweigen angebracht. Doch dieser Tod hat kosmische und menschliche Resonanzen, die sich im Glauben vernehmen lassen. Ich beschränke mich hier auf das, was am leichtesten zu deuten ist, das Verhalten des Hauptmanns und der Wächter: „Als der Hauptmann und die Männer, die mit ihm zusammen Jesus bewachten, das Erdbeben bemerkten und sahen, was geschah, erschraken sie sehr und sagten: Wahrhaftig, das war Gottes Sohn!" (Mt 27, 54).

Wir haben also hier die erste Proklamation Jesu. Zum ersten Mal treten die Wirkungen des Paradoxen an Gott in der menschlichen Erfahrung in Erscheinung. In dem Moment, der sich menschlich gesehen am wenigsten dazu eignet, gerade als diese Menschen den Tod Jesu in dessen ganzer Trostlosigkeit, vielleicht mit gewisser Gleichgültigkeit in Eile erlebt haben, bringen diese Außenstehenden dennoch ein menschliches Empfinden auf, fassen es unwillkürlich in die Worte: „Trotz allem war dieser jemand, ja vielleicht ein Liebling Gottes."

Wie sind sie dazu gelangt? Vielleicht erscheint uns das unter solchen Umständen als unmöglich, doch gerade da bekundet sich das Paradoxe an Gott, und zwar auf ganz andere Weise, als wir es erwartet hätten. Was die Passanten, die Menschen von der Straße, und die Priester nicht erfaßten, haben diese Männer, der Hauptmann und die Soldaten, begriffen. Es läßt sich denken, daß unter ihnen auch solche waren, die Jesus zuerst verhöhnt hatten, nun aber, als sie nahe bei ihm standen, ihn erkannt haben.

Eigentlich sind diese Männer die nächsten Zeugen der Passion. Sie haben die Reaktionen, das Erschaudern, den Gesichtsausdruck Jesu gesehen. Von dieser Nähe zu Jesus, von seiner Verwundbarkeit aus haben sie nach und nach etwas von der Geduld Gottes zu begreifen begonnen. Ihr Herz öffnet sich und beginnt zu erfassen, was andere mit ihren theologischen Vorurteilen über die Art und Weise, wie Gott zu sein, wie er zu handeln hat, nicht zu verstehen vermochten.

Wer nur von ferne zuschaute, hat den Sinn der Szene nicht erfaßt; wer aber Jesus von ganz nahe sah, konnte sich dem Eindruck nicht entziehen, daß Gott in diesem Menschen war, obwohl alles Äußere dagegen sprach. Darum sind diese Menschen darauf vorbereitet, und als irgendein äußeres Zeichen ihre Einbildungskraft und ihren starken Sinn für das Göttliche erregt, geschieht der Schritt: „Doch, dieser Mensch war jemand, er war wirklich ein von Gott Geliebter."

Blicken auch wir den Herrn von ganz nahe an, wie es diese Soldaten gegen ihren Willen getan haben, so daß sämtliche Fragen des Geistes sich im Kontakt mit der Wirklichkeit Gottes lösen. Wenn wir den Mut haben, diesen Schritt zu tun, den Kreis der Menschen zu durchbrechen, die von ferne schreien, ohne zu verstehen, und wenn wir mit ihm zu sprechen, in das einzutreten suchen, was an ihm geschieht, dann wird auch uns diese Offenbarung zuteil werden. Dann wird der Vorhang im Tempel zerreißen, nämlich das alte Gottesbild: der große Gott, der mächtige Gott, der den Feind besiegt, den Gegner zerschmettert. Dieser geheimnisvolle Gott, den ein Vorhang verdeckte, so daß er unberührbar, der absolut Andere, Unzugängliche blieb, ist nun in Jesus Christus schwach, arm und verwundbar geworden; er kann in das Herz jedes Menschen eintreten und von einem jeden erfahren werden.

Wir erfahren darin Christus und all die menschlichen Leiden, vor denen wir uns ängstigen, die wir von ferne anschauen, vor denen wir uns mit konventionellen Sprüchen schützen, bis wir endlich den Mut finden, ganz nahe an sie heranzutreten, wenn sie uns auch noch so schrecklich, unverständlich, widersinnig erschienen.

Bitten wir den Herrn, er möge uns behilflich sein, uns zu den Soldaten unter dem Kreuz zu stellen. Bitten wir die Schmerzensmutter mit den Worten, mit denen die Kirche uns darum beten heißt, dem Gekreuzigten nahe zu sein: „Heil'ge Mutter, drück die Wunden, die dein Sohn am Kreuz empfunden, tief in meine Seele ein!"

Elfte Meditation

Verschiedene Erfahrungen des Auferstandenen

„Jesus, auferstandener Herr, du bist mit deiner Macht immer bei uns. Wir bitten dich: schenke uns deinen Geist, damit wir in ihm deine Tröstungen und auch ein wenig deine Freundschaft erfahren.

Laß uns gemeinsam mit deiner Mutter die Freude über deine Auferstehung in uns aufnehmen und verstehen, was diese für die Welt, für die Toten und für die Lebenden, für unser ganzes Menschsein, für alles, was in uns und außer uns ist, bedeutet.

Schenke uns, Herr, diese Erfahrung. Wir haben sie nicht verdient; sie ist nicht Frucht unseres Suchens, sondern Geschenk deiner Güte.

Du, der du lebst und herrschest in alle Ewigkeit. Amen."

Es ist schwierig, über das Ostermysterium zu meditieren

Je weiter wir in den Meditationen über das Ostermysterium kommen, desto stärkere Schwierigkeiten verspüren wir, weil wir in etwas eintreten, das wir erst wenig erfahren haben.

Einer der Gründe für diese Schwierigkeiten liegt meiner Ansicht nach darin, daß wir uns noch innerhalb des erst in Vollendung begriffenen Ostermysteriums befinden. Christus selbst ist auferstanden, aber die Auswirkungen nehmen wir in unserem Leben bloß allmählich wahr. Erst zum Zeitpunkt der Endoffenbarung des ganzen Christus werden wir das Ostermysterium in seiner Fülle erfassen, werden wir darüber sprechen können. Jetzt aber ist es uns noch versagt, es sei denn, wir reden von den Wirkungen, die der hl. Ignatius darstellt („Geistliche Übungen", Nr. 223): „Das Trösteramt betrachten, das Christus unser Herr ausübt, und damit vergleichen die Art, wie Freunde einander zu trösten pflegen."

So weit diese Wirkungen in unserer Erfahrung greifbar sind, können wir sie zu objektivieren und zu bekunden suchen. Doch das Auferstehungsmysterium als solches wird in der Bibel nie geschildert; wir können es auch noch nicht vollständig erfahren, denn die Welt ist erst in Auferstehung begriffen, und wir selbst stehen noch im Übergang vom Tod zum Leben.

Von Leben können wir so weit sprechen, als wir schon einige Wirkungen des in der Taufe geschenkten Lebens erfahren haben. Die endgültige Auferstehung aber tritt erst dann ein, wenn unser ganzer Leib „zur Freiheit und Herrlichkeit der Kinder Gottes" (Röm 8,21) befreit sein wird. Wir erwarten dies erst und können deshalb das, was noch Gegenstand der Hoffnung, nicht schon der Erfahrung ist, nicht beschreiben. Paulus sagt ja, „daß die Leiden der gegenwärtigen Zeit" – davon können wir sprechen, weil sie unsere jetzige Erfahrung sind – "nichts bedeuten im Vergleich zu der Herrlichkeit, die an uns offenbar werden soll" (Röm 8,18).

So harren wir ungeduldig auf die endgültige Verwirklichung der Auferstehung. „Wir seufzen in unserem Herzen und warten darauf, daß wir ... als Söhne offenbar werden" (Röm 8,23). Die Gotteskindschaft, die wir schon in der Taufe empfangen haben, wird hier als noch zukünftig betrachtet, weil deren endgültige Wirkungen der Umgestaltung noch ausstehen. Wir harren noch auf die „Erlösung unseres Leibes" (Röm 8,23) und sprechen deshalb von der Auferstehung wie man in einem Eisenbahnwagen vom Reiseziel spricht. Wir stehen in einer noch im Werden begriffenen Auferstehung. Die neue Welt ist im Werden, in den Tod bricht schon Leben ein, aber noch unklar, und ins Leben bricht immer wieder der Tod ein. Das ist unsere Erfahrung.

Die Heilige Schrift selbst will auch nicht mehr aussagen. In den letzten Kapiteln der Evangelien ergeht sie sich nicht in großartigen Schilderungen des Auferstandenen, sondern stellt sehr einfach und schlicht einige Erscheinungen des auferstandenen Christus dar. Nur Matthäus beschreibt am Ende seines Evangeliums die ein wenig feierlichere Szene, die wir schon ganz am Anfang betrachtet haben. Er relativiert sie aber durch die Bemerkung: „Einige aber zweifelten." Hier scheint mir einer der Gründe für die Schwierigkeiten zu liegen, die wir beim Nachsinnen über das Ostermysterium empfinden.

Verschiedene Haltungen zum Ostermysterium

Suchen wir auch jetzt auf das Ostermysterium einzugehen auf dem Weg über die keimhafte, unklare, bald negative, bald positive Erfahrung der Menschen, die es erlebt haben, und versetzen wir uns unmittelbar in ihre Situation. Ich stelle deshalb aus den letzten Kapiteln des Matthäusevangeliums drei Typen von Menschen vor Augen, die das Ostermysterium als ganzes erlebt haben, wobei ich vor allem bei der letzten Kategorie verweilen werde.

Bei Matthäus findet sich eine Personengruppe, die das Ostermysterium nur von außen, noch entfernt erlebt; andere erleben es in Angst und wieder andere in Liebe. Die einen ehren im toten Christus einen großen Menschen, der zu beweinen ist, einen Menschen, der irgendwie Liebe und Hochachtung verdient, der eine Spur hinterlassen hat, aber nicht mehr. Andere hingegen bangen vor ihm, und die dritte Gruppe liebt ihn und läßt sich von dieser Liebe leiten.

Josef aus Arimathäa und Pilatus:
äußerliche Beteiligung

Im Bericht über das Begräbnis Jesu stellt uns Matthäus (27,57–61) die beiden Hauptpersonen, Josef von Arimathäa und Pilatus, in einer edlen, irgendwie folgerichtigen Haltung dar.

Joseph aus Arimathäa, der hier zum ersten Mal im Evangelium auftritt, ist eine bemerkenswerte Gestalt. Der griechische Urtext sagt: „Gegen Abend kam ein reicher Mann namens Josef von Arimathäa her." Er scheint also – vielleicht zu Pferd – von Arimathäa hergekommen zu sein und nicht von dorther zu stammen. Vermutlich will Matthäus damit sagen, daß Josef zwar beim Tod Jesu nicht dabei war, aber durch diesen Tod doch erschüttert wurde.

Josef war ein eigentlicher Jünger, wenn auch nicht Apostel Jesu, und vielleicht verwundert uns die Bemerkung, daß er reich gewesen sei. Matthäus hebt das jedoch hervor, vielleicht um die von ihm wiedergegebene Aussage Jesu: „Ein Reicher wird nur schwer in das Himmelreich kommen" (19,23) ein wenig zu relativieren.

Dieser Mann kommt zu spät an, als daß er noch etwas hätte unternehmen können, um Jesus zu retten. Er kann ihm nur noch die letzte Ehre erweisen. Als ein an Geld und Einfluß reicher Mann kann er direkt zu Pilatus gehen und von diesem den Leichnam erbitten und erhalten. So vollzieht er das Werk der Barmherzigkeit, Jesus zu bestatten, was sehr schlicht geschildert wird.

Wir befinden uns also vor zwei Männern, Pilatus und Josef, an denen sich im Grunde schon eine erste Auswirkung des Ostermysterium zeigt. Josef vollbringt eine mutige Tat, weiß er doch sehr wohl, daß es dem Hohen Rat nicht genehm sein kann, den Leichnam Jesu ehrenvoll zu bestatten. Und Pilatus, der den Leichnam herausgibt, weiß, daß er dazu nicht verpflichtet wäre und daß dies ihn in Mißkredit bringen wird.

In diesen beiden Taten erblicke ich schon eine erste Auswirkung des Todes des Herrn. Jesus beginnt bereits von fern her zu handeln, die Herzen ein wenig zu öffnen und in Pilatus und Josef nachträglich Mut zu wecken. Josef ist zu spät gekommen; vielleicht konnte er nicht, vielleicht wollte er nicht – aus Angst – sich in den Trubel mischen. Auf jeden Fall zeigt sich in ihm schon eine erste Auswirkung des Todes des Herrn.

Doch diese zwei Männer nehmen am Ostermysterium nur von außen, noch entfernt teil. Josef, der doch ein Jünger Jesu ist und das Reich Gottes erwartet, scheint die Bestattung sehr ehrerbietig, taktvoll vorzunehmen, aber er ehrt Jesus lediglich als einen großen Propheten. Auch Pilatus, der den Leichnam herausgibt, vollbringt eine gute Tat, eine Tat der Hochachtung, aber nichts weiter.

Die Priester des Tempels: Unruhe des Gewissens

Eine zweite Menschengruppe stellen die Priester dar, die Matthäus gleich darauf (27, 62–66) erwähnt. Sie stehen dem Ostermysterium mißtrauisch, distanziert gegenüber und befürchten, ein neues Geschehnis könnte sie zum Geständnis zwingen, daß Jesus wahrhaft auferstanden sei.

Auch da zeigt sich eine Auswirkung des Ostermysteriums: die Unruhe des Gewissens derer, die es nicht wahrhaben wollen. Wie man sieht, handelt Jesus in aller Stille. Doch sein Tod beginnt sich auszuwirken, und er, der Tote, jagt – wie verwunderlich und widersinnig! – noch mehr Angst ein als zu seinen Lebzeiten. Alles wird jedoch noch distanziert, mit menschlichen Augen gesehen in gewissem Aberglauben und in einer Haltung der Selbstverteidigung.

Nur die Frauen, die sich zum Grab begeben, um Jesus zu

ehren, sind imstande, den Sinn der vorhergehenden und der im Gang befindlichen Ereignisse nach und nach zu erfassen.

An diesem Punkt sollten wir noch einmal über die beiden ersten Kategorien nachdenken: über Josef aus Arimathäa, Pilatus und die Hohenpriester, die uns in gewissem Sinn als Hinweis darauf gedient haben, wie verschieden man dem Ostermysterium gegenüberstehen kann. Eine der gewöhnlichsten Haltungen ist die, sich dagegen zu sträuben, bloß die äußeren, „folkloristischen" Aspekte anzunehmen und sie nur oberflächlich zu betrachten, ohne sich davon innerlich völlig umgestalten zu lassen.

Die drei Marien: liebende Beteiligung

Die im Evangelium erwähnten Frauen jedoch werden vom Herrn dazu gebracht, in das Mysterium wirklich einzutreten. Deshalb müssen wir aufmerksam auf ihre Haltung blicken. Wir sollten jedoch den Rahmen erweitern und nicht nur an dem Moment haften bleiben, da sie sich zum Grab begeben, sondern auch die entfernteren und näheren Geschehnisse betrachten, an denen diese Frauen beteiligt waren.

So fragen wir uns nach dem Sinn der liebenden Beteiligung der Kirche an der Auferstehung des Herrn und am Ostermysterium, die von den drei Marien verkörpert wird. Sie hat jedem Menschen etwas zu sagen, der deren Handlungsweise mitvollziehen will und sie nicht ablehnt, sondern sich in die von Petrus verkörperte organisierte Beteiligung der Kirche am Mysterium des Herrn einfügt.

Hier werden die beiden Komponenten der Haltung der Kirche deutlich: die organisiert tatkräftig voranzutreibende apostolische Arbeit, die in Petrus zum Ausdruck kommt, und die affektive Beteiligung der Kirche am Wirken des

Herrn in Liebe, Gebet, Hingabe, in der Entdeckung der inneren Wirklichkeiten, die von den drei Marien versinnbildet wird.

Nicht als ob wir daraus irgendwie auf eine Verschiedenheit der Rollen des Mannes und der Frau in der Kirche schließen wollten, denn auch der Mann ist berufen, an der liebenden Entdeckung des Ostermysteriums teilzunehmen, so wie auch die Frau berufen ist, sich am Organisationswerk zu beteiligen. Vielmehr handelt es sich um eine symbolische Sicht der Kirche in ihren verschiedenen Komponenten.

Auch diese Betrachtungsweise verdanke ich Hans Urs von Balthasar. Er prüft, weshalb heute in der Kirche eine solche Animosität herrscht, und hat über diese Themen eine sehr aufschlußreiche theologische und geistliche Studie verfaßt. In seinen Ausführungen über das marianische Prinzip in der Kirche stellt er dar, daß unsere nachkonziliare Kirche in gewissen Ländern zu einer streitenden Kirche wird, weil wir das petrinische Prinzip der Effizienz und Organisation allzusehr hervorstreichen, während wir das marianische Prinzip der Affektivität, des Verstehens, der Freundschaft zum Schweigen bringen. Wenn diese beiden Prinzipien nicht im Gleichgewicht sind, leidet die Kirche.

Nicht umsonst ist leider auch die Marienverehrung wenigstens in ihren äußeren Formen am Verschwinden. Darin erblickt von Balthasar eine der Ursachen der Animosität, der Gereiztheit in der Kirche, der Unfähigkeit, die Dinge ruhig, friedlich, gelassen zu nehmen.

Unsere Meditation betrifft also Elemente, die mir für das Gleichgewicht der Kirche, jeder Gruppe in der Kirche, und auch für das Gleichgewicht des einzelnen Menschen in der Kirche wichtig sind.

Wer sind diese drei Marien?

1. Die erste der Drei ist Maria von Nazaret, die Mutter Jesu, die den Urtyp der liebenden Beteiligung der Menschheit am Erlösungswerk darstellt, das im Ostermysterium gipfelt. Dies ist der Ausgangspunkt. Maria steht in Nazaret nicht für sich allein da, sondern sie repräsentiert die in Glaube und Liebe geschehende herzliche Beteiligung der Menschheit am Wirken Gottes und folglich den Beginn des Ostermysteriums im Herzen des Menschen.

Mit dem Ja Marias von Nazaret verbinden sich zwei weitere Ja zweier anderer Frauen, die seltsamerweise den gleichen Namen tragen. In einer Bewertung, die auch dem Symbolgehalt der Evangelien Rechnung trägt, darf dieser Aspekt nicht gänzlich unbeachtet bleiben. Die beiden Marien setzen offenbar die erste fort. An das Ja der Maria von Nazaret schließen sich das Ja der Maria von Betanien an, die Jesus vor der Passion salbt, und das Ja der Maria aus Magdala.

Alle Exegeten sind der Ansicht, daß in der jetzigen Form des Matthäusevangeliums und auch in den anderen Evangelien der Passionsbericht mit der Salbung in Betanien beginnt. Diese gehört schon zum Ostermysterium, das damit anhebt und sich dann zum ersten Mal darin bekundet, daß Matthäus zufolge Jesus zuerst der Maria aus Magdala und der anderen Maria erscheint.

Klarer ließe sich meditieren mit der Erscheinung Christi an Maria aus Magdala in Joh 20, 14 ff, wo der Gedanke vertieft wird. Doch auch in Mt 28, 9–10 können wir den Beginn der Passion mit deren Abschluß und Auswirkung, den ersten geschichtlichen Bekundungen des Ostermysteriums, verknüpft sehen.

2. Betrachten wir die Episode mit Maria von Betanien (Mt 26, 6–13), die direkt mit der Passion zusammenhängt, denn von da an faßt Judas den Entschluß, Jesus auszuliefern.

Wir kennen den Vorfall: Jesus weilt im Hause Simons des Aussätzigen in Betanien. Während eines Mahls nähert sich ihm eine Frau und gießt ihm aus einem Alabastergefäß kostbares wohlriechendes Öl auf das Haupt. „Als die Jünger das sahen, wurden sie unwillig und sagten: Wozu diese Verschwendung? Man hätte das Geld teuer verkaufen und das Geld den Armen geben können. Jesus bemerkte ihren Unwillen und sagte zu ihnen: Warum laßt ihr die Frau nicht in Ruhe? Sie hat ein gutes Werk an mir getan. Denn die Armen habt ihr immer bei euch, mich aber habt ihr nicht immer. Als sie das Öl über mich goß, hat sie meinen Leib für das Begräbnis gesalbt. Amen, ich sage euch: Überall auf der Welt, wo dieses Evangelium verkündet wird, wird man sich an sie erinnern und erzählen, was sie getan hat."

Bis heute frage ich mich, warum auf diese Episode so viel Gewicht gelegt wird. Es heißt ja: „Überall auf der Welt wird man sich an sie erinnern." Warum wird das so stark hervorgehoben? Nicht ohne Grund sagt der Evangelist von dieser Szene etwas, das sonst nur über Maria, die Mutter Jesu, ausgesagt wird. Darin liegt also eine offensichtliche Analogie zum „Magnificat" vor, das uns das Ja der Maria von Nazaret in Erinnerung ruft.

Vielleicht läßt sich diese Analogie besser begreifen im Blick auf die weiteren Personen, die in diesem Bericht vorkommen: die eine ist Judas, die andere klingt nur im Namen des Hausherrn an: Simon, worunter wir schon Petrus verstehen können.

Wir haben bereits eingehend die Haltung des Petrus zur Passion Jesu betrachtet: Petrus will nicht, daß Jesus für ihn sterbe; lieber will er sterben statt Jesus. Darum möchte er ihn davon abhalten. Jesus soll nicht etwas für ihn tun, sondern umgekehrt möchte er etwas für den Herrn tun. Dies tritt auch in den abwehrenden Worten hervor, als Jesus ihm die Füße waschen will: „Niemals sollst du mir die Füße waschen; du sollst mir nicht einen Dienst leisten, den ich dir zu verdanken hätte."

Aus Angst, die seinem Organisationstrieb und Leistungsdrang entspringt, will Petrus Jesus zurückhalten. Der Herr soll davon absehen; Petrus will nicht, daß dieser etwas für ihn tue oder gar für ihn sterbe, und hat folglich nicht die richtige Einstellung zur Passion des Herrn.

Und wie denkt Judas? Judas tut das Gegenteil: Wie man aus Vers 14 am Ende der Episode ersieht, wird er Jesus in die Passion treiben. Warum? Nehmen wir an, Judas habe den Auslieferungsbeschluß noch nicht gefaßt, der, wie wir sagten, vielleicht einem Rachewillen entspringt. Judas gehört zu denen, die am stärksten kritisieren: „Wozu diese Verschwendung? Man hätte das Öl teuer verkaufen und das Geld den Armen geben können."

Ist es nicht so, daß man sich gern mit Judas einverstanden fühlt: „Hätte man eigentlich nicht weniger kostbares Öl nehmen und dafür den Armen eine schöne Spende zukommen lassen können?" Haben nicht viele von uns schon das gleiche gedacht? Folglich vermögen auch wir nicht zu erfassen, was vorgeht. Im Grunde sagen wir: Die Armen sind doch wichtig, und Jesus selbst hat kurz vorher gesagt: „Was ihr für einen meiner geringsten Brüder getan habt, das habt ihr mir getan" und „was ihr für einen dieser Geringsten nicht getan habt, das habt ihr mir nicht getan."

Judas könnte also sagen: „Herr, ich nehme dich beim Wort. Diese Summe hätte man den Armen geben können; man hat sie ihnen aber nicht gegeben, darum braucht man sie auch dir nicht zu geben." Wie viele Male haben nicht auch wir das gedacht! „Das ist doch reine Verschwendung; verkaufen wir also alles, verkaufen wir sogar auch die Zeit des Betens, denn während ich bete, kann ich keinem Kranken beistehen; während ich bete, hat mich jemand nötig." Wenn, wie Jesus gesagt hat, nur der direkte Dienst am Nächsten etwas gilt, dann hat doch Judas recht.

Wir sehen: In dieser Episode geht es um etwas sehr Wichtiges, um die Haltung des Menschen zu der Erlösung durch Christus. Die Antwort Jesu ist denn auch sehr entschieden: „Warum laßt ihr diese Frau nicht in Ruhe?" Als Parallele zu diesem starken Wort verweise ich auf Gal 6, 17, wo Paulus, nachdem er den ganzen Brief hindurch mit denen diskutiert hat, die für die Beibehaltung der jüdischen Bräuche eintraten, sagt: „In Zukunft soll mich niemand mehr belästigen. Laßt mich in Ruhe! Denn ich trage die Zeichen Jesu an meinem Leib", d. h. ich bin gewiß, daß ich auf der Seite Christi, in der Fülle der Wahrheit stehe."

Jesus sagt meines Erachtens etwas Entsprechendes: „Diese Frau hat das Richtige getroffen. Sie ist die einzige, die verstanden hat, und es ist widersinnig, sie verunsichern zu wollen."

Warum hat sie verstanden? Jesus fährt fort: „Sie hat ein gutes Werk an mir getan." Die Juden sprachen oft von guten Werken, von Werken der Barmherzigkeit, und Jesus scheint sagen zu wollen: „Auch ich bin jemand; auch mir soll eure Liebe, euer Mitleid gelten. Folglich dürft ihr mir logischerweise nicht etwas verweigern unter dem Vorwand, es jemand anderem zu geben. Auch ich stehe vor euch da als einer, der euch nötig haben kann." Wir können folgenden Sinn herauslesen: „Diese Frau hat etwas Gutes getan; sie hat mir Ehre erwiesen, und das ist richtig. Niemand darf sagen, das sei Zeitverschwendung und Geldvergeudung."

Dann fährt Jesus fort mit einem Satz, der bekanntlich in erschreckender Weise mystifiziert worden ist und der Kirche und den Armen sehr geschadet hat: „Die Armen habt ihr immer bei euch." Wie wir wissen, hat man diesen Satz schon gebraucht, um damit zu sagen: „Arme gibt es immer; die Armen werden an Zahl nicht abnehmen." Damit, daß Jesus diesen Satz sagt, nahm er schlimme Mißverständnisse in Kauf.

Doch wenn er ihn gesagt hat, will das heißen, daß er uns

199

etwas Wichtiges mitzuteilen hatte: „Die Armen habt ihr immer bei euch, mich aber habt ihr nicht immer." Worüber läßt uns Jesus nachdenken? Mir scheint, wenn wir diesen Satz im Licht seiner vorhergehenden Worte („Was ihr für einen meiner geringsten Brüder getan habt, das habt ihr mir getan") lesen, können wir ihm den Sinn entnehmen, in den wir uns in allen diesen Meditationen zu vertiefen suchten: „Was ihr ihnen tut, tut ihr mir; aber auch was ihr mir tut, tut ihr ihnen." Das will heißen: „Meint nicht, daß ihr eine tatkräftige Kirche werden könnt, welche die Wohltätigkeit organisiert, wenn ihr nicht auch Kirche der Liebe seid."

Falls man diese beiden Dinge nicht miteinander verbindet, sondern in einem gewissen Moment voneinander trennt, wird die Kirche zu einem Sozialwerk wie andere auch, zu einer Großorganisation, in der man sich dann fragt, weshalb man diesen Rest von Gebeten beibehalten soll, statt ihnen einen weltlichen Sinn zu geben, und weshalb man das Evangelium lesen soll und nicht soziale Programme, denn beides habe ja den gleichen Sinn.

Nach meinem Dafürhalten weist Jesus uns klar und deutlich auf den Zusammenhang hin, der von Petrus und vor allem von Judas aufzulösen versucht wird: „Wenn ich einmal nicht mehr da sein werde, werdet ihr immer noch die Armen haben. Es wird stets einen Bruder von euch geben, der euer bedarf, und wenn ihr ihm helft, helft ihr mir, und wenn ihr mir helft, helft ihr den anderen."

Hier stehen wir schon an der Schwelle zum Mysterium, denn Jesus fügt noch einen weiteren Satz hinzu: „Als sie dieses Öl über mich goß, hat sie meinen Leib für das Begräbnis gesalbt."

Maria von Betanien verkörpert meines Erachtens das Ja der Menschheit zum Tode Jesu. Nicht Petrus verkörpert es, der zu Jesus sagt: „Du darfst das nicht tun", sondern diese Maria, die zu ihm sagt: „Ich danke dir, Herr, ich lobe und preise dich um der Liebe willen, in der du für uns das Leben hingibst." Diese

Geste besagt die Anteilnahme der Menschheit am Tod des Herrn. Eine passive und für den, der stets der erste sein möchte, demütigende Anteilnahme. Sie ist demütigend für Petrus und für Judas, demütigend für uns alle. Wir möchten ja immer etwas für den Herrn tun, doch der Herr sagt zu uns: „Ihr vermeint, etwas für mich zu leisten, doch wenn ihr ein von Liebe erhelltes Herz habt wie diese Frau, werdet ihr verstehen, daß umgekehrt ich etwas für euch tue. Diese Frau nimmt meine Erlöserliebe auf. Sie ist der einzige Mensch, der das Evangelium verstanden hat. Das Evangelium ist Heilsliebe, und deshalb wird es verkündet."

Die Frohbotschaft erscheint also hier in Gestalt einer Frau, die zur Einsicht gekommen ist: Das Evangelium besteht nicht in Selbstzufriedenheit darüber, daß man etwas für den Herrn tut, sondern im Dank dafür, daß der Herr etwas für die Armen tut. Die ersten Armen, denen zu helfen ist, sind wir.

Diese Frau ist also Sinnbild der Menschheit, welche die Liebe Jesu in seiner Passion entgegennimmt. Sie ist das Sinnbild der anderen Maria. Die Frau in Betanien vollzieht diese Geste „intuitiv". Wer es aber ist, der sie „voll und ganz" vollzieht, wissen wir aus Johannes: Es ist Maria, die als Mutter das Widersinnige hinnimmt, daß ihr Sohn für sie leidet. Eine Mutter möchte für den Sohn welches Leiden auch immer auf sich nehmen, nicht umgekehrt. Da die Mutter Maria Jesus nicht besitzt, sondern als Menschheit und als Kirche von ihm in Besitz genommen ist, gelangt sie auf einem schmerzlichen Weg des Glaubens, auf einem langen Weg, den Johannes und Lukas uns nachzeichnen, nach Kalvaria in Bereitschaft, sich von den Leiden des Sohnes retten zu lassen.

Sie ist es, die ihr Ja sagt, nicht ein Ja zu etwas, das sie tun soll, sondern ein Ja zu etwas, das an ihr geschehen soll, zum Schrecklichsten, was sie als Mutter hinzunehmen hat. Sie möchte etwas tun, doch sagt sie Ja zum Geschehenlassen.

Das ist das Schwert, das ihr Herz durchbohrt, und gleichzeitig ist es das Ja der Menschheit, die die Anmaßung, sich ihr Heil selbst zu beschaffen, mit Füßen tritt und sagt: „Herr, ich danke dir, denn du bist besser als wir; du bist uns Armen zu Hilfe gekommen."

Hier könnte sich jeder fragen: „Wo stehe ich? Auf der Seite Simons, der Jesus abzuhalten sucht, auf der Seite des Judas, dem es um irgendeine Initiative geht, die er um jeden Preis vorantreiben möchte? Oder sage ich mit Maria von Betanien und Maria von Nazaret: ,Herr, handle du. Danke'? Sage ich: ,Herr, laß mich machen!' oder: ,Herr, ich danke dir, denn du machst es'?"

Meditieren wir nun über das dritte Ja, über das von Maria aus Magdala und einer anderen Frau gleichen Namens: „Maria aus Magdala und die andere Maria" (Mt 28, 1). Es ist das Ja der Menschheit zur Herrlichkeit Christi und zur besonderen Art dieser Herrlichkeit (Mt 28,9–10). Matthäus betont, daß Jesus den beiden Frauen entgegengeht, so, als ob er bemerken wollte, daß Jesus nicht mehr länger zu warten vermag. Er hatte ihnen durch den Engel ausrichten lassen: „Geht zu meinen Jüngern und sagt ihnen, sie sollen nach Galiläa gehen; dort werden sie mich sehen." Dann aber durchbricht er die Verzögerung und zeigt sich, geht ihnen entgegen, ähnlich wie der Vater im Gleichnis vom Verlorenen Sohn nicht mehr warten kann, sondern entgegeneilen muß.

Hier sehen wir, wie Jesus „uns mehr trösten will als wir uns selbst wünschen können" (Ignatius, „Geistliche Übungen", Nr. 224). Er ergreift die Initiatve zu der Tröstung und zeigt sich diesen Frauen, welche das liebende Suchen nach dem Herrn in der Kirche verkörpern. Sie sind die ersten Menschen, die fähig sind, Jesus zu begegnen, ihn zu sehen, ihn zu verstehen. Jesus richtet an sie das gleiche Grußwort wie der Engel an Maria von Nazaret: „Seid gegrüßt!"

Wenn einige heutige Exegeten vorschlagen, den Engelsgruß an Maria nicht einfach mit „Sei gegrüßt!" zu übersetzen, sondern mit „Freue dich!", dann können wir hier erst recht heraushören: „Freut euch, ich bringe euch das Heilswerk!" Und wie Matthäus sagt, „gingen die Frauen auf ihn zu, warfen sich vor ihm nieder und umfaßten seine Füße."

Im Umschlingen der Füße erblicke ich den Ausdruck eines liebenden Glaubens, der aber noch befürchtet, Jesus zu verlieren. Wir können zwar über diese Liebesäußerung lächeln, doch sollten wir uns darauf besinnen, wie manchmal auch uns zumute ist, d. h. wir haben, wie diese Frauen, zu der Auferstehung Jesu noch nicht voll und ganz ja gesagt. Wir haben ja gesagt zu der Menschwerdung und vielleicht zum Tode Jesu, wir haben ihn auch in unserem Leben wirken lassen, aber dann befürchten wir immer, daß uns der Herr wieder entfliehen wird, weil wir es an Gebet, Glaube und Hoffnung fehlen lassen.

Wir haben es also noch nicht angenommen, daß Jesus in der Kraft des Geistes wirklich für immer auferstanden und folglich immer, jeden Tag bei uns ist. Wir sollen ihn in Vertrauen und Liebe aufnehmen, ihn uns trösten, uns seine Gegenwart erfahren lassen.

Wie Maria von Nazaret und Maria von Betanien lassen wir uns von ihm retten, indem wir unsere Sünden, unsere Schwächen, unsere Armut, unsere Unfähigkeit, den Nächsten zu lieben und mit ihm in der richtigen Beziehung zu sein, auf ihn werfen. So müssen wir es auch hinnehmen, daß er, der Auferstandene, uns Tag für Tag in seinen Armen hält und uns jeden Tag den Geist schenkt, das tägliche Brot, das wir brauchen, um am jeweiligen Tag dem Gottesreich entgegenzuschreiten.

Was heißt, die Auferstehung des Herrn annehmen?

Die Auferstehung des Herrn annehmen heißt glauben, daß Christus nicht mehr, wie vorher, entschwinden, die Seinen verlassen kann. Die Kirche muß sich an die neue, herrliche, geistliche Gegenwart Christi gewöhnen. Wie diese Frauen sollen wir als Kirche sagen: „Ja, Herr, wir vertrauen auf dich; wir sind heute wie morgen von dir getragen, also bangen wir nicht um die Zukunft. Der morgige Tag wird seine Mühsal haben, doch wir verspüren, Herr, schon die Gnade des Heute, die als Gnade des Auferstandenen, der nie wieder stirbt, Gewißheit für morgen ist."

Die Worte „Fürchtet euch nicht!", die Jesus zu den Frauen sagt, deute ich im Licht der Bemerkung: „Sie umfaßten seine Füße" wie folgt: „Fürchtet euch nicht, ich bin immer mit euch; sagt den Brüdern, sie sollen nach Galiläa gehen, dort werden sie mich sehen. Vollbringt also das Werk der Kirche, die Verkündigung an die Brüder; macht, daß diese Botschaft weitergetragen wird; ich werde mit euch sein, ihr werdet mich im entsprechenden Moment sehen. Ich werde immer mit euch sein und mich jeweils im richtigen Moment zeigen."

Und als die Frauen weggehen, um das den Aposteln auszurichten, sprechen sie das Ja der Kirche zu dieser neuen Gegenwart Christi.

Fragen wir uns, wie weit wir diese zurückhaltenden, taktvollen Bekundungen des auferstandenen Herrn annehmen. Wir sehen: Es geschieht nichts Verwunderliches. Jesus stürzt die Himmel nicht um, reißt die Mauern Jerusalems nicht nieder, aber rührt dann und wann an das Herz von ein wenig gleichgültigen, fernstehenden Leuten wie Pilatus, Josef und andere, die etwas erschüttert worden sind. Er versetzt Feinde in Schrecken, offenbart sich aber vor allem den Freunden, denen, die ihn aufrichtig suchen.

Zusammenfassend könnten wir sagen: Jesus bekundet

sich allmählich den Seinen in der Kirche zur Freude seiner Freunde. Er bietet diesen endgültig seine Vergebung, seine Freundschaft an, rehabilitiert sie und schenkt ihnen die Gewißheit, mit ihm zusammen Kirche sein zu können.

Mit diesen Marien, vor allem mit der Mutter des Herrn, können wir ihn anbeten und ihm für seine Gegenwart in unserem Leben danken:

„Wir danken dir, weil du dich deiner Kirche bekundest. Du hast dich deiner Mutter Maria, Maria aus Magdala, der anderen Maria und sodann Petrus und den Zwölfen zu erkennen gegeben. Du offenbarst dich uns in unserem Leben, in der Kirche, in unseren Erlebnissen, in der Eucharistie, in den Sakramenten.

Wir bitten dich, Herr, befähige uns, zu dieser deiner neuen Gegenwartsweise ja zu sagen. Es ist noch nicht die Gegenwart der Parusie, die Herrlichkeit der Freiheit unseres Leibes, der Freiheit der Herrlichkeit der Kinder Gottes, aber wir sind deiner Gegenwart, die uns belebt, gewiß, und das genügt uns.

Wir danken dir, Herr, für das tägliche Brot deiner Gegenwart, das du uns in der Eucharistie und in allen Geschehnissen der Kirche reichst. Durch deine Mutter bitten wir dich, uns für diese Erfahrungen des Auferstehungslebens die Augen zu öffnen, damit wir uns nicht auf einen gegenteiligen Eindruck versteifen, sondern freudig anerkennen, daß du schon mit uns und in uns bist.

Herr, mach, daß wir in der Unklarheit unserer Erfahrungen den Finger und das Auge dahin zu richten wissen, wo du dich uns in deiner Wahrheit zu erkennen gibst. Wandle uns, Herr, in diese Wahrheit um und laß uns in Liebe, schlichter Freundschaft, Demut und Hingabe nach dir suchen.

Du, der du lebst und herrschest als Auferstandener und verklärter von Ewigkeit zu Ewigkeit. Amen."

Die alte und die neue Sicht der Dinge

In seinem Beitrag über das „Mysterium Paschale" sagt Hans Urs von Balthasar im Werk „Mysterium Salutis" (Bd. III/2, S. 117), die Auferstehung Jesu sei schlechthin analogielos. In einer Fußnote führt er neuere Autoren katholischer und protestantischer Richtung an, die alle das gleiche betonen: „Die Auferstehung (ist) ein analogieloses, d.h. jeder Entsprechung in der Geschichte ermangelndes Ereignis" (B. Klappert), „‚Vergleiche' mit andern Totenerweckungen sind ‚abwegig'" (J. Kremer).

Diesem Hinweis entsprechend, den uns so viele angesehene Theologen geben, können wir beten:

„Durch deine Gnade, Herr, befinden wir uns vor dir, bei dir, und möchten wir uns von der Neuheit deiner Auferstehung durchdringen lassen.

Herr, wir wissen, daß dieses dein Mysterium einzigartig ist. Wir können uns ihm nicht auf dem Weg über Vergleiche von uns bekannten Dingen her annähern. Du selbst, Herr, mußt mit deinem Wort, deiner Wahrheit, deiner Macht in uns eintreten. Wir vermögen dich bloß dann unvermittelt wahrzunehmen, wenn wir nicht von dem her, was wir wissen oder uns vorstellen, oder von dem her, was wir schon erfahren haben, in das Auferstehungsmysterium einzudringen suchen. Wir können es nur von dem aus verstehen, was du, Herr, uns jetzt in deiner Wahrheit und im Glauben erfahren läßt.

Herr, mache uns bereit, den alten Wein wegzuschütten,

den alten Behälter wegzuwerfen, denn du bietest uns einen neuen Wein und einen neuen Behälter an.

Wir bitten dich darum, Herr Jesus Christus, der du jetzt und für immer lebst und der du deine Auferstehung im Universum jeden Tag stärker erstrahlen läßt bis es uns voll aufleuchtet in alle Ewigkeit. Amen."

Ich möchte den einen und anderen Gedanken über einige Aspekte der Auferstehung des Herrn vorlegen und gehe dabei vom ersten Teil des Textes Mt 28, 1–8 aus, in dem von den Frauen am Grabe die Rede ist. Darüber haben wir noch nicht meditiert.

Wir verbinden die Meditation mit einem kurzen Hinweis auf die geheimnisvolle Stelle Mt 27, 51–53, von der wir erst das Zerreißen des Vorhangs im Tempel betrachtet haben. Dann sagt Matthäus: „Die Erde bebte, und die Felsen spalteten sich. Die Gräber öffneten sich, und die Leiber vieler Heiligen, die entschlafen waren, wurden auferweckt. Nach der Auferstehung Jesu verließen sie ihre Gräber, kamen in die Heilige Stadt und erschienen vielen."

Fragen wir den Herrn, was er uns mit dieser seltsamen inspirierten Sprechweise seines Evangelisten sagen will. Matthäus hat von der Erfahrung des Auferstandenen aus, welche die Apostel und die Urkirche erlebten, von dem aus, was sie empfanden, das analogielose Mysterium mit Hilfe von Analogien auszudrücken versucht.

Ich schlage darum vor, über zwei Punkte zu meditieren, die wir aus diesen Abschnitten herauslesen können. Der erste ist das Dahinfallen des geschlossenen Weltbildes. Fragen wir den Herrn, was uns seine Auferstehung bringt, welche Wirkung sie in uns hervorbringen soll und welche Wirkung sie in der Urkirche hervorgebracht hat. Der zweite ist ein neues Suchen nach Jesus. Am Schluß werde ich den einen und anderen schlichten Hinweis auf das geben, was man in den Exerzitien die „Lebenserneuerung" zu nennen pflegt, nämlich die Vorsätze, die Verpflichtungen, die wir aus den Exerzitien mit uns nehmen.

Der Zusammenbruch des „geschlossenen" Weltbildes

Was besagt es für den Glaubenden, der die Auferstehung Jesu annimmt, daß durch sie das geschlossene Weltbild hinfällig wird? Wie gesagt ist die Auferstehung analogielos, denn sie ist das schöpferische Werk des Vaters, das seiner Vollendung entgegengeht. So wie für die Welterschaffung keine Analogien bestehen, weil Gott alles aus nichts erschafft und wir davon keine Erfahrung haben, so ist auch die Auferstehung etwas absolut Neues im Geschichtsgeschehen. Deshalb sagen die angeführten Autoren, daß man sie nicht mit den Auferweckungen vergleichen darf, die Jesus während seines Lebens gewirkt hat (ein solcher Vergleich könnte sogar irreführen), auch wenn diese etwas erahnen lassen.

Die Auferstehung Jesu liegt in der Linie der Schöpfertaten Gottes, will sagen der Taten, die etwas absolut Neues sind. In ihr gelangt das Werk des Schöpfers in Christus zu seiner Vollendung. Wir haben bloß noch darauf zu harren, daß es auch in jedem von uns seine Vollendung erreichen wird.

Beim Christen, der im Glauben proklamiert, daß Christus von den Toten auferstanden ist, daß Christus der Herr ist, daß der gekreuzigte Jesus lebt, kommt es zum Zusammenbruch eines heidnischen und geschlossenen Weltbildes, in das wir alle hineingeboren sind und worin wir weiterhin leben.

Ein „vernünftiges" Weltbild

Trotz aller Anstrengungen können wir nie gänzlich aussteigen aus einem „vernünftigen" Weltbild, zu dem ein kundiger Mensch und auch die Philosophie und Naturwissenschaft gelangen. Zu dieser Sicht waren auch die Heiden gelangt. Sie hatten Religiosität, einen sehr hohen Sinn für das Göttliche, doch lebten sie in einer begrenzten, geschlossenen Welt, in der sich im Grunde nichts Neues ereignete.

Dieses Weltbild ist keineswegs armselig oder banal, sondern hat seine Größe, und es gibt Systeme von hoher intellektueller und moralischer Redlichkeit, zu denen man auf seiner Grundlage gelangt ist. Das berühmteste ist der Stoizismus, der sagt: Der weise Mensch paßt sich dem Rhythmus der Welt an und enthält sich in strenger Aszese all dessen, was seiner nicht würdig ist. Er erträgt die Leiden, Schmerzen, den Tod, indem er dieses geschlossene Dasein so edel wie möglich lebt.

So wie dieses Weltbild im Stoizismus ein System von Tugenden und Werten hervorgebracht hat, die dieser zyklischen Sicht der Welt entsprechen, so äußerte es sich auch in der Naturwissenschaft, in der klassischen Physik, die vom jetzt Gegebenen aus alles Künftige bestimmen zu können hofft.

Wie die Naturwissenschaft sagt, läßt sich das Ideal der klassischen Physik, das sich vor allem im letzten Jahrhundert entwickelt hat, in einem Satz ausdrücken, der ich weiß nicht mehr welchem großen Physiker zugeschrieben wird: Wenn wir in diesem Moment alle Moleküle, alle Atome der Welt überblicken könnten, hätten wir im Grunde die Situation jedes darauf folgenden Zeitpunktes in der Hand, denn es handelt sich um ein „geschlossenes System", von dem wir, sobald wir einmal die bestimmenden Kräfte kennen, auch die Fortentwicklung kennen können.

Angesichts eines solchen Weltbildes ist es weise, sich

nach ihm zu richten, in seinen Rhythmus einzutreten – eine Weisheit, die auch heute noch viel Verlockendes an sich hat. In einer gewissen ökologischen Mystik junger Menschen zum Beispiel, die mit der Natur eins werden möchten, klingt immer noch diese zum Teil stoisch und epikuräisch geprägte Sicht aller geschlossenen Philosophien an, die in der Anpassung an den Rhythmus der Welt und der Natur etwas Edles an sich hatten. Dieses Ideal sagt einem zu, weil es eine gewisse Schönheit und Größe hat.

Für uns ist es nicht leicht, aus diesem Weltbild auszusteigen. Es ist in unserem Denken so tief verwurzelt, daß wir, wenn wir auch verbal annehmen, daß es dieses „Neue" der Auferstehung gibt, in Wirklichkeit immer noch so zu handeln versucht sind, als ob alles in den gewohnten Rhythmus hineingenommen sei. Wir ziehen den alten Wein vor, weil wir wissen, wie er schmeckt und wie viel wir davon trinken können. Wir haben uns an ein bestimmtes Maßverhältnis zu halten gelernt, das uns nicht narrt und für uns nicht schlimme Überraschungen bereithält.

In einer Welt, die, wenn auch nur ansatzweise und unbewußt, unserem vernünftigen Denken untersteht, können wir uns anpassen. Falls es uns, wie den Stoikern gelingt, auch unsere Leiden und unseren Tod in dieses Weltbild zu integrieren, gelangen wir zu Gleichmut und Gelassenheit, die sicherlich von Wert sind. Dieses Weltbild hat eine gewisse Größe, weil es uns ermöglicht, mit den Dingen elegant zurechtzukommen, auch unsere psychischen und sittlichen Kräfte aufs höchste zu nutzen, denn es hat Sinn für Distanziertheit und Loslassen und steigert so die menschlichen Leistungen. Wir dürfen deshalb dieses Weltbild keineswegs verachten und schon auch deshalb, weil wir mitten drin stehen und es hochschätzen, es nicht für kleinkariert und kindlich halten.

Das unvorhersehbare Handeln Gottes

Mit der Auferstehung Jesu bricht das von Gott bewirkte Neue, Unvorhersehbare an Gott in die Geschichte ein. Matthäus sagt in einer bildhaften und seltsam klingenden Sprache: „Die Erde bebte, und die Felsen spalteten sich." Damit ist all das gemeint, was den Menschen hermetisch in seine Erfahrungswelt einschließt wie ein Steingewölbe, in dem man gefangen, aber im Grunde auch gelassen ist, weil man weiß, daß uns nichts diese erreichte Ruhe nehmen kann.

All das wird aufgesprengt, d. h. für die Erfahrung von etwas Neuem, Unvorhersehbarem offen. Jedoch genügt ein winziges Loch, um alles zusammenstürzen zu lassen, wie schon eine Nadelspitze einen gewaltigen Ballon zum Einschrumpfen bringen kann. Deshalb ist es nicht nötig, daß der Herr bei seiner Auferstehung ein kosmisches Zeichen setzt, das sich auf das ganze Weltall auswirkt. Schon dadurch, daß er diese scheinbar undurchdringliche Oberfläche, welche die menschliche Erfahrung zudeckt, aufsprengt, läßt er uns sehen, daß das Neue da ist, daß es in diese Erfahrung einbricht.

Ich weiß nicht, ob man hier eine Analogie aufstellen kann, eine reine Analogie, die aber nicht der Bedeutung entbehrt, insofern sie uns zum Nachdenken bringt. Wie sich aus dem, was gesagt und geschrieben wird, zu ergeben scheint, hat die heutige Physik den Begriff der Voraussehbarkeit aufgegeben. Sie räumt ein, daß sie nicht sagen kann, wie ein Aufeinanderwirken von Kräften, das sie heute zu bestimmen sucht, morgen aussehen wird. Die Physik hat also entdeckt, daß es unmöglich ist, von Voraussehbarkeit eines Systems zu sprechen. Das ist eine bloße Analogie, weil es mit der Auferstehung nichts zu tun hat, doch zeigt sie uns, daß das Weltbild, in dem bei weiterem Fortschritt der Wissenschaft an einem gewissen Punkt alles sich vorherbestimmen ließe, gerade vom wissenschaftlichen Fortschritt desavouiert wird.

Die genaueste, rigoroseste Wissenschaft, als die die Physik gelten will, ist zur Wissenschaft von Hypothesen, von Konstruktionsmodellen geworden, die der Einbildungskraft etwas sagen, dann aber den Veränderungen entsprechend fortwährend modifiziert werden. Die stoische Sicherheit des Menschen der Antike gründete also nicht einmal auf einer realen Wahrnehmung des Lebens.

Wenn wir zu einer anderen Analogie übergehen, trug diese stoische Sicherheit des Menschen der Antike nicht dem Umstand Rechnung, daß es von der Freiheit her, von der Unvorhersehbarkeit der Reaktionen anderer her in der Erfahrung etwas „kontinuierlich Neues" gibt. Mit diesem „kontinuierlich Neuen" lassen sich keine Berechnungen anstellen.

Ja, wie uns heute die moderne Psychologie aufgrund der Tiefenforschung und der Psychoanalyse erklärt, lassen sich auch unsere Gemütsbewegungen nicht vorhersehen. Sie lassen sich von der Kenntnis, die wir gegenwärtig von uns haben, nicht vorausberechnen. Das ist praktisch, wenn nicht theoretisch, unmöglich.

Der Umstand, daß der Auferstandene etwas Neues in die Welt hineinbringt, hat also als Erstes – auch wenn es sich bloß um eine Nebenwirkung handelt – zur Folge, uns einsehen zu lassen, daß die Sicherheit, womit wir die Ereignisse bei uns selbst und bei den anderen bestimmen zu können glaubten, im Grunde trügerisch war. Der Mensch wähnte sich als Herr über sein Bewußtsein, über seine Moral, seine Tugend, seinen Gleichmut, war es aber in Wirklichkeit nicht.

Die Enttäuschung des Menschen

Es gibt ein Buch der Bibel, das der stoischen Wirklichkeitsauffassung und dem uns angeborenen Mißtrauen gegenüber der Möglichkeit, daß es in der Welt je zu etwas wirklich „Neuem" kommen wird, recht zu geben scheint, nämlich das Buch Kohelet. Es wäre aufschlußreich, es zu lesen und zu sehen, welches Echo es in uns auslöst. Bei mir hat es stets eine große Begeisterung geweckt. Es ist das Buch, das ich am liebsten hatte, wahrscheinlich gerade wegen der Sätze, die diese stoische Wirklichkeitsauffassung widerspiegeln, aus der dieses Buch die letzten Folgerungen zieht.

Das Buch Kohelet stellt meines Erachtens – über eine schon klassische griechische Tradition, doch innerhalb der hebräischen Tradition selbst, hinaus – den Höhepunkt dar, zu dem die menschliche Enttäuschung, die zu einer Tugend erhoben wird, jedoch schließlich nicht befriedigt, gelangen kann. Folglich ist es auch in diesem Sinn das Buch, das dem Neuen Testament am nächsten steht und nach etwas Neuem schreit, ohne es erahnen oder schildern zu können.

„Eine Generation geht, eine andere kommt. Die Erde steht in Ewigkeit. Die Sonne, die aufging und wieder unterging, atemlos jagt sie zurück an den Ort, wo sie wieder aufgeht" (Koh 1, 4–5). Die Situation ist im Grunde immer die gleiche: Alles scheint in Bewegung zu sein, doch je mehr sich die Dinge ändern, desto mehr bleibt alles beim alten. „Er weht nach Süden, dreht nach Norden, dreht, dreht, weht der Wind. Weil er sich immerzu dreht, kehrt er zurück, der Wind" (Koh 1, 6). Hier haben wir die Schilderung einer stagnierenden Bewegung: Alles bewegt sich und doch bleibt alles stets gleich.

„Was geschehen ist, wird wieder geschehen, was man getan hat, wird man wieder tun: Es gibt nichts Neues unter der Sonne. Zwar gibt es bisweilen ein Ding, von dem es heißt: Sieh dir das an, das ist etwas Neues – aber auch das gab es schon in den Zeiten, die vor uns gewesen sind. Nur gibt es keine Erinnerung an die Früheren, und auch an die Späteren, die erst kommen werden, auch an sie wird es keine Erinnerung geben bei denen, die noch später kommen werden" (Koh 1,9–11). Wir halten manche Dinge für neu, weil wir die Vergangenheit vergessen haben, und so werden auch unsere Nachfahren uns gern vergessen; sie vermeinen, etwas Neues zu finden, und doch bleibt sich alles gleich.

Hier ist zu erkennen, wie aus dieser Wahrnehmung der Sinn für das Loslassen, die Bescheidung, die Gelassenheit kommt, hinter dem jedoch eine tiefe Traurigkeit steckt: Wird sich also bei mir und bei den anderen nie etwas ändern? Werden die Beziehungen, die Charaktere von uns und den anderen stets die gleichen bleiben? Werden sich die Erfahrungen einfach wiederholen und wir daraus nie etwas lernen? Nach den Exerzitien werden wir die genau gleichen sein wie vorher und wie nach den vergangenen Exerzitien, denn wenn wir die Vorsätze, die wir vor Jahren gefaßt haben, wieder durchlesen, werden wir sagen: „Sieh dir das an: Dieser Vorsatz schien mir neu zu sein, aber ich hatte ihn ja schon vor zwei, drei Jahren gefaßt. Jetzt habe ich ihn mit aller Mühe neu gefaßt, aber er ist ja gar nicht neu."

Das ist der Mensch vor der Auferstehung. Fragen wir uns, ob wir wirklich glauben, daß Jesus auferstanden ist; ob wir wirklich glauben, daß es in unserem Leben und für unser Leben etwas „Neues" gibt, und beten wir: „Herr, wenn du dich mir nicht zeigst, falle ich beständig in die Stagnation des Schon-Gesehenen, Schon-Erlebten zurück, denn es gelingt mir nicht, mich davon zu überzeugen, daß es wirklich Neues gibt." Wenden wir diese erste Lektion an, die uns die Evangelien geben: Die undurchdringlichen Wände haben sich geöffnet; in dieser Welt, welche die Menschen umklammerte, ist eine Auferstehung geschehen.

Ein „neues" Suchen nach Jesus.

Wenden wir all das auch auf das Suchen nach Jesus an, zu dem uns die beiden Frauen, Maria aus Magdala und die andere Maria, in Mt 28, 1–8 geleiten. Wir haben bereits ihre zärtliche Liebe belobigt, denn sie gehen voran, obwohl alles vergeblich scheint. Sie hätten zu Hause bleiben können, aber entgegen der menschlichen „Logik" setzt die „Logik" des Herzens sie in Bewegung.

An dieser liebenden Haltung ist jedoch nicht alles in Ordnung. Die Frauen suchen nach dem Herrn, aber „plötzlich entstand ein gewaltiges Erdbeben" – ein weiteres Zeichen dafür, daß der geschlossene Kreis der menschlichen Erfahrung gesprengt ist. „Ein Engel des Herrn kam vom Himmel herab ... Seine Gestalt leuchtete wie ein Blitz, und sein Gewand war weiß wie Schnee." Auch hierin sind meines Erachtens apokalyptische Zeichen zu erblicken, die darauf hindeuten, daß Gott etwas Neues eintreten läßt. Zwar sind es höchst schlichte Zeichen, nicht eine Myriade von Engeln wie in der Geburtsnacht, aber auch so kommt in aller Schlichtheit dieses gottgewirkte Neue zum Ausdruck, das eine menschliche Situation nach der anderen unmittelbar freundschaftlich heimsucht.

Die Wächter werden inne, daß etwas Neues passiert ist, und „fallen wie tot zu Boden." Wir haben bereits über die verschiedenen Wirkungen der Auferstehung Jesu nachgedacht, die mit Mut oder Schrecken erfüllt. Wenn wir sie wirklich erleben, läßt sie uns nicht gleichgültig, nicht unverändert. Sie scheidet die Menschen. Wie ein Pflug, der Schollen nach links und nach rechts wirft, durchpflügt die Auferstehung das Dunkel des Daseins.

„Der Engel aber sagte zu den Frauen: Fürchtet euch nicht! Ihr seid auf der richtigen Seite des Pfluges. Ihr braucht keine Angst zu haben, denn ihr sucht nach Jesus, dem Gekreuzigten. Ihr habt also erahnt, was der Weltgeschichte ihren Sinn gibt."

„Doch paßt auf: Er ist nicht hier, sondern er ist auferstanden, wie er vorhergesagt hat. Kommt her und seht euch die Stelle an, wo er lag." Wir fragen uns, was die Frauen bis zu diesem Moment getan haben, um eine positive Antwort des Engels zu verdienen: „Ich weiß, ihr sucht ihn", aber auch eine leicht negative: „Er ist nicht hier." Ihr Suchen geht also etwas fehl. Das negative Element wird von Lukas noch betont, wenn er sagt: „Was sucht ihr den Lebenden bei den Toten?" (24, 5). Ist es das alte oder das neue Suchen nach Jesus, das Suchen nach dem von den Menschen Gekreuzigten oder das Suchen nach dem Auferstandenen?

Das „alte" Suchen: der christliche Moralismus

Obwohl es schwierig ist, möchte ich mein Fragen noch ausweiten. Wahrscheinlich werde ich dabei mehr „Empfindungen" äußern als Erklärungen geben. Immer noch auf die alte Weise nach Jesus suchen heißt, beständig und immer wieder in christlichem Moralismus nach Jesus suchen – ein Suchen, das nach dem alten Wein schmeckt und uns deshalb zusagt.

Wir haben schon als Kind gelernt, welche fünf Stücke notwendig zu einer guten Beicht gehören: Gewissenserforschung, Reue über die Sünden, guter Vorsatz, sie nicht mehr zu begehen, Bekenntnis, Genugtuung oder Bußwerk. Haben wir sie nicht vielleicht allzu oft und allzu leicht als ein Schema verstanden, das die Grundlage für unser Suchen im Sinne eines christlichen Moralismus bilden soll? Zuerst haben wir uns zu bekehren, dann spricht Gott uns los und vergibt uns. Mit anderen Worten: „Jesus ist auferstanden, aber jetzt müssen wir uns anstrengen ..." Im Grunde genommen bringen wir in diesem „Aber" eine Geisteshaltung zum Ausdruck.

Ich sage nicht, dies sei ganz und gar falsch. Natürlich will niemand uns der Verpflichtung entheben, die das Matthäusevangelium in seinem Bestehen auf guten Werken, auf Barmherzigkeit, auf Bekehrung uns auferlegt, doch ich erblicke darin den Reflex eines moralistischen Suchens nach Gott.

Im Grunde interessiert uns mehr der Gekreuzigte als Bekundung der Macht Gottes, die uns in Ekstase versetzt und die uns selbst und alles vergessen läßt; der Gekreuzigte als Ansporn zu unserer Anstrengung, als Vorbild zur Ermutigung, unsere eigenen Kreuze zu tragen, Opfer zu bringen; der Gekreuzigte als der, der sich mit unserem Bemühen, unserer sittlichen Anstrengung verbündet und sie unterstützt.

Sehen wir jedoch, welche „Häresie", welche Gotteslästerung in dieser Denk- und Sprechweise steckt: „Zuerst kommt meine sittliche Anstrengung und dann erst der Gekreuzigte, der mir vorwärtshilft. Ich stütze mich auf ihn, um vor Gott etwas Gutes leisten zu können." Wenn wir reiflich überlegen, finden wir in uns oft diese Geisteshaltung verwurzelt. Wer das Evangelium erfaßt hat, wer sich durch den Tod und die Auferstehung des Herrn wirklich bekehren ließ, spricht anders.

Fragen wir uns, ob sich in solchen Sätzen, die uns entschlüpfen, nicht verrät, daß wir noch in der alten, geschlossenen Welt verharren, in der sich nichts ändert, in der der gekreuzigte und auferstandene Herr lediglich einen Kräftezuschuß darstellt, einen stärkeren Antrieb zu unseren Anstrengungen, wobei es jedoch unser Hauptanliegen bleibt, gut dazustehen.

Ich drückte das gleiche auf andere Weise aus, als ich bemerkte, wir ließen uns ganz vom Schema der fünf Stücke einnehmen, die zu einer guten Beicht notwendig sind. Damit machen wir aus einem pädagogischen Vorgehen eine theologische Ordnung: Zuerst bekehre ich mich, dann vergibt mir Gott. Dies heißt das Evangelium auf den Kopf stellen; es ist das Gegenteil von all dem, was die Schrift, das Neue Testament, Paulus uns lehren.

Bitten wir also die Frauen zuhilfe, an denen wir diesen Fehler festgestellt haben, und erschrecken wir nicht, wenn wir in ihrer Haltung am Grab uns selbst entdecken. Jesus sagt auch zu uns: „Wenn du dich in dieser Situation befindest, bist du nicht weit vom Reiche Gottes."

Das „Neue" der Auferstehung: Christus nimmt die Vergebung vorweg

Die Frauen suchen also nach Jesus noch „auf die alte Weise": als ob er nicht auferstanden wäre. Sie wollen eine gute, großmütige, ja gefährliche Tat verrichten. Der Engel aber sagt: „Er ist nicht hier! Er ist auferstanden ... Seht euch die Stelle an, wo er lag." Das heißt: „Seht, es ist etwas Neues eingetreten. Hier ist nichts mehr. Gott hat die Gesetze, in die ihr eingesperrt waret, die Versklavung durch die Weltelemente, deren Sklavin auch eure Religiosität war, umgestürzt. Nun tritt etwas Neues in die Welt ein!"

„Geht schnell zu seinen Jüngern und sagt ihnen: Er ist von den Toten auferstanden. Er geht euch voran nach Galiläa; dort werdet ihr ihn sehen." Der Engel gibt den Auftrag: „Sagt den Jüngern!", und dieses Wort wird dann in Vers 10 von Jesus selbst in einem schöneren Ton übernommen: „Verkündet meinen Brüdern!" Unsere „alte" Mentalität möchte uns zu der Frage veranlassen: „Den Brüdern verkünden? Und die fünf Dinge, die zur Beicht notwendig sind? Empfinden denn diese Brüder Reue über ihre Sünden? Bereuen sie, was sie getan haben? Haben sie den guten Vorsatz, diese Fehler nicht mehr zu begehen? Sind sie nicht noch schwach und voller Angst?" Wir könnten uns denken, daß Jesus kraft göttlichen Wissens wußte, daß die Apostel ihr Gewissen erforscht, ihre Sünden bereut, einen guten Vorsatz gefaßt hatten ... Doch das Evangelium desavouiert uns, denn die beiden Jünger, die Jerusalem entfliehen und nach Emmaus gehen, stellen vielleicht so etwas wie eine Gewissenserforschung an, haben aber weder Reueschmerz noch guten Vorsatz.

Jesus aber schenkt solchen, die ihrer noch nicht würdig sind, von vornherein Vergebung. Nicht unsere Taten machen uns seiner Vergebung würdig, sondern Jesus macht durch sein Verzeihen uns ihrer würdig und fähig, als seine Freunde zu leben. Die Initiative geht von Jesus aus; er fordert uns auf: „Geht zu den Brüdern!"

Eine Bestätigung dafür finden wir bei Paulus, der über sein Versöhnungsamt spricht und sagt: „Ja, Gott war es, der in Christus die Welt mit sich versöhnt hat, indem er den Menschen ihre Verfehlungen nicht anrechnete." (2 Kor 5, 19). Der auferstandene Christus sagt also nicht: „Du hast gesündigt; bereue!", sondern: „Ich verurteile dich nicht; ich habe dir schon vergeben." Das Handeln Christi geht also den guten Taten des Sünders voraus und einzig es ermöglicht sie.

Die Worte: „Er rechnete den Menschen ihre Verfehlungen nicht an" erinnern an die Stelle bei Johannes im Bericht über die Ehebrecherin, zu der Jesus sagte: „Auch ich verurteile dich nicht. Geh und sündige von jetzt an nicht mehr!" (Joh 8, 11). Diese Worte haben wahrscheinlich in einigen urchristlichen Gemeinden Mißverständnisse und Schwierigkeiten hervorgerufen. Darum hat die „alte" Art, nach Jesus zu suchen, hier mit der Schere hantiert, denn diese Sätze finden sich in vielen Handschriften nicht, sondern die Szene endet bei ihnen mit: „Jesus blieb allein zurück mit der Frau ... und sagte zu ihr: „Frau, wo sind sie geblieben? Hat dich keiner verurteilt? Sie antwortete: Keiner, Herr" (8, 9–10).

In den gestrichenen Vergebungsworten Jesu ist weder von Reue der Frau die Rede noch von etwas, das sie sich vorgenommen hätte. Man weiß nicht, ob sie nicht mehr sündigen wird, und doch sagt Jesus zu ihr: „Ich verurteile dich nicht." Diese Worte, die an die des Apostels Paulus anklingen, haben gerade deshalb so befremdlich angemutet, denn wenn Jesus nicht verurteilt, ist alles erlaubt. Darum hielt man es für besser, diesen „gefährlichen" Satz nicht in die Evangelien aufzunehmen.

Wir können noch an ein weiteres Pauluswort denken: „Wenn Christus nicht auferweckt worden ist, dann ist euer Glaube nutzlos, und ihr seid immer noch in euren Sünden" (1 Kor 15, 17). Man kann den Satz umkehren und sagen: „Falls ihr immer noch in euren Sünden seid, so nehmt ihr eben den auferstandenen Christus nicht an."

Das widerspricht der Haltung, die wir in den Mantel des Moralismus kleiden und als Tugend hinstellen, indem wir denken: „Falls ich mich entschließen werde, mehr zu beten, mich einzusetzen, kann ich schließlich sagen, daß ich etwas geleistet habe; dann wird der Herr für mich wirklich auferstanden sein. Also werde ich es sein, der den Herrn auferstehen läßt" – während doch in Wirklichkeit Jesus auferstanden ist, um mich zu rechtfertigen. Folglich gilt nicht: „Dann, wenn ich mich entschließe, mich zu bessern, wird der Herr für mich auferstanden sein", sondern: „Da der Herr für mich auferstanden ist, kann ich mich ihm ganz anvertrauen."

Die erste Folge dieses Vertrauens ist es, sich selbst zu vergessen, statt sich zu fragen: „Aber was werde ich nun tun?" Dieses „Aber" verrät, daß wir den auferstandenen Christus noch gar nicht angenommen haben, daß wir noch auf der Suche nach einer herrlichen sittlichen Leistung von uns sind, damit wir uns ein schönes Bild von uns machen können. Wenn wir uns zu glauben entschließen werden, daß Christus wirklich für uns auferstanden ist, wird dieses

„Aber" von selbst dahinfallen, so wie bei dem, der einen Schatz gefunden hat, sämtliche Wenn und Aber hinfällig werden.

Wer den Schatz im Acker gefunden hat, studiert nicht darum herum, wie er den Verkauf der anderen Güter bewerkstelligen soll. Geldmittel sind für ihn kein Problem; wichtig ist nur der gefundene Schatz. Wir haben Christus bei uns, alles andere ist nebensächlich und nicht von Gewicht gegenüber diesem grundlegenden Ereignis, daß Christus in der Auferstehung auf uns zukommt.

Natürlich kann man das alles mißverstehen, denn wir haben es in der Hand, die Dinge Gottes falsch aufzufassen. Auch Paulus muß sich gegen den Vorwurf verteidigen, er fördere mit seinem Evangelium die Unmoral; dennoch verzichtet er nicht auf diese seine Darstellung der christlichen Botschaft, die, wie wir sahen, im Evangelium selbst enthalten ist. Es handelt sich nicht einfach um eine spätere theologische Interpretation von seiten des Paulus, sondern um das Herzstück des Evangeliums. Es ist die Heilsbotschaft Gottes an den Sünder, der nichts geleistet hat, um dieses Heil zu verdienen, nicht einmal einen guten Vorsatz, eine Hoffnung, sich zu bessern, einen Schimmer guten Willens.

Die „Wahl" im Licht der Auferstehung

Kommen wir zum letzten Hinweis, der ein wenig als Widerspruch zu dem Gesagten erscheinen kann: ein Wort über die Erneuerung in den Exerzitien. Bekanntlich nimmt ja in den „Geistlichen Übungen" des Ignatius der Gedanke der Wahl, des Entscheids der Lebenserneuerung einen breiten Raum ein.

Wir können uns einfach fragen, an was der Geist Gottes in diesem Moment Gefallen hat und gegen was er uns Widerwillen empfinden läßt. Im Licht des Gesagten besteht unsere Erneuerung nicht in dem, was wir uns zu tun vornehmen, um uns Gott wohlgefällig zu machen, sondern in der Entgegennahme dessen, was Gott, der uns liebt, uns zu unserem Heil erleben lassen will.

Folglich können wir all dem Rechnung tragen, was sich und in diesen Exerzitien als Gebetsgegenstand gezeigt hat, was uns bewegt, was uns innerlich anzieht, weil all das die Auferstehung in uns, die Wirkung des auferstehenden Christus ist. Indem er uns ein wenn auch noch so geringes Gespür dafür gibt, daß wir in etwas Ruhe, in etwas anderem Frieden, in etwas weiterem Vertrauen, das Verlangen nach irgendeinem Dienst finden, dann dringt darin die Auferstehung in uns ein. Vielleicht wird es ein einziger Engel sein, nicht Myriaden von Engeln, doch schon ein einziger ist etwas, nehmen wir ihn bei der Hand, lassen wir uns führen, und dann werden wir erfassen, wozu Christus uns bringen will.

Paradoxerweise könnten wir uns vielleicht fragen, was uns zusagt, was wir wünschen. Der Herr läßt uns das machen, was uns am meisten zusagt, wozu wir Lust haben. Natürlich ist es gut, sich eine starke, harte, strenge Disziplin anzugewöhnen, an der wir an einem bestimmten Punkt auch Geschmack, Ruhe, Frieden finden. Im Grunde hat all das den Zweck, in uns das Leben des Auferstandenen zu entwickeln, das grundlegend ist, d. h. das „Ama et fac quod vis!" des heiligen Augustinus: „Wenn du liebst, dann tu, was du wünschest, was dir am Herzen liegt."

Dies ist die Freiheit des Auferstandenen, die natürlich in dem Sinn zu verstehen ist, wie Paulus sie versteht. Wer den Auferstandenen erfahren hat, kann z. B. zum Wunsch gelangen, verborgen den Ärmsten zu dienen, das Kreuz mit dem Herrn zu teilen.

Der heilige Paul vom Kreuz wird von Hans Urs von Balthasar unter den Mystikern angeführt, die eine sehr ausgewogene Synthese zwischen dem theologischen Sinn des Kreuzes und der geistlichen Erfahrung hergestellt haben. In einem Brief dieses Heiligen heißt es: „Ich leide viel, aber ich habe ein wenig Angst, daß dieses Leiden mir genommen werden könnte." Hier ist also einer, der tut, was ihm zusagt, der in die Freude Gottes eingetreten ist und deshalb frei handelt.

Bitten wir den Herrn, dieses paradoxe Neue in unser Leben hineinzubringen oder, da er es schon hineingebracht hat, besser darum, daß er uns die Augen öffne, damit wir vor einem leeren Grab, einem geöffneten Grab, will sagen vor einer Welt von Dingen, die nun in Stücke gegangen und zerborsten und aufgebrochen sind, das neue Eingreifen des Geistes in uns gewahren.

Deshalb beten wir:

„Wir danken dir, Herr, denn du erneuerst uns beständig mit deinem Geist. Mach, daß wir uns diesem mysteriösen Wind öffnen, von dem wir nicht wissen, woher er kommt und wohin er geht, der sich also nicht in unsere physikalischen, psychologischen und pädagogischen Berechnungen einfangen läßt, sondern deine Kraft in uns ist.

Herr, laß uns angesichts dieser deiner Kraft zu der Einsicht kommen, daß wir die Verzweiflung über unsere Sünde, über unser Unvermögen, zu lieben, über unsere Unfähigkeit, der Wahrheit nachzuleben, aufgeben sollen.

Herr, laß uns angesichts der Neuheit deiner Auferstehung über die Unkorrigierbarkeit unserer Sünde hinwegkommen. Laß uns angesichts der Neuheit dieses gefundenen Schatzes unsere Ohnmacht vergessen, sie deiner Güte überlassen und dein bedingungsloses Vergebungsangebot dankbar annehmen. Du willst uns als neue Menschen, Herr, und wir vertrauen uns dir an, damit deine Wahrheit in uns triumphiere.

Du, der du den Geist über jeden von uns sendest, jetzt und für immer, in der ganzen Geschichte bis zum endgültigenTriumph der Auferstehung und des Lebens von Ewigkeit zu Ewigkeit. Amen."

„Ich bin bei euch ..." (Mt 28, 20)

Wir lesen bei Matthäus: (28, 16–20): „Die elf Jünger gingen nach Galiläa auf den Berg, den Jesus ihnen genannt hatte. Und als sie Jesus sahen, fielen sie vor ihm nieder. Einige aber hatten Zweifel. Da trat Jesus auf sie zu und sagte zu ihnen: Mir ist alle Macht gegeben im Himmel und auf der Erde. Darum geht zu allen Völkern, und macht alle Menschen zu meinen Jüngern; tauft sie auf den Namen des Vaters und des Sohnes und des Heiligen Geistes, und lehrt sie, alles zu befolgen, was ich euch geboten habe. Seid gewiß: Ich bin bei euch alle Tage bis zum Ende der Welt."

Anhand diesesWortes Jesu wollen wir beten:

„Wir danken dir, Herr, daß du bei uns bist. Wenn wir bei dir sind, dann deshalb, weil die von dir Beauftragten deinem Wort gehorcht und die Taufe gespendet haben, die bis zu uns gelangt und auch uns zuteil geworden ist.

Herr, zeige uns nun diese deine Macht über die ganze Erde; sende auch uns in alle Regionen der Welt. Laß uns innewerden, daß du, Herr, überall da, wohin du uns sendest, schon zugegen bist, daß wir in jeder Situation dir begegnen, daß du bei uns bist.

Herr, gewähre uns in Fülle deinen Geist, damit wir diese deine Gegenwart verspüren, die Gegenwart deiner Herrlichkeit, die war, ist und sein wird in Ewigkeit. Amen."

Einige Interpretationshypothesen

Ich weise auf einige Hypothesen hin, welche die Schlußszene bei Matthäus betreffen. Eine erste behauptet, diese sei der literarischen Gattung nach eine Inthronisationsszene, wie sie Psalm 2 schildert: „Den Beschluß des Herrn will ich kundtun. Er sprach zu mir: ‚Mein Sohn bist du. Heute habe ich dich gezeugt. Fordere von mir, und ich gebe dir die Völker zum Erbe, die Enden der Erde zum Eigentum'" (2, 7–8). Jesus, der feierlich inthronisiert worden ist und dessen Macht sich bis zu den Enden der Erde erstreckt, sendet also seine Apostel.

Eine weitere Hypothese erblickt in dieser Szene eine göttliche Rede ähnlich den „programmatischen Reden", die sich vor allem im Buch Deuteronomium (30, 8–10) finden: „Du wirst auf die Stimme des Herrn hören und alle seine Gebote, auf die ich dich heute verpflichte, halten .. Er wird dir Gutes tun, wenn du auf die Stimme des Herrn, deines Gottes hörst und auf seine Gebote und Weisungen achtest, die in dieser Urkunde der Weisung einzeln aufgezeichnet sind, und wenn du zum Herrn, deinem Gott, mit ganzem Herzen und mit ganzer Seele zurückkehrst." Dieser Hypothese zufolge wiederhallt in diesen letzten Worten Jesu die Aufforderung Gottes zum Befolgen seines Gesetzes, das er feierlich proklamiert.

Eine dritte Hypothese hält diese Szene für eine Erneuerung des Bundes zwischen Gott und den Menschen, der hier in der Formel „Ich bin bei euch" endgültig bekräftigt werde.

Doch keiner dieser Hypothesen gelingt es, sich gegen die anderen durchzusetzen. Wie jedoch die hier angeführten Hypothesen zeigen, gemahnt die vom Evangelisten geschilderte Szene an viele Stellen der Bibel, zumal an Dan 7, 13–14, wo von der Vision der Reiche die Rede ist: „Da kam mit den Wolken des Himmels einer wie ein Menschen-

sohn ... Ihm wurden Herrschaft, Würde und Königtum gegeben. Alle Völker, Nationen und Sprachen müssen ihm
dienen. Seine Herrschaft ist eine ewige, unvergängliche
Herrschaft. Sein Reich geht niemals unter.“ Wir bemerken
viele Anklänge an diesen Text, vor allem wenn wir die griechischen Textformen nehmen. Daraus geht hervor, wie be-
deutungsreich der Abschnitt ist und wie viele Linien der
Offenbarung in ihm zusammenlaufen.

In dieser Meditation wollen wir noch einmal über diese
Szene nachdenken, vor allem über die Aussage „Ich bin bei
euch“. Wir haben die Exerzitien mit einer Meditation über
die anderen Sätze des Textes begonnen und dabei anklingen
lassen, wie wichtig gerade dieses Wort ist. Ich halte es für
nützlich, am Schluß zu versuchen, seinen Sinngehalt im
Licht des ganzen Mathäusevangeliums zu erschließen. Bitten wir den Herrn, uns den tiefen Sinn dieses Wortes erfassen zu lassen und uns eine lebendige geistliche Erfahrung
zu schenken, die sich auf das Wort der Schrift gründet.

Beim aufmerksamen Lesen des Matthäusevangeliums
stutzte ich jeweils über etwas, was mir, auch vom literarischen Standpunkt aus, als ein isoliertes Phänomen vorkam,
nämlich über die Identifikation Jesu mit den Armen: mit
den Hungernden, Dürstenden, Nackten. Darauf beziehen
sich Mt 25, 40 und alle Gleichnisse, die wir uns in der zweiten Meditation vor Augen geführt haben.

Schon damals kam ich auf einen Einwand zu sprechen.
Die kritischen Exegeten sind nämlich angesichts dieses
Wortes bei Matthäus etwas stutzig, denn sie fragen sich, an
welchen anderen Stellen des Neuen Testaments gesagt
werde, daß der Herr in einem Menschen sei. Die Gleichsetzung Jesu mit den Hungernden, Nackten, Eingekerkerten
scheint bloß bei Matthäus vorzukommen.

Im Neuen Testament gibt es jedoch noch eine weitere
derartige Identifikation. Der Apostelgeschichte zufolge
fragt Jesus den Paulus, als er ihm auf dem Weg nach Damas-

kus erscheint: „Warum verfolgst du mich?" Doch dies ist eine klare Gleichsetzung Jesu mit der Gemeinde, nicht mit gewissen besonderen Gruppen, obwohl einige Exegeten weiterhin die Ansicht vertreten, Jesus spreche hier bloß von den Armen der Gemeinde.

Verschiedene Situationen, in denen Jesus zugegen ist

Als ich das Matthäusevangelium im Hinblick auf die verschiedenen Situationen, in denen Jesus gegenwärtig ist, las, stellte ich fest, daß darin eigentlich viele solcher Gelegenheiten vorkommen. Ich habe sieben Situationen, besser gesagt sieben Aussprüche Jesu aus dem Matthäusevangelium zusammengestellt, in denen so oder anders der Gedanke zum Ausdruck kommt, daß Jesus bei uns, unter uns, für uns da ist. Ich lege diese Stellen zur Betrachtung vor, so, wie sie bei Matthäus lauten, ordne sie aber in einer Reihenfolge an, die gleichsam vom Inneren zum Äußeren fortschreitet.

„Der Geist eures Vaters wird in euch reden"

Als ersten Text lesen wir Mt 10, 19–20: „Wenn man euch vor Gericht stellt, macht euch keine Sorgen, wie und was ihr reden sollt; denn es wird euch in jener Stunde eingegeben, was ihr sagen sollt. Nicht ihr werdet dann reden, sondern der Geist eures Vaters wird in euch reden."

Diese Worte lauten nicht genau gleich wie in Mt 28, 4, denn hier ist vom „Geist eures Vaters" die Rede. Doch wie aus dem ganzen Evangelium erhellt, handelt es sich um eine von Jesus in Auftrag gegebene Präsenz: in der Gotteskraft, die er uns verschafft hat, ist Jesus selbst bei den Seinen.

Suchen wir den Sinn des Satzes zu erfassen. „Der Geist eures Vaters wird in euch reden": „Nicht ihr seid es, die redet, sondern der Geist des Vaters redet in euch." In Kapitel 10 befinden wir uns in der „Missionsrede", also in einer ganz ähnlichen Situation wie in Kapitel 28, wo Jesus die Apostel auf Mission sendet: „Geht zu allen Völkern!" „Seht, ich sende euch wie Schafe mitten unter die Wölfe" (Mt 10, 6). Das klingt eng an den Auftrag an: „Geht zu allen Völkern, ich sende euch."

Wir stehen in einer Missionssituation, die von Jesus sogleich als eine gefährliche Lage geschildert wird, weil sie Widerspruch mit sich bringt. Er verheißt also nicht Erfolg und sagt nicht: „Geht, um die Ernte einzubringen; man wartet mit Sehnsucht auf euch", sondern: „Geht in eine feindliche Welt, zu Menschen, denen ihr nicht erwünscht seid oder die euch bloß vernichten möchten, zu Menschen, die (wie die folgenden Sätze sagen) euch ins Gefängnis stecken, euch auspeitschen lassen, euch vor Gericht schleppen werden; zu Menschen, die sich gegen das Neue des Evangeliums wehren und es zurückzuweisen suchen, weil sie davor Angst haben."

Diese Situation wird von Paulus (2 Tim 4, 16 f) als seine Lage geschildert, wenn er traurig sagt: „Bei meiner ersten Verteidigung ist niemand für mich eingetreten; alle haben mich im Stich gelassen. Möge es ihnen nicht angerechnet werden. Aber der Herr stand mir zur Seite und gab mir Kraft."

Diese Lage sieht Jesus für die Seinen voraus, aber es kommt noch etwas hinzu. Er sagt nicht nur: „Der Herr wird euch beistehen" (der hier verwendete Ausdruck ist der Gerichtssprache entnommen und bedeutet „verteidigen"), sondern diese Verheißung Jesu besagt darüber hinaus: „Der Geist des Vaters wird in euch reden." Jesus gibt also ganz entschieden Zuspruch zu: „Macht euch keine Sorgen!" Das gleiche Wort verwendet er auch, wenn er den Christen zum Vertrauen ermahnt: „Macht euch keine Sorgen um den morgigen Tag, um euer Essen und Trinken, um eure Kleidung ... Euer Vater weiß um all das". Hier sagt er: „Macht euch keine Sorgen, wie ihr reden oder was ihr sagen sollt, ob ihr herausfordernd oder zurückhaltend sprechen sollt, ob ihr euch mäßigen oder die Botschaft rücksichtslos verkünden sollt: Gott wird euch eingeben, wie ihr sprechen und was ihr sagen sollt."

Eine Veranschaulichung all dessen bietet die Apostelgeschichte in Kap. 22, 24 und 26, wo Paulus in seinen drei Verteidigungsreden sich auf ganz verschiedene Weisen verteidigt: bald klagt er an, bald nimmt er etwas hin; einmal redet er mild, ein anderes Mal hart. Der Geist gibt ihm ein, wie er sich widersetzen und sich verteidigen soll; Paulus braucht es sich nicht vorher hin und her zu überlegen.

Das ganze Evangelium gibt uns also die Mahnung: Wenn Gott uns in seine Hand genommen hat, uns entgegengekommen ist, dann wird er erst recht zugegen sein in der dramatischen Situation, wo ein armer, ungebildeter Jude vor Gericht, vielleicht vor anderssprachigen Richtern, nicht mehr ein noch aus weiß und von allen umringt scheint.

Jedesmal, wenn wir vor dem Gericht der Welt stehen, die uns richtet, uns kritisiert und uns in Widersprüche zu verwickeln sucht, können wir uns in das Wort Jesu flüchten: „Der Geist wird mit euch sein." Jedesmal, wenn wir am Rand der Angst, der Traurigkeit, der Verzweiflung stehen, im Glauben allein sind, ihn nicht zu verteidigen wissen, wo der Glaube auf dem Spiel zu stehen scheint und wir mit ihm – in allen diesen Situationen werden wir die Macht Gottes verspüren.

Paulus hat dies wiederholt bekräftigt: „Ich habe verspürt, wie von allen Seiten der Tod auf mich lauerte, doch das geschah, damit die Macht Gottes triumphiere." Erinnern wir uns z. B. an den Anfang des 2. Korintherbriefes, wo er an die Prüfungen erinnert, die ihn wegen des Glaubens getroffen haben, an all die Ächtungen und Gefahren und die Einsamkeit, die mit diesen Prüfungen verbunden waren: „Wir wollen euch die Not nicht verschweigen, Brüder, die in der Provinz Asien über uns kam und uns über alles Maß bedrückte; unsere Kraft war erschöpft, so sehr, daß wir am Leben verzweifelten. Aber wir haben unser Todesurteil hingenommen, weil wir unser Vertrauen nicht auf uns selbst setzen wollten, sondern auf Gott, der die Toten auferweckt"(2 Kor 1, 8–9). Das ist die Situation des Apostels, den der Herr anscheinend von den Wogen der Anfeindung mitreißen läßt, in denen aber Gott bei ihm ist.

„Wo zwei oder drei in meinem Namen versammelt sind, da bin ich mitten unter ihnen"

Von einer weiteren Situation, in der nach Matthäus (18, 20) Jesus zugegen ist, handelt die Rede über die Kirche, über das kirchliche Leben innerhalb der Gemeinde: „Wo zwei oder drei in meinem Namen versammelt sind, da bin ich mitten unter ihnen." Beachten wir: Hier heißt es nicht mehr „in ihnen", sondern „mitten unter ihnen". Der vorhergehende Satz (Mt 18, 19) gibt uns ein konkretes Beispiel dieses Miteinander-Vereintseins: „Weiter sage ich euch: Alles, was zwei von euch auf Erden gemeinsam erbitten, werden sie von meinem himmlischen Vater erhalten." Aus diesem Beispiel erhellt, daß Jesus nicht von irgendwelcher Zusammenkunft, von irgendwelchem bloß äußerlichen Zusammensein spricht, sondern von einem Versammeltsein im Glauben.

Dieses Beisammensein wird mit einigen bemerkenswerten konkreten Zügen beschrieben. Bei Vers 19 frage ich mich, weshalb eigens gesagt wird: „auf Erden". Vielleicht deswegen, weil es auf Erden sehr selten ist, daß zwei einmütig sind, wahrscheinlich kommt dies erst im Himmel vor.

Der griechische Urtext redet sehr schön von „Symphonie": „Wenn zwei miteinander übereinklingen", „wenn sie übereinstimmen". Es ist also der Einklang beim gemeinsamen Singen, gemeint, bei dem alle die gleiche Melodie singen und auf die Weise eine Harmonie zustande kommt.

„Alles": auch das überrascht. Es kommt nicht darauf an, um was man bittet; wichtiger ist es, daß man einmütig bittet. Das gilt sehr viel.

Folglich handelt es sich offensichtlich um eine Situation des Glaubens: Mehrere Menschen wenden sich gemeinsam vertrauensvoll an den gemeinsamen Vater; um eine Übereinstimmung: sie suchen gemeinsam nach etwas; um eine Situation des Gebets: sie beten. Das gemeinsame Gebet im Glauben ist also schlechthin der Ort der Gegenwart Jesu. Jesus ist jedesmal da, wenn sich Gemeinschaft bildet, doch dazu kommt es dann, wenn man im Glauben gemeinsam um das gleiche bittet.

Wie ich in bezug auf das gemeinschaftliche Gebet als „typisches Gebet des Christen im Geiste" gesagt habe, spüren wir alle, wenn im Gebet der Gemeinschaft eine gewisse „Qualität" vorhanden ist, wenn an einem bestimmten Punkt jeder sich selbst vergessen hat. Dann stimmen alle in der Bitte um das gleiche überein. Wenn der Gedanke an das Gottesreich alle erfaßt hat, dann kommt das Reich, dann bildet sich schon das Reich.

Wir haben hier eine Gemeinschaft geschildert: Menschen, die miteinander nach dem Reich Gottes suchen und in Gebet und Glauben einmütig darum bitten. Dann kommt das Reich, dann ist Jesus da; die Parusie wird vorweggenommen, der Herr ist mitten unter diesen Betern schon auferstanden. Bemerken wir auch die prägnante Formel „da bin ich", die an die Redeweise Jahwes erinnert: „Ich bin da".

Wie ich bereits gesagt habe, können wir diese zweite Form einer Gegenwart des Herrn vor allem dann erfahren, wenn das Gebet uns wirklich miteinander vereint. Dann ist ein gewisses „Ich-weiß-nicht-Was" vorhanden, so daß jeder sagt: „Wie ist es doch schön, beisammen zu sein; wie gut kann man dann beten." Es ist etwas Neues eingetreten, das nicht die Summe der guten Willen der einzelnen Beter ist, sondern der Herr hat uns umgestaltet.

„Wer euch aufnimmt, nimmt mich auf"

Eine weitere Situation der Gegenwart Jesu, diesmal unter dem Zeichen des Aufnehmens, findet sich in Mt 10, 40–42. Wir stehen am Schluß der „Missionsrede", und Jesus spricht nicht von der Gemeinde, die jemanden aufnimmt, sondern von einem, der auf der Missionsreise aufgenommen wird: „Wer euch aufnimmt, der nimmt mich auf, und wer mich aufnimmt, nimmt den auf, der mich gesandt hat. Wer einen Propheten aufnimmt, weil es ein Prophet ist, wird den Lohn eines Propheten erhalten. Wer einen Gerechten aufnimmt, weil es ein Gerechter ist, wird den Lohn eines Gerechten erhalten. Und wer einem von diesen Kleinen auch nur einen Becher frisches Wasser zu trinken gibt, weil es ein Jünger ist – amen, ich sage euch: Er wird gewiß nicht um seinen Lohn kommen."

Wenn jemand, der ausgesandt worden ist, zurückgewiesen wird, ist der Geist in ihm, so daß er mutig sprechen kann. Wenn jemand aufgenommen wird, so nehmen die, die ihn aufnehmen, in ihm den Herrn und dessen Segen auf. Jesus ist also jedesmal dann bei uns, wenn wir mit einem Wort des Evangeliums im Herzen zu einem Bruder gehen; und wer uns aufnimmt, nimmt den Herrn auf. Der Herr ist auf ganz besondere Weise mit seinen Missionaren. Der Ausdruck „Missionar" ist in sehr weitem Sinn zu verstehen: alle die Seinen, die zu einem anderen gehen und ihm das Gotteswort bringen.

Vers 40 scheint mir etwas Allgemeines zu besagen, das dann in dem, was darauf folgt näher bestimmt wird: „Wer einen Propheten aufnimmt, weil es ein Prophet ist, wird den Lohn eines Propheten erhalten." Dies könnte auch ein allgemeines Sprichwort aus dem Alten Testament sein. So hat z. B. die Witwe von Sarepta, die den Propheten Elija aufgenommen hatte, und die Witwe, die Elischa aufgenommen hatte, den Lohn dessen erhalten, der einen Propheten aufnimmt. Wer also die Worte Jesu aufnimmt, der in einem Bruder zu ihm kommt, hat ebenfalls am Segen teil, der den begleitet, der das Wort des Herrn bringt.

„Wer einen Gerechten aufnimmt ..., wird den Lohn eines Gerechten erhalten." Und dann heißt es weiter: „Wer einem von diesen Kleinen auch nur einen Becher frisches Wasser zu trinken gibt, weil es ein Jünger ist ..., wird gewiß nicht um seinen Lohn kommen." Hier scheint eine absteigende Linie vorzuliegen: zuerst ein Prophet, dann ein Gerechter, schließlich ein Geringer, Schlichter, der nicht viel zu sagen hat, jedoch mit einem Wort des Herrn kommt, auch wenn er es nicht so gut auszurichten versteht.

Auch der Geringste unter denen, die einem Bruder das Wort des Herrn bringen, folglich auch jeder von uns, der das Wort wenn auch nur wenig ausfaltet, ausarbeitet, aber doch es mit etwas gutem Willen bringt, ist für die Brüder Jesus selbst, und Jesus ist in ihm zugegen. All das, was getan wird, um ihn aufzunehmen, hat am Segen des Herrn teil. Jesus ist also in uns, wenn wir uns anstrengen, etwas Gutes zu tun, dem Anderen ein gutes Wort zu sagen.

In Mt 18, 3 kommt das gleiche Wort vor, doch betrifft es das Innere der Gemeinschaft. Hier geht nicht mehr der Jünger umher und wird aufgenommen, sondern die Gemeinschaft ist der Ort der Aufnahme: „Wer auch nur ein einziges solches Kind um meinetwillen aufnimmt, nimmt mich auf." Wenn die Gemeinschaft aufnahmebereit ist und nicht bloß den aufnimmt, der von außen kommt, sondern jedem ihrer Glieder den richtigen Wert gibt, niemand zu betrügen, jeden an seine Stelle zu setzen und beständig diejenigen vom Rand wegzubringen sucht, die auf die Seite gestellt und schließlich an die Wand gedrückt werden – „eine solche Gemeinschaft", sagt der Herr, „nimmt mich auf, falls sie es nicht einfach tut, um sich als tüchtig und dynamisch zu erweisen, sondern in meinem Namen, im Namen der Liebe, die ich in sie hineinströmen lassen will."

Es gibt auch das Gegenteil davon: „Weh dem, der einem von diesen Kleinen, die an mich glauben, Ärgernis gibt!" „Ärgernis geben" hat hier wohl den Sinn, den man dem Ausdruck im Neuen Testament auch sonst gibt. Es steht hier im Gegensatz zu den Worten: „Die an mich glauben" und besagt also: „Weh dem, der es ihnen schwierig macht, an mich zu glauben!" Sie glauben zwar, doch infolge der Art und Weise, wie die Gemeinschaft mit ihnen umgeht, wie die Kirche und ihre Diener sie behandeln, kann es ihnen schwer fallen, zu glauben, und können sie straucheln und den Glauben verlieren.

Ungewollt kehren wir hier zum Anfang dieser Meditationen zurück: Wir sollen eine Gemeinschaft bilden, die dem Glauben entspricht, doch die Gemeinschaft kann leicht für jemand zu einem Glaubenshindernis werden, denn eine Gemeinde vermag nur schwer so aufnahmebereit, so weit zu sein, daß sie den Zutritt zum Herrn nicht behindert.

Nur der Herr kann es uns ermöglichen, ein Gemeinschaftsleben nach seinem Sinn zu führen; wir sind dazu nicht fähig, gestehen wir es nur. Das Zweite Vatikanische Konzil hat das im Namen der offiziellen Kirche getan und in „Gaudium et spes" bekannt: „Es ist auch unsere Schuld, wenn so viele nicht an Gott glauben."

Zu diesem demütigen Bekenntnis veranlaßt uns das erschreckende Wort Jesu: Für den, der Ärgernis gibt, „wäre es besser, wenn er mit einem Mühlstein um den Hals im tiefen Meer versenkt würde ... Es muß zwar Ärgernisse geben, doch wehe dem Menschen, der sie verschuldet" (Mt 18, 6–7). Es gibt keine vollkommenen Gemeinden und wird sie nie geben, doch Jesus sagt uns, wo er zugegen sein will. Er läßt uns unsere Schwäche erkennen und eingestehen, daß wir ohne ihn in unserem Zusammenleben ihm nicht die Türen öffnen können.

„Was ihr für einen meiner geringsten Brüder getan habt, das habt ihr mir getan"

Als vierte Situation führe ich Mt 25, 40 an, wo die Gleichsetzung wiederholt vorkommt: „Wann haben wir dich nackt, krank, im Gefängnis gesehen? Amen, ich sage euch: Was ihr für einen meiner geringsten Brüder getan habt, das habt ihr mir getan." Das ist also eine weitere Weise der Gegenwart Jesu: die in jedem Nächsten. Nach dem Gleichnis bei Lukas ist in jedem, der uns begegnet und in Not ist, Jesus zugegen, besser gesagt, was man ihm tut, hat man Jesus getan.

Hier weitet sich der Blick aus und erstreckt sich über die Gemeinde hinaus auf jede Form des Helfens. Es werden am nächsten liegende, eingängigste Beispiele dafür angegeben, so wie im Gleichnis vom barmherzigen Samariter, wo offensichtlich ist, was der Verwundete braucht. Hier ist von Hungrigen, Nackten die Rede, von den elementaren Bedürfnissen, doch werden darunter natürlich auch alle anderen Fälle verstanden, wo ein Bedürfnis, eine Notwendigkeit vorliegt.

„Nicht siebenmal, sondern siebenundsiebzigmal"

Fast zuletzt möchte ich noch auf die schwierige Situation zu sprechen kommen, bei der von uns nicht verlangt wird, Mut zu haben, etwas nicht zu unterlassen, etwas zu tun, sondern etwas zu ertragen. In der Rede über die Gemeinschaft trat zutage, wie schwierig es ist, zusammenzuleben, nichts Böses zu tun, keinem zu einem Hindernis zu werden. Beständig kommt es zu Reibereien, weil jeder meint, er sei gegenüber den anderen zu kurz gekommen. Darum sagt

Jesus am Ende dieser Rede nach all den Weisungen, wie man in Gemeinschaft leben soll, zu Petrus, der ihn fragt, wie viele Male er seinem Bruder, der sich gegen ihn versündige, verzeihen soll: „Nicht siebenmal, sondern siebenundsiebzigmal" (Mt 18,22).

Es ist aufschlußreich, daß das praktisch das letzte Gemeinschaftsgebot ist, denn die Gemeinde ist im Grunde eine Gemeinschaft gegenseitiger Versöhnung, in der man einander liebend erträgt. Paulus wird sagen: „Einer trage des anderen Last; so werdet ihr das Gesetz Christi erfüllen" (Gal 6,2). Auch für ihn ist das ein zusammenfassendes Gebot: „Ertraget einander, dann werdet ihr auch alles übrige können."

Damit hängt ein sehr bekanntes Gleichnis (Mt 18,23–35) zusammen, an das ich kaum zu erinnern brauche: Ein König hält mit seinen Dienern Abrechnung. Er befiehlt, einen Diener, der ihm Millionen schuldet, in die Sklaverei zu verkaufen, doch dieser fleht ihn an: „Hab Geduld mit mir! Ich werde dir alles zurückzahlen." Der Herr hat Mitleid mit ihm und erläßt ihm die Schuld. Kaum draußen, trifft dieser Diener einen anderen, der ihm hundert Denare schuldet (von einer Million geht es auf hundert hinunter), und dieser fleht ihn um das gleiche an. Der Diener aber will nichts davon wissen und läßt ihn ins Gefängnis werfen. Darüber betrübt, berichten dies die anderen Diener dem Herrn, der den Erbarmungslosen einen elenden Schurken nennt, weil er mit dem Mitdiener nicht das gleiche Erbarmen hatte, das er selbst erfahren hatte. „Ebenso wird mein Vater jeden von euch behandeln, der seinem Bruder nicht von ganzem Herzen vergibt."

Hier identifiziert sich der König mit dem schwächeren Knecht und sagt zum anderen: „Dadurch, daß du ihm nicht vergeben hast, hast du mir Unrecht zugefügt." Es handelt sich nicht um eine eigentliche Gleichsetzung wie in den anderen genannten Situationen, doch auch hier stellt sich der

König an die Stelle des Schuldners, so daß der Gläubiger, der mit diesem verhandelt, es dabei gewissermaßen mit dem König zu tun hat. Es ist sehr bedeutsam, daß diese Aussage in die Rede über die Gemeinde eingefügt worden ist, denn sie zeigt, daß Jesus uns eine unbezahlbare Schuld erlassen hat, nämlich das Unvermögen zu lieben, und er verlangt, auch einander dies zu vergeben. Auch das ist eine Art und Weise der Gegenwart Jesu, denn wenn wir einander das tun, was er für uns getan hat, setzen wir seine Vergebung fort. Dieses Wort Jesu ist das Grundgesetz des Lebens in der Kirche: einander endlos zu vergeben, weil der Herr uns endlos vergibt. Ohne diesen Vergebungswillen gibt es keine Gemeinschaft.

Wenn wir das Evangelium als Gesetz auffassen, werden wir uns zu fragen veranlaßt, wie man allen und einem jeden immerfort verzeihen kann, denn dann gäbe es ja keine Ordnung und keinen Unterschied mehr zwischen den Gemeindemitgliedern und den Draußenstehenden. In Wirklichkeit läuft das Evangelium nicht ganz darauf hinaus, denn kurz vorher mahnt es: „Wenn dein Bruder sündigt, dann weise ihn zurecht. Hört er auf dich, so hast du deinen Bruder zurückgewonnen. Hört er aber nicht auf dich, so nimm einen oder zwei Zeugen mit ... Hört er auch auf sie nicht, dann sag es der Gemeinde. Hört er aber auch auf die Gemeinde nicht, dann sei er für dich wie ein Heide oder ein Zöllner" (vgl. Mt 18, 15–17). Jesus räumt ein, daß es eine bestimmte Ordnung braucht, daß man in einem gewissen Moment zum Wohl der Gemeinschaft auch bestimmte Vorkehrungen treffen muß. Es kann also bedauerliche, schwierige Situationen geben.

Es wäre naiv, wollte man das abschließende Gleichnis als ein eisernes Gesetz auffassen. Jesus legt uns den Geist ins Herz. Wir müssen aus dem Zusammenleben ein beständiges Einander-Vergeben machen.

„Ich bin bei dir"

Kehren wir zum letzten Wort des Matthäusevangeliums zurück: „Ich bin bei euch" (28, 20), das eine Parallele zu Immanuel in 1, 23 bildet: „Gott mit uns". „Ich werde mit euch sein" ist die Bundes- und Verheißungsformel Jahwes an sein Volk im Alten Testament. Die eine und andere schöne Erklärung dazu können wir beispielsweise bei Jesaja lesen. Es sind die Stellen, die das Neue Testament am stärksten inspiriert haben. Wie oft ertönt darin die Formel „mit dir"!

In Jes 43, 1 heißt es: „Jetzt aber – so spricht der Herr, der dich geschaffen hat, Jakob, und der dich geformt hat, Israel: Fürchte dich nicht, denn ich habe dich ausgelöst, ich habe dich beim Namen gerufen, du gehörst mir. Wenn du durchs Wasser schreitest, bin ich bei dir, wenn durch Ströme, dann reißen sie dich nicht fort ... Denn ich, der Herr, bin dein Gott, ich, der Heilige Israels, bin dein Retter ... Weil du in meinen Augen teuer und wertvoll bist und weil ich dich liebe, gebe ich für dich ganze Länder und für dein Leben ganze Völker. Fürchte dich nicht, denn ich bin mit dir ... Denn jeden, der nach meinem Namen benannt ist, habe ich zu meiner Ehre erschaffen, geformt und gemacht" (43, 1–7).

Gott bildet die Gemeinde derer, die er liebt, die er nicht im Stich lassen, nicht vergessen kann, denn er hat jedem den Taufnamen des Heils gegeben. Er ist ihnen stets nahe, denn sie versammeln sich zur Gemeinschaft der Erlösten.

Jesus in unserer Mitte ist die Gegenwart Gottes, die uns vereint, die uns zu einem Volk macht. Durch das Wirken derer, die Jünger gewinnen, vereint sie das Gottesvolk von den Enden der Erde her aus allen Völkern, allen menschlichen Verhältnissen zu einer Gesellschaft, in der gerechte, richtige menschliche Beziehungen, lebendige Freundschaft herrschen, in der man fähig ist, einander zu kennen und zu lieben. Dieses Reich hat den Herrn Jesus zum Zentrum.

Ihm ist alle Macht gegeben im Himmel und auf Erden und er allein vermag solche Dinge zu tun.

Bitten wir den Herrn, unseren Herzen die Angst zu nehmen, auch die Angst vor der Zukunft, denn er ist bei uns. Oft kehrt man aus den Exerzitien mit ein wenig Angst und Bedenken heim. Diese Furcht ist nicht schlecht, denn im Grunde sind wir tönerne Gefäße, und der Herr nimmt uns diese Zerbrechlichkeit nicht, sagt aber von neuem:

„Fürchte dich nicht, denn ich bin bei dir!" Lassen wir ihn diese Worte zu uns wiederholen und beten wir:

„Wir danken dir, Herr, weil du bei uns bist und bei uns sein wirst. Du bist bei uns heute an dem Ort, wo wir in Ruhe versammelt sind, wo wir uns von Wind und Wetter erholt haben, von all dem, was uns äußerlich verwirren kann.

Wir danken dir, daß du bei uns bist in unserem Beten und in unserem Singen, und bei uns warst, als wir einander behilflich waren.

Wir danken dir, Herr, weil du auch morgen bei uns sein wirst und übermorgen und immer. Es wird keinen Tag geben, an dem du nicht bei uns sein wirst. Laß uns, Herr, von dir diese Gewißheit entgegennehmen, die zwar unsere Ängste nicht vollständig behebt, aber unser Herz innerlich ändert.

Wir danken dir, Herr, Gott unser Vater, du gibst uns durch den Tod und die Auferstehung Jesu den Geist, der uns diese Gewißheit ins Herz legt, die von Ewigkeit zu Ewigkeit bleiben soll. Amen."

Carlo M. Martini

Mein Herz vertraut ihm

Geistliche Psalmenauslegung

Kardinal Martini führt den Leser dazu, das Wort Gottes in den Psalmen so lesen zu lernen, daß er seine eigene Existenz mit ihnen verbinden kann und sie schließlich als sein persönliches Gebet zu sprechen vermag. Er kennzeichnet die Psalmen als Weg des Menschen zu Gott und hat diesem Weg entsprechend sieben Psalmen ausgewählt. Der Ausgangspunkt dieses Weges sind die Psalmen 130 und 1; den Hauptteil bilden die Psalmen 6, 8, 72 und 28, die den Pilgerweg des Menschen umschreiben; den Abschluß, d. h. den Ziel- und Endpunkt des Lebensweges, bildet der Psalm 150. Für alle, die die Psalmen als authentisches, lebensnahes und zeitgemäßes Gebet neu entdecken wollen, sind diese geistlichen Auslegungen eine wirkliche Hilfe.

96 Seiten, Paperback. ISBN 3-451-20380-4

Verlag Herder Freiburg · Basel · Wien